자바 시큐어 코딩 가이드라인

신뢰성 있고 안전한 프로그램을 위한 75가지 권고사항

JAVA™ Coding Guidelines

75 Recommendations for Reliable and Secure Programs

Java™ Coding Guidelines

JAVA™ Coding Guidelines
75 Recommendations for Reliable and Secure Programs

자바 시큐어 코딩 가이드라인

신뢰성 있고 안전한 프로그램을 위한 75가지 권고사항

Fred Long · Dhruv Mohindra · Robert C. Seacord · Dean F. Sutherland · David Svoboda 지음 | 조태남 옮김

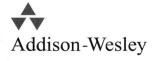

Addison-Wesley

INFINITY BOOKS

국립중앙도서관 출판시도서목록(CIP)

자바 시큐어 코딩 가이드라인 / 저자: Fred Long, Dhruv Mohindra, Robert
C. Seacord, Dean F. Sutherland, David Svoboda ;
역자: 조태남. -- 고양 : INFINITYBOOKS, 2017
    p. ;   cm

원표제: Java coding guidelines :
75 recommendations for reliable and secure programs
영어 원작을 한국어로 번역
ISBN 979-11-85578-15-6 93000 : ₩30000

자바[Java]
컴퓨터 보안[--保安]

004.61-KDC6
005.8-DDC23   CIP2017012172

자바 시큐어 코딩 가이드라인: 신뢰성 있고 안전한 프로그램을 위한 75개 권고사항
(*Java™ Coding Guidelines: 75 Recommendations for Reliable and Secure Programs*)은
자바 프로그래머들에게 구체적인 조언을 제공한다. 자바 시큐어 코딩 가이드라인들을
적용하면 각종 공격에 더 방어적이고 강건한 시스템을 만들어 낼 수 있다. 이 가이드라
인들은 PC, 게임기, 모바일폰, 태블릿, 가전제품, 그리고 자동차 전자 장비 등 자바로
작성된 다양한 제품들에 적용된다.

어떤 프로그래밍 언어를 이용하든 가이드라인을 준수하여(해당 언어에 정의된 것 이
상의) 세밀하게 프로그램 구조를 제어하는 것이 필수적이다. 자바의 경우도 마찬가지
이다.

자바 프로그래머들이 신뢰성 있고 안전한 프로그램을 만들기 위해서는 자바 언어 규격
(JLS)[JSL 2013] 이상을 필요로 한다. 자바는 자칫 오용될 수 있는 언어적 특성 및 API
를 가지고 있으며 이러한 함정들을 피하기 위한 적절한 안내가 필요하다.

신뢰성 있는 프로그램은 모든 상황 및 입력에 정상 작동해야 한다. 하지만 복잡한 프로
그램은 불가피하게 예상 외의 입력이나 상황에 부딪히게 되고 오류가 발생하게 된다.
이러한 오류시 그 영향을 제한하는 것이 중요하다. 오류를 최소화하고 가능한 한 신속
하게 처리하는 것이 최선이다. 프로그래머들은 다른 사람들의 경험을 통해, 비정상적
인 입력과 프로그래밍 상황을 예상하고 방어적인 프로그래밍 스타일을 적용하도록 배
울 수 있다.

가이드라인의 일부는 스타일의 문제로 보일 수도 있지만 코드의 가독성과 유지보수성
을 위해서는 중요하다. 오라클은 프로그래머들이 일관성 있는 프로그래밍 스타일을 만
들어 낼 수 있도록 자바용 코드 관례들을 제공한다[Conventions 2009]. 이 관례들은
자바 프로그래머들에게 널리 채택되고 있다.

자바용 CERT 오라클 보안 코딩 표준

자바 시큐어 코딩 가이드라인은 자바용 CERT 오라클 보안 코딩 표준[Long 2012] 저자들이 집필했다. 코딩 가이드라인은 자바 프로그래밍 언어로 보안 코딩을 위한 규칙들을 제공한다. 이러한 규칙은 침해될 수 있는 취약점을 만드는 안전하지 않은 코딩 관습을 없애기 위한 것이다. 보안 코딩 표준은 소프트웨어 시스템의 기준이 되는 요구사항을 수립한다. 소프트웨어 시스템은, 예를 들어서, *소스 코드 분석 실험(SCALe: Source Code Analysis Laboratory)*[Seacord 2012]에 의해서 코딩 표준을 준수하는지 평가될 수 있다. 하지만 자바 보안 코딩 표준에 포함되어 있지 않는 허술한 자바 코딩 관습들이 신뢰성 없거나 안전하지 않은 프로그램을 만들어낼 수 있다. 이 책은 그러한 코딩 관습들에 대해 설명하여 경각심을 불러일으킨다.

이 가이드라인들이 *자바용 CERT 오라클 보안 코딩 표준*에 포함되어 있지 않다고 해서 중요하지 않다고 생각해서는 안 된다. 가이드라인들을 기준 요구사항으로 만들 수 없을 때는 코딩 표준에서 제외되어야 한다. 기준 요구사항으로 만들 수 없는 이유에는 여러 가지가 있다. 아마도 대부분은 규칙들이 프로그래머의 *의도*에 달려 있을 때일 것이다. 프로그래머의 의도를 명시하도록 하고 코드가 명시된 의도를 따르도록 규칙이 요구할 수 있는 것이 아니라면, 그러한 규칙들은 자동적으로 집행될 수 없다. 기준 요구사항을 형성하려면 그 요구사항을 위배했을 때 그것이 곧 코드의 결함이 된다는 것을 나타내야 한다. 가이드라인을 준수하는 것이 항상 좋은 아이디어이긴 하지만 가이드라인을 위배한다고 해서 항상 오류로 이어지는 것은 아닌 경우에, 가이드라인들은 코딩 표준으로부터 배제 되어왔다(그러나 이 책에는 포함되었다). 그 이유는 시스템의 구체적인 결점 없이는 가이드라인을 준수하지 않았다고 단정 지을 수 없기 때문이다. 따라서 코딩 규칙은 매우 한정적으로 정의되어야 한다. 단지 코딩 가이드라인이 더 광범위하게 정의되기 때문에 종종 보안과 신뢰성에 더 폭넓은 영향을 미친다.

많은 가이드라인들이 *자바용 CERT 오라클 보안 코딩 표준*을 참고한다. 이 참고자료들은 "IDS01-J. 문자열을 검증하기 전에 정규화하라"와 같은 형식을 가지며, 첫 3개 문자가 *자바용 CERT 오라클 보안 코딩 표준*의 연관된 장을 나타낸다. 예를 들어서 IDS는 2장 "입력 검증과 데이터 정제"를 말한다.

자바 규칙에 대한 보안 코딩 표준은 www.securecoding.cert.org에서 CERT의 보안 코딩 위키(wiki)에서 얻을 수 있으며, 그것들은 계속 발전되고 있다. *자바용 CERT 오라클 보안 코딩 표준*은 준수 여부를 검사하기 위한 목적으로 규칙을 정의하여 제공하지만, 위키는 이 책에 포함되지 않은 부가적인 정보를 포함하거나 통찰력을 제공할 수도 있으며 이러한 규칙들의 의미를 해석하는데 도움을 줄지도 모른다.

이 책에서 다른 가이드라인들로의 교차-참조는 가이드라인의 번호와 제목으로 간단하게 제시된다.

범위

*자바 시큐어 코딩 가이드라인*은 자바 SE 7 플래폼 환경에 초점을 맞추고 있으며, 자바 SE 7 API을 이용한 보안 코딩의 이슈를 설명한다. 자바 언어 규격(Java Language Specification): 자바 SE 7(JLS)[JLS 2013]은 자바 프로그래밍 언어의 동작을 규정하고 있으며 이러한 가이드라인 개발에 있어서 중요한 참고자료이다.

C나 C++ 등에 대한 전통적인 언어 표준은 정의되지 않거나 규정되지 않아 구현에서 정의하는 동작들을 포함하는데, 이러한 동작들에 대한 호환성을 프로그래머가 부적절하게 가정할 경우 취약점으로 이어질 수 있다. 반대로 JLS는 좀 더 완전하게 언어 동작을 규정한다. 왜냐하면 자바는 플랫폼-호환 언어로 설계되었기 때문이다. 그럼에도 불구하고, 특정 동작들은 자바 가상 머신(JVM: Java Virtual Machine)이나 자바 컴파일러의 구현자의 판단에 따른다. 이 가이드라인들은 언어의 특징을 알려주고 구현자가 이슈를 해결하는 데 도움될 수 있는 솔루션을 제안하며, 프로그래머로 하여금 언어의 제약점을 이해하고 인지하게 하며 그러한 상황에서 방향을 설정하도록 해 준다.

언어의 이슈에만 초점을 맞춘다고 해서 신뢰성 있고 안전한 소프트웨어가 작성되는 것은 아니다. 자바 API 설계 이슈들로 인해 종종 API들이 폐기(deprecate)[1]된다. 어떤 때는, API들이나 타당한 문서가 프로그래머 사회에서 잘못 해석될 지도 모른다. 이 가이드라인들은 그러한 문제의 소지가 있는 API들을 구분하고, 그것들에 대한 올바른 사용을 강조한다. 자주 사용되는 결함 있는 설계 패턴과 표현들에 대한 예들이 포함된다.

자바 언어, 자바 코어 API 및 확장 API, 그리고 JVM은 보안 관리자와 엑세스 제어자,

---

1 역자 주: 폐기된 API를 사용할 경우 컴파일 시 "deprecated"라는 오류 메시지가 출력된다.

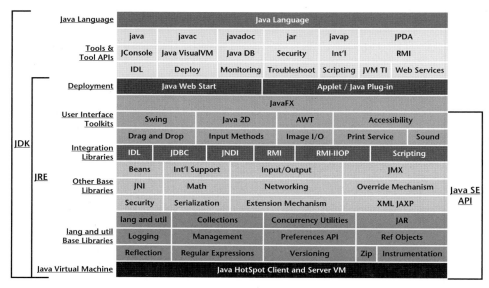

그림 P-1 오라클 자바 SE 제품의 개념적 다이어그램 (출처: 오라클 자바 SE 문서, http://docs.
oracle.com/javase/7/docs/, 저작권: © 1995, 2010, 오라클과 계열사)

암호학, 자동화된 메모리 관리, 강력한 타입 검사, 그리고 바이트코드 점검 등 여러 가
지 보안 기능들을 제공한다. 이러한 기능들은 대부분의 응용프로그램들에게 충분한 보
안을 제공한다. 그러나 그것들에 대한 적절한 사용이 가장 중요하다. 이 가이드라인
들은 보안 구조와 관련된 함정과 위험성을 강조하며 그것들의 올바른 구현에 강조점을
둔다. 이 가이드라인들을 준수하면 서비스 거부, 정보 누출, 오류 가능성이 높은 계산
과 권한 상승을 유도하도록 악용될 수 있는 많은 보안 버그들로부터 신뢰 프로그램들
을 보호한다.

다루는 라이브러리들

그림 P-1은 오라클의 자바 SE 제품에 대한 개념적 다이어그램이다.

이 코딩 가이드라인들은 "다른 기본 라이브러리"뿐만 아니라 lang과 util 기반의 라이
브러리들에 우선적으로 적용할 수 있는 보안 이슈들을 다룬다. 이미 알려져서 정정될
버그들이나 부정적으로 파생되는 문제가 없는 버그들은 다루지 않는다. 기능적인 버그
는 중요한 보안 문제나 신뢰성 문제를 빈번하게 발생시키거나 코어 플랫폼에 종속적인
자바 기술 전반에 영향을 미칠 것으로 예상될 때만 포함시킨다. 이러한 가이드라인들

은 특정 코어 API에 관련된 보안 이슈에만 한정하지 않으며, 표준 확장 API들(javax 패키지)에 관련된 중요한 신뢰성과 보안 문제도 다룬다.

자바가 제공하는 전체 보안 특징들을 논의하려면 코드와 다른 컴포넌트 및 프레임워크와의 상호작용에 대한 검토가 필요하다. 코딩 가이드라인들은 따로 분리해서는 점검할 수 없는 보안 취약점을 강조하기 위해, 대중적인 웹이나 Spring과 Struts와 같은 응용 프레임워크, 그리고 JSP(Java Server Pages) 등의 기술과 관련된 예를 사용하기도 한다. 표준 API가 취약점을 완화시킬 옵션을 제공하지 못할 때는 제 3의 라이브러리들과 솔루션들이 제시된다.

다루지 않은 이슈들

여러 가지 이슈들이 이 *자바 시큐어 코딩 가이드라인*에서 기술되지 않았다.

내용

이 코딩 가이드라인들은 모든 플랫폼들에 폭넓게 적용된다. 오직 특정한 하나의 자바-기반 플랫폼에만 관련된 사항은 이 가이드라인의 범위를 벗어난다. 예를 들어서, 안드로이드, 자바 마이크로 에디션(ME), 혹은 자바 기업 에디션(EE)에만 적용할 수 있는 가이드라인이나 자바 표준 에디션(SE)에 적용할 수 없는 가이드라인은 배제된다. 자바 SE에서, 사운드, 그래픽 렌더링, 사용자 계정 엑세스 제어, 세션 관리, 인증과 권한부여와 같은 기능을 제공하기 위한 사용자 인터페이스(사용자 인터페이스 툴킷)나 웹 인터페이스 API들은 이 가이드라인의 범위를 벗어난다. 그렇지만 부적절한 입력 검증과 인젝션 결함에 관련된 위험이라는 관점에서, 네트워크로 연결된 자바 시스템에 대해 논의하고 적절한 완화 전략을 제시한다. 이 가이드라인은 제품에 대한 기능 규격이 상위 레벨의 설계와 구조상의 취약점을 올바르게 식별하고 방지한다고 가정한다.

코딩 스타일

코딩 스타일 문제는 주관적이다. 적절한 스타일 가이드라인에 대해 합의를 이끌어 내는 것은 불가능하다고 알려져 있다. 그래서 *자바 시큐어 코딩 가이드라인*은 보통 어떤 코딩 스타일도 강요하지 않는다. 대신, 사용자가 스타일 가이드라인을 정의하고 그 가이드라인을 일관성 있게 적용하기를 권한다. 코딩 스타일을 일관성 있게 적용하는 가장 쉬운 방법은 코드 형식화 툴을 사용하는 것이다. 많은 통합 개발 환경(IDEs: Integrated development environments)이 그러한 기능을 제공한다.

도구들

이 가이드라인의 많은 것들은 자동적으로 탐지하고 정정하도록 할 수는 없다. 어떤 경우에는, 툴 벤더들이 이 가이드라인들의 위반사항을 찾아내는 검사기를 구현하려고 할지도 모른다. 연방자금지원연구개발센터(FFRDC: federally funded research and development center)와 마찬가지로 소프트웨어공학연구소(SEI: Software Engineering Institute)이 이러한 목적으로 특정 벤더나 툴들을 권고하기는 어렵다.

논쟁의 여지가 있는 가이드라인들

*자바 시큐어 코딩 가이드라인*은 폭넓은 공감대를 형성하지 못하여 논쟁의 여지가 있는 가이드라인은 포함하지 않도록 한다.

대상 독자

*자바 시큐어 코딩 가이드라인*은 일차적으로 자바 프로그램 개발자를 위한 것이다. 비록 이 가이드라인들이 자바 SE 7 플랫폼 환경에 초점을 맞추고 있으나, 자바 ME나 자바 EE 그리고 자바의 다른 버전에 대해서도 (비록 완전하지는 않더라도) 정보를 제공해야 한다.

이 가이드라인들이 일차적으로 신뢰성 있고 안전한 시스템 구축을 위해 설계되었지만, 안전성, 의존성, 강건성, 가용성 그리고 유지보수성과 같은 품질 속성을 지원하는 것에도 유용하다.

이 가이드라인들은 다음과 같은 사람들이 사용할 수 있다.

- 안전하지 않거나 가이드라인을 준수하지 않는 자바 프로그램을 진단하는 분석 툴 개발자
- 보안 코딩 표준의 금기사항들을 만들고자 하는 소프트웨어-개발 관리자, 소프트웨어 구매자, 혹은 소프트웨어-개발 및 인수 전문가
- 자바 프로그래밍 코스의 강사 (주교재나 부교재로서)

내용과 구성

*자바 시큐어 코딩 가이드라인*은 다음과 같은 원칙에 대한 75개의 가이드라인으로 구성된다.

- 1장 "안전성"은 자바 응용 프로그램의 안전성을 보장하는 가이드라인을 제시한다.
- 2장 "방어적 프로그래밍"은 방어적인 프로그래밍에 대한 가이드라인을 제시하여, 프로그래머가 예기치 못한 상황으로부터 코드 자신을 보호하는 코드를 작성할 수 있도록 한다.
- 3장 "신뢰성"은 자바 응용프로그램의 신뢰성과 안전성을 개선하기 위한 조언을 한다.
- 4장 "프로그램 이해용이성"은 프로그램을 좀 더 가독성 있고 이해하기 쉽도록 만드는 것에 대한 조언을 한다.
- 5장 "프로그래머의 오해"는 이따금씩 자바 언어와 프로그래밍 개념이 잘못 이해되는 상황을 나열한다.

부록 A "안드로이드"는 이 책의 가이드라인이 안드로이드 플랫폼에서 안드로이드 앱을 개발하는 데 적용할 수 있는지를 기술한다. 또한 주요 용어를 설명하고 참고 자료를 나열한다.

가이드라인들은 일관된 구조를 가지고 기술된다. 제목과 도입 문단에서 가이드라인의 핵심을 정의하고, 그 다음에 하나 이상의 부적절한 예와 그에 대응되는 적절한 솔루션들이 주어진다. 마지막으로 당위성과 해당 가이드라인에 관련된 참고 자료 목록으로 끝맺는다.

옮긴이의 후기

보안은 아무리 강조해도 지나치지 않다. 개발자를 포함한 보안담당자와 공격자의 공방전은 끝이 없고, 해킹으로 인한 피해의 다양화나 규모의 확대로 인해 보안 의식이 높아지고 있기 때문이다. 소 잃고 외양간 고치는 식으로 공격과 사고에 대처하는 것보다는 소프트웨어의 개발부터 위험요소를 제거하는 것이 바람직할 것이다. 그런 의미에서 플랫폼 독립적으로 구현할 수 있고 다양한 기기에 적용할 수 있는 자바의 안전한 코딩은 보안에 있어서 매우 중요한 요소이다. 이 책은 자바 보안 코딩 표준에서 다루지 않지만 개발자들이 간과해서는 안 될 내용을 담고 있으며, 어디에서도 얻을 수 없는 전문가의 조언을 담고 있어 자바 프로그램 개발자들의 필독 도서로 추천할 만하다.

이 책은 원저자들이 밝히고 있듯이 중급 및 고급 개발자용 도서이기 때문에, 초급 개발자에게는 다소 어려운 내용들이 들어 있다. 특히 1, 2장에는 고급한 내용들이 많이 포함되어 있지만, 3-5장은 초급 개발자들도 비교적 쉽게 이해할 수 있는 내용으로 구성되어 있다. 따라서 초급자들의 경우에는 자신이 주로 사용하고 있는 기능이나 사용하고자 하는 기능들을 위주로 권고사항을 반영하는 것이 바람직할 것이다.

초급과 중급의 구분은 일반 대학 교재로 사용하는 자바 프로그래밍 도서에 포함되어 있는 내용을 기준으로 삼았다. 그러한 도서에서 다루지 않는 내용이나 운영체제 등의 영역에 해당하는 내용에 대해서는 주석을 달아 초급 프로그래머의 이해를 돕도록 하였다.

이 책은 JDK 7을 기반으로 기술하고 있으며, 이미 릴리즈된 JDK 8에 기반한 시큐어 코딩 권고사항이 출간되기 위해서는 심도 있는 분석이 선행되어야 할 것이다. JDK 8에 추가된 새로운 기능 중에서 이 책의 가이드라인과 연관되는 몇 가지 특성은 다음과 같으므로, 관심 있는 독자는 관련 웹사이트를 참고하기 바란다.

- `AccessController.doPrivileged`에서 퍼미션 검사를 위해 스택을 모두 검사하지 않고 권한에 대해 가정검증할 수 있는 기능 추가
- 엔트로피를 높인 난수 생성기 보완
- `Javadoc` 도구 지원 강화
- 동시성 지원 패키지 기능 추가

Fred Long은 영국 Aberystwyth 대학 컴퓨터학과의 교수이다. 정형 기법(Formal Method)과 자바, C++, C 프로그래밍 언어와 프로그래밍과 관련된 보안 이슈를 강의한다. 영국 컴퓨터 학회 웨일즈 중부 지역 의장이다. 1992년부터 소프트웨어 공학 연구소 객원 연구원을 역임하고 있다. 최근에는 자바 취약점을 연구하고 있다. *자바용 CERT 오라클 보안 코딩 표준*(*The CERT® Oracle® Secure Coding Standard for Java™*)(Addison-Wesley, 2012)의 공동 저자이기도 하다.

Dhruv Mohindra는 인도 Persistent Systems사의 CTO 오피스 부서인 보안 실전 그룹(security practice group)의 기술 책임자이다. 클라우드, 협업, 뱅킹과 금융, 텔레커뮤니케이션, 기업, 모빌리티, 생활 과학, 건강 관리와 같은 다양한 기술들에 대해 보안 컨설팅 솔루션을 제공하고 있다. 그는 Fortune 500개 회사, 중소 기업, 그리고 신규 업체의 고위 관리직과 개발팀을 대상으로 정보 보안 모범사례 및 보안요소가 내재된 소프트웨어 개발과정에 대한 컨설팅을 하고 있다.

Dhruv는 소프트웨어 공학 연구소의 CERT팀에서 일해 왔으며, 프로그래밍 커뮤니티에서 보안 의식을 고취시키는 작업에 지속적으로 참여하고 있다. 카네기 멜론 대학교에서 정보보안 정책 및 관리로 석사 학위를, 인도 Pune 대학교에서 컴퓨터 공학으로 학사 학위를 받았다. *자바용 CERT 오라클 보안 코딩 표준*(*The CERT® Oracle® Secure Coding Standard for Java™*)(Addison-Wesley, 2012)의 공동 저자이다.

Ribert C. Seacord는 펜실베니아 피츠버그에 있는 카네기 멜론 소프트웨어 공학 연구소 CERT 부서의 보안 코딩 기술 관리자이며, 카네기 멜론 대학교의 컴퓨터과학대학 및 정보 네트워크 연구소의 교수이다. *C언어용 CERT 보안 코딩 표준*(*The CERT® C Secure Coding Standard*)(Addison-Wesley, 2009)의 저자이며, *상업용 컴포넌트를 이용한 시스템 구축*(*Building Systems from Commercial Components*)(Addison-Wesley, 2002), *기존 시스템의 현대화*(*Modernizing Legacy Systems*)(Addison-Wesley, 2003), *자바용 CERT 오라클 보안 코딩 표준*(*The CERT® Oracle® Secure Coding Standard for Java™*)(Addison-Wesley, 2012)과 *C와 C++용 보안 코딩, 2번째 개정판*(*Secure Coding in C and C++, Second Edition*)(Addison-Wesley, 2013)의 공동 저자이다. 소프트웨어 보안, 컴포넌트-기반 소프트웨어 공학, 웹-기반 시스템 설계, 시스템 현대화, 컴포넌트 저장소와 검색 엔진 그리고 사용자 인터페이스와 개발에 관련된 60편 이상의 논문을 발표했다. 2005년부터 사기업, 학계, 정부에서 *C와 C++용 보안 코딩*을 강의하고 있다. 1982년부터 IBM에서 통신과 운영체제 소프트웨어, 프로세서 개발, 소프트웨어 공학에 관련된 업무를 수행하면서 전문적으로 프로그래밍을 시작했다. 또한 X 컨소시엄에서 공통 데스크탑 환경과 X 윈도 시스템 코드를 개발하고 유지 보수했다. C 프로그래밍 언어를 위한 국제 표준 작업 그룹인 ISO/IEC JTC1/SC22/WG14에서 CMU 대표를 맡고 있다.

Dean F. Sutherland는 CERT의 선임 소프트웨어 보안 엔지니어이다. 2008년도에 카네기 멜론 대학교에서 소프트웨어 공학 박사 학위를 받았다. 학교에 돌아오기 전 14년 동안 Tartan사에서 소프트웨어 엔지니어로 근무했다. 이 기간 중 마지막 6년 동안 선임 기술자였으며, 컴파일러 백엔드 기술 팀장이었다. Tartan의 새로운 소프트웨어 개발 프로세스를 개발하고 설치하는 데에 핵심적인 역할을 하였고 회사 R&D 그룹의 주요 멤버였으며, 12명으로 구성된 컴파일러 후반부 개발팀의 기술과 프로젝트 팀장이었다. 또한 *자바용 CERT 오라클 보안 코딩 표준*(*The CERT® Oracle® Secure Coding Standard for Java™*)(Addison-Wesley, 2012)의 공동 저자이다.

David Svoboda는 CERT/SEI의 소프트웨어 보안 엔지니어이며, *자바용 CERT 오라클 보안 코딩 표준(The CERT® Oracle® Secure Coding Standard for Java™)*(Addison-Wesley, 2012)의 공동 저자이다. C, C++, Perl 뿐만 아니라 자바를 위한 CERT 보안 코딩 표준 웹사이트를 운영하고 있다. 1991년부터 계층구조의 칩 모델링, 사회적 조직 시뮬레이션, 그리고 자동 기계 번역(AMT)에 이르기까지 카네기 멜론 대학교의 다양한 소프트웨어 개발 프로젝트의 주요 개발자였다. 1996년에 개발한 KANTOO AMT는 현재까지 caterpillar에서 생산 과정에 사용되고 있다. 자바 2부터 Tomcat 서브릿과 이클립스 플러그인 등 자바 프로젝트를 수행하면서 13년 이상 자바 개발 경험을 가지고 있다. 전 세계적으로 군, 정부 및 금융 산업의 다양한 그룹에게 C와 C++용 보안 코딩을 강의해왔다. 또한 C 프로그래밍 언어를 위한 ISO/JTC1/SC22/WG14 작업 그룹과 C++ 프로그래밍 언어를 위한 ISO/JTC1/SC22/WG21 작업그룹에 활발히 참여하고 있다.

옮긴이에 대하여

조 태남 교수는 이화여자대학교 전자계산학과를 졸업하고 동대학원에서 석사학위 및 박사학위를 수여받았다. 한국전자통신연구원에서 위성관제시스템 등을 개발하였으며, 현재는 우석대학교 정보보안학과 교수로 재직하면서 암호기술, 인증기술, C언어, 자바, 네트워크 프로그래밍 등을 강의하고 있다. 저역서로는 모바일 시대의 정보보안 개론, *first-step* 네트워크 보안, 컴퓨터 보안과 암호 등이 있고, 관심 분야는 키관리 체계, 안드로이드 보안과 시큐어 코딩 등이다.

차례

CHAPTER 01 안전성 ··· 1

CHAPTER **02** 방어적 프로그래밍 ···················· 85

CHAPTER **03** 신뢰성 ···················· 143

CHAPTER **04**

프로그램 이해용이성 ·················· 181

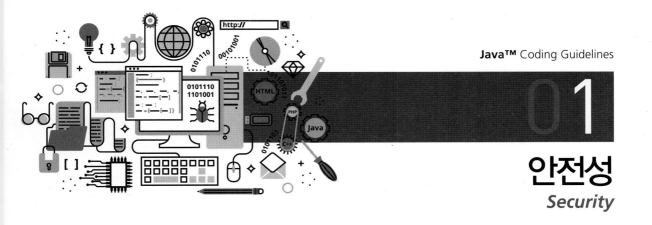

01

안전성
Security

자바 프로그래밍 언어와 런타임 시스템은 안전성을 염두에 두고 설계되었다. 예를 들어 프로그래머가 명시적 포인터를 사용하지 않도록 하며 널 포인터를 참조하면 예외 (exception)를 발생시킨다. 이와 유사하게, 배열이나 문자열의 범위를 벗어나 엑세스해도 예외가 발생된다. 자바는 타입에 대해 엄격하게 처리하는 언어이다. 산술 타입과 변환에서와 같이 모든 암묵적 타입 변환에 대해 플랫폼 독립적으로 잘 정의되어 있다. 자바 가상 머신(JVM: Java Virtual Machine)은 바이트코드가 자바 언어 규격을 준수하면서 수행되도록 보장하기 위해 바이트코드 검증기를 내장하고 있다(Java SE 7에서는 언어에서 정의한 검사가 적절히 이루어져 우회할 수 없도록 한다).

자바 클래스 로더 메커니즘은 JVM으로 클래스가 로드될 때 신뢰된 시스템 클래스와 신뢰가 불분명한 클래스를 식별할 수 있다. 외부 소스로부터 온 클래스들이 디지털 서명되어 있으면 권한을 부여받을 수 있다. 이 디지털 서명은 클래스 로더가 검사하여 클래스를 확인하는 데 도움을 준다. 또한 자바는 프로그래머가 시스템 정보, 파일, 소켓과 프로그래머가 사용하고자 하는 다른 보안에 민감한 자원에 대해 엑세스를 제어할 수 있도록 확장성 있고 섬세한 보안 메커니즘을 제공한다. 이 보안 메커니즘은 런타임 보안 관리자(runtime security manager)가 보안 정책을 집행하도록 요구할 수 있다. 보안 관리자와 보안 정책은 보통 커맨드-라인 인자를 이용하여 지정하지만, 프로그램으로 설치될 수도 있다. 그렇게 함으로써 기존의 보안 정책에서 허용하지 않는 동작도 실행할 수 있도록 해준다. 클래스 로더 메커니즘이 제공하는 식별 방법을 이용하여 시스템 자바 클래스 외의 클래스에게까지 자원 엑세스 권한이 확장될 수 있을 것이다.

기업 자바 응용프로그램은 신뢰할 수 없는 입력을 수용해야 하고, 복잡한 서브시스템과 상호작용해야 하기 때문에 공격당하기 쉽다. 만약 응용프로그램 안에 사용된 컴포넌트들이 공격당하기 쉬운 경우라면, 응용프로그램에 대한 인젝션 공격(크로스-사이트 스크립팅(XSS), XPath와 LDAP 인젝션 등)이 가능하다. 이를 완화하는 효과적인 전략은 번역되기 전에 입력을 화이트리스트화하고 출력을 인코딩하거나 이스케이핑[1]하는 것이다.

이 장은 자바 기반의 응용프로그램에 대하여 안전성을 보장하기 위한 가이드라인을 기술한다. 가이드라인은 다음과 같은 내용에 대하여 다룰 것이다.

1. 민감한 데이터 다루기
2. 일반적인 인젝션 공격 피하기
3. 보안성을 해치도록 오용될 수 있는 언어적 특징
4. 자바의 섬세한 보안 메커니즘의 세부사항

01. 민감-데이터의 수명을 제한하라

메모리에 있는 민감-데이터(sensitive data)는 오염되기 쉽다. 동일한 시스템에서 응용프로그램을 수행할 수 있는 공격자는 응용프로그램이 다음과 같을 때 민감-데이터에 엑세스할 수 있다.

- 사용 후에 내용이 삭제되지 않거나 가비지 수집(garbage-collection)되는 객체에 민감-데이터를 저장하여 사용할 때
- 운영체제에 의해 디스크로 스왑아웃될 수 있는 메모리 페이지를 포함할 때(예로, 메모리 관리 작업이나 최대절전모드(하이버네이션)[2]를 위해)
- OS 캐시나 메모리에 있는 데이터의 복사본을 가지고 있는 버퍼(bufferedReader)에 민감-데이터를 보유할 때
- 제어흐름이 민감한 변수의 수명을 제한하지 않도록 허용하는 리플렉션(reflection)에 기반할 때

---

1 역자 주: '\uc0', '&'과 같이 특별한 의미로 해석되는 문자를 문자 그대로 해석하도록 이스케이프 문자열로 표현하는 것을 말한다.
2 역자 주: 최대절전모드(hibernation)가 되면 RAM이 내용을 디스크 파일로 스왑아웃 시킨 후 전원을 차단한다. 다시 부팅될 때 디스크로부터 RAM으로 다시 스왑인된다.

- 디버깅 메시지, 로그 파일, 환경 변수 혹은 쓰레드와 코어 덤프를 통해 민감-데이터를 노출할 때

메모리가 사용 후 삭제되지 않는 데이터를 포함한 경우에 민감-데이터 누출의 가능성이 더 높아진다. 노출의 위험을 제한하기 위해서 프로그램은 민감-데이터의 수명을 최소화해야 한다.

완벽한 완화책(즉, 메모리 데이터를 간단하게 보호하는 방법)에는 기반하고 있는 운영체제와 자바 가상 머신의 지원이 필요하다. 예로, 민감-데이터를 디스크로 스왑아웃하는 것이 문제라면, 스와핑과 최대절전모드를 허용하지 않는 안전한 운영체제가 필요하다.

부적절한(Noncompliant) 코드 예

이 예제는 콘솔로부터 사용자 이름과 패스워드 정보를 읽어서 String 객체에 패스워드를 저장한다. 이 인증정보는 가비지 수집기가 String에 관련된 메모리를 수거할 때까지 노출의 위험에 처해 있다.

```java
class Password {
  public static void main (String args[]) throws IOException {
    Console c = System.console();
    if (c == null) {
      System.err.println("No console.");
      System.exit(1);
    }

    String username = c.readLine("Enter your user name: ");
    String password = c.readLine("Enter your password: ");

    if (!verify(username, password)) {
      throw new SecurityException("Invalid Credentials");
    }

    // ...
  }

  // Dummy verify method, always returns true
  private static final boolean verify(String username,
      String password) {

    return true;
  }
}
```

적절한(compliant) 솔루션

이 솔루션은 콘솔에서 패스워드를 읽어 들이기 위해 Console.readPassword()를 사용한다.

```
class Password {
  public static void main (String args[]) throws IOException {
    Console c = System.console();

    if (c == null) {
      System.err.println("No console.");
      System.exit(1);
    }

    String username = c.readLine("Enter your user name: ");
    char[] password = c.readPassword("Enter your password: ");
    if (!verify(username, password)) {
      throw new SecurityException("Invalid Credentials");
    }

    // Clear the password
    Arrays.fill(password, ' ');
  }

  // Dummy verify method, always returns true
  private static final boolean verify(String username,
      char[] password) {
    return true;
  }
}
```

Console.readPassword() 메서드는 String 객체가 아니라 일련의 문자로 패스워드를 반환한다. 결과적으로 프로그래머는 사용 후 곧바로 배열에서 패스워드를 지울 수 있다.

부적절한 코드 예

이 예제는 InputStreamReader 객체를 랩(wrap)하도록 BufferedReader를 사용하고, 민감-데이터를 파일로부터 읽을 수 있도록 한다.

```
void readData() throws IOException{
  BufferedReader br = new BufferedReader(new InputStreamReader(
    new FileInputStream("file")));
```

```
  // Read from the file
  String data = br.readLine();
}
```

BufferedReader.readLine() 메서드는 민감-데이터를 String 객체로 반환하는데, 이 객체는 데이터가 더 이상 필요하지 않게 되더라도 오랫동안 유지될 수 있다. BufferedReader.read(char[], int, int) 메서드는 char 배열을 읽고 유지할 수 있다. 그러나, 프로그래머는 배열에 있는 민감-데이터를 사용 후 수동으로 지워야 한다. 또한 BufferedReader가 FileReader 객체를 랩하는데 사용되었다 하더라도 동일한 문제에 직면한다.

적절한 솔루션

이 예제는 파일로부터 민감-데이터를 읽기 위해 직접 할당된 NIO(New I/O)를 사용한다. 데이터는 사용 후 곧바로 삭제될 수 있으며, 여러 장소에 캐시되거나 버퍼링되지 않는다. 데이터는 오직 시스템 메모리에만 존재한다.

```
void readData(){
  ByteBuffer buffer = ByteBuffer.allocateDirect(16 * 1024);
  try (FileChannel rdr =
        (new FileInputStream("file")).getChannel()) {
    while (rdr.read(buffer) > 0) {
      // Do something with the buffer
      buffer.clear();
    }
  } catch (Throwable e) {
    // Handle error
  }
}
```

다이렉트 버퍼는 가비지 수집되지 않기 때문에 버퍼 데이터의 수동 삭제가 필수적임을 명심해야 한다.

당위성(Applicability)

민감-데이터의 수명을 제한하지 못하면 정보 누출이 일어날 수 있다.

참고 자료

[API 2013]	Class `ByteBuffer`
[Oracle 2013b]	"Reading ASCII Passwords from an InputStream Example" from the Java Cryptography Architecture [JCA] Reference Guide
[Tutorials 2013]	I/O from the Command Line

02. 클라이언트에 암호화되지 않은 민감-데이터를 저장하지 말라

클라이언트-서버 모델을 사용하는 응용프로그램을 작성할 때, 사용자 인증 정보와 같은 민감-정보를 클라이언트 측에 저장하면, 클라이언트가 공격에 취약할 경우에 허가되지 않은 방법으로 민감-정보가 노출될 수 있다.

웹 응용프로그램에서, 이 문제에 대한 가장 보편적인·완화책은 쿠키(cookie)를 클라이언트에게 제공하고 민감-데이터는 서버에 저장하는 것이다. 쿠키는 웹서버에 의해 생성되고 일정 기간 동안 클라이언트에 저장된다. 클라이언트가 서버에 다시 연결할 때, 클라이언트가 서버에게 자신을 식별하도록 하는 쿠키를 제공하면 서버가 민감-정보를 제공하는 것이다.

쿠키는 크로스-사이트 스크립팅(XSS: Cross-Site Scripting) 공격으로부터 민감-정보를 보호하지 못한다. XSS 공격이나 클라이언트를 직접 공격해서 쿠키를 얻을 수 있는 공격자는 쿠키를 이용하여 서버로부터 민감-정보를 손에 넣을 수 있다. 만약 서버가 제한 시간(예로 15분) 경과 후에는 세션을 무효화하도록 한다면 이러한 위험은 시간에 한정적으로 된다.

보통 쿠키는 짧은 문자열이다. 만약 쿠키가 민감-정보를 포함하고 있다면 암호화되어야만 한다. 민감-정보란 사용자 이름, 패스워드, 신용 카드 번호, 사회 보장 번호와 사용자 개인을 식별할 수 있는 기타의 정보 등이다. 패스워드 관리에 대한 좀 더 자세한 사항은 가이드라인 13장 "해시 함수를 이용하여 패스워드를 저장하라"를 참고하면 된다. 민감-정보를 가지고 있는 메모리 보호에 대한 좀 더 많은 정보를 위해서는 가이드라인 1, "민감-데이터의 수명을 제한하라"를 참고하기 바란다.

부적절한 코드 예

이 예에서, 로그인 서브릿(sublet)은 이후의 요청에서 사용자를 식별하기 위해 사용자 이름과 패스워드를 쿠키에 저장한다.

```java
protected void doPost(HttpServletRequest request,
    HttpServletResponse response) {

  // Validate input (omitted)

  String username = request.getParameter("username");
  char[] password =
    request.getParameter("password").toCharArray();
  boolean rememberMe =
    Boolean.valueOf(request.getParameter("rememberme"));

  LoginService loginService = new LoginServiceImpl();
  if (rememberMe) {
    if (request.getCookies()[0] != null &&
      request.getCookies()[0].getValue() != null) {
      String[] value =
        request.getCookies()[0].getValue().split(";");

      if (!loginService.isUserValid(value[0],
          value[1].toCharArray())) {
        // Set error and return
      } else {
        // Forward to welcome page
      }
    } else {
      boolean validated =
        loginService.isUserValid(username, password);
      if (validated) {
        Cookie loginCookie = new Cookie("rememberme", username +
                          ";" + new String(password));
        response.addCookie(loginCookie);
        // ... forward to welcome page
      } else {
        // Set error and return
      }
    }
  } else {
    // No remember-me functionality selected
    // Proceed with regular authentication;
    // if it fails set error and return
  }

  Arrays.fill(password, ' ');
}
```

그러나 리멤버-미(remember-me) 기능[3]을 구현하는 것은 안전하지 않다. 왜냐하면 클라이언트 머신에 엑세스할 수 있는 공격자는 클라이언트로부터 정보를 직접 얻을 수 있기 때문이다. 이 코드는 또한 가이드라인 13, "해시 함수를 이용하여 패스워드를 저장하라"에 위배된다.

적절한 솔루션(세션)

이 솔루션은 사용자 이름과 안전한 랜덤 문자열을 쿠키에 저장함으로써 리멤버-미 기능을 구현한다. 또한 HttpSession을 사용하여 세션 상태를 유지한다.

```
protected void doPost(HttpServletRequest request,
  HttpServletResponse response) {

  // Validate input (omitted)

  String username = request.getParameter("username");
  char[] password =
    request.getParameter("password").toCharArray();
  boolean rememberMe =
    Boolean.valueOf(request.getParameter("rememberme"));
  LoginService loginService = new LoginServiceImpl();
  boolean validated = false;
  if (rememberMe) {
    if (request.getCookies()[0] != null &&
        request.getCookies()[0].getValue() != null) {
      String[] value =
        request.getCookies()[0].getValue().split(";");

      if (value.length != 2) {
        // Set error and return
      }

      if (!loginService.mappingExists(value[0], value[1])) {
        // (username, random) pair is checked
        // Set error and return
      }
    } else {
      validated = loginService.isUserValid(username, password);
      if (!validated) {
```

---

3 역자 주: 웹 응용프로그램에서 사용자가 로그인 후, 세션이 종료된 후에도 로그아웃할 때까지는 해당 머신의 데이터에 엑세스할 수 있도록 하는 기능을 말한다. 그것을 구현하는 한 가지 방법이 쿠키를 이용하는 것이다.

```
      // Set error and return
    }
  }

  String newRandom = loginService.getRandomString();
  // Reset the random every time
  loginService.mapUserForRememberMe(username, newRandom);
  HttpSession session = request.getSession();
  session.invalidate();
  session = request.getSession(true);
  // Set session timeout to 15 minutes
  session.setMaxInactiveInterval(60 * 15);
  // Store user attribute and a random attribute
  // in session scope
  session.setAttribute("user", loginService.getUsername());
  Cookie loginCookie =
    new Cookie("rememberme", username + ";" + newRandom);
  response.addCookie(loginCookie);
  //... forward to welcome page
} else { // No remember-me functionality selected
  //... authenticate using isUserValid(),
  // and if failed, set error
}
Arrays.fill(password, ' ');
}
```

서버는 사용자 이름과 안전한 랜덤 문자열과의 짝을 유지한다. 사용자가 "Remember me"를 선택하면 doPost() 메서드는 제공된 쿠키가 유효한 사용자 이름과 짝이 되는 랜덤 문자열을 포함하고 있는지 검사한다. 만약 짝이 맞으면 서버는 사용자를 인증하고 그를 환영(welcome) 페이지로 연결시킨다. 그렇지 않으면 서버는 클라이언트에게 오류를 반환한다. 만약 사용자가 "Remember me"를 선택했지만 클라이언트가 유효한 쿠키를 제공하지 못하면, 서버는 사용자에게 다른 인증정보를 가지고 인증하도록 요구한다. 인증이 성공하면 서버는 리멤버-미 특성을 가지고 새로운 쿠키를 생성한다.

이 솔루션은 현재의 세션을 무효화하고 새로운 세션을 생성함으로써 세션 고정(session-fixation) 공격[4]을 피한다. 또한 클라이언트 엑세스 시간 간격을 15분으로 제한함으로써 공격자가 세션-하이재킹 공격을 할 수 있는 시간적 기회를 줄인다.

---

4 역자 주: 세션 하이재킹(session hijacking) 공격의 일종으로서, 유효한 사용자 세션을 탈취하여 인증을 우회하는 공격 기법이다.

당위성

클라이언트에 암호화되지 않은 민감-데이터를 저장하는 것은 클라이언트를 공격할 수 있는 자가 이 정보를 얻을 수 있도록 한다.

참고 자료

[Oracle 2011c] Package javax.servlet.http
[OWASP 2009] Session Fixation in Java
[OWASP 2011] Cross-Site Scripting (XSS)
[W3C 2003] The World Wide Web Security FAQ

03. 민감한 가변적 클래스에 수정이 불가능한 래퍼를 제공하라

필드의 불변성(immutability)은 악의적인 변경뿐만 아니라 부주의로 인한 변경도 방지하여, 입력을 받아들이거나 값을 반환할 때 방어적인 복사가 불필요해진다. 그러나 일부 민감 클래스들은 불변성을 가질 수 없다. 다행히, 비신뢰-코드(untrusted code)는 변경이 불가능한 래퍼를 이용하여 가변적 클래스에 읽기전용으로만 엑세스할 수 있다. 예를 들어, Collection 클래스는 사용자에게 Collection 객체에 대한 수정 불가능한 뷰를 허용하는 래퍼 집합을 가지고 있다.

부적절한 코드 예

이 예는 Mutable 클래스로 구성되어 있는데 내부 배열 객체의 수정을 허용한다.

```java
class Mutable {
  private int[] array = new int[10];

  public int[] getArray() {
    return array;
  }

  public void setArray(int[] i) {
    array = i;
  }
}

//...
private Mutable mutable = new Mutable();
```

```
public Mutable getMutable() {return mutable;}
```

비신뢰-호출자(untrusted invoker)는 변경자 메서드인 setArray()를 호출하여 객체의 불변성을 위반할지도 모른다. 접근자 메서드인 getArray()의 호출을 통해 클래스의 비공개인 내부 상태를 수정할 수 있도록 한다. 또한 이 클래스는 *자바용 CERT 오라클 보안 코딩 표준*[Long 2012], "OBJ05-J. 가변적 private 클래스 멤버에 대한 레퍼런스를 반환하기 전에 멤버들을 복사하여 방어하라"를 위반한다.

부적절한 코드 예

이 예는 Mutable 클래스를 MutableProtector 하위클래스로 확장한다.

```
class MutableProtector extends Mutable {
  @Override
  public int[] getArray() {
    return super.getArray().clone();
  }
}
// ...
private Mutable mutable = new MutableProtector();
// May be safely invoked by untrusted caller having read ability
public Mutable getMutable() {return mutable;}
```

이 클래스에서 접근자 메서드인 getArray()를 호출해도 클래스의 비공개인 내부 상태를 변경할 수 없도록 하여 "OBJ05-J. 가변적 private 클래스 멤버에 대한 레퍼런스를 반환하기 전에 멤버들을 복사하여 방어하라"[Long 2012]를 준수한다. 그러나, 비신뢰-호출자는 setArray() 메서드를 호출하여 Mutable 객체를 수정할지도 모른다.

적절한 솔루션

일반적으로 변경자 메서드 등 코어 인터페이스가 정의하는 모든 메서드들에 대하여 적절한 래퍼들을 제공하면, 민감 클래스들을 안전하게 볼 수 있는 객체로 변환할 수 있다. 변경자 메서드들에 대한 래퍼들은 UnsupportedOperationException을 발생시켜서 클라이언트들이 객체의 불변성에 영향을 미치는 작업을 막아야 한다.

이 솔루션은 Mutable.setArray()를 오버라이드하는 setArray() 메서드를 추가하여 Mutable 객체의 변경을 방지한다.

```
class MutableProtector extends Mutable {
  @Override
  public int[] getArray() {
    return super.getArray().clone();
  }

  @Override
  public void setArray(int[] i) {
    throw new UnsupportedOperationException();
  }
}

// ...
private Mutable mutable = new MutableProtector();
// May be safely invoked by untrusted caller having read ability
public Mutable getMutable() {return mutable; }
```

MutableProtector 래퍼 클래스는 getArray() 메서드를 오버라이드하여 배열을 복제한다. 비록 이 코드를 호출하여 가변적 객체 배열에 대한 복사본을 얻을 수 있기는 하지만 원래의 배열은 변하지 않고 남아 있으며 엑세스가 불가능하다. 호출자가 반환된 객체에 대해 setArray() 메서드를 호출하면, 오버라이드된 setArray() 메서드는 예외를 발생시킨다. 데이터에 대한 읽기가 허용된 경우에는 이 객체가 비신뢰-코드로 전달될 수 있다.

당위성

민감한 가변적 객체에 대하여, 비신뢰-코드가 수정을 못하도록 안전하게 보여주지 못하면 객체가 조작되고 오염될 수 있다.

참고 자료

[Long 2012]   OBJ05-J. Defensively copy private mutable class members before
                   returning their references
[Tutorials 2013]   Unmodifiable Wrappers

04. 보안에 민감한 메서드들이 검증된 매개변수를 가지고 호출되도록 보장하라

보안에 민감한 메서드들을 호출하는 응용 코드는 메서드에게 전달되는 매개변수들을 검증해야만 한다. 특히, 어떤 보안에 민감한 메서드들에게는 널(null) 값이 무난한 것으로 해석될 수도 있으나 디폴트 설정을 덮어쓸지도 모른다. 비록 보안에 민감한 메서드들이 방어적으로 코딩되어야 하지만, 만약 클라이언트 코드가 검증하지 않는다면 메서드가 유효한 것으로 수용하게 되는 매개변수에 대해 검증해야만 한다. 그렇지 않으면 권한상승을 초래하거나 아무 코드나 수행할 수 있게 된다.

부적절한 코드 예

이 예는 두 매개변수를 가지는 doPrivileged() 메서드를 보여주는데, 두 번째 매개변수로서 엑세스 제어 컨텍스트를 받는다. 이 코드는 이전에 저장되었던 컨텍스트로부터 권한을 가져온다.

```
AccessController.doPrivileged(
  new PrivilegedAction<Void>() {
    public Void run() {
      // ...
    }
  }, accessControlContext);
```

전달된 엑세스 제어 컨텍스트가 널인 경우, 2-매개변수형 doPrivileged() 메서드는 현재의 권한을 이전에 저장된 컨텍스트의 권한으로 한정하지 못한다. 결과적으로 이 코드는 accessControlContext가 널일 때 과도한 권한을 부여받게 된다. 널 엑세스 제어 컨텍스트를 가지고 AccessController.doPrivileged()를 호출하려는 프로그래머는 명시적으로 null 상수를 전달하거나 1-매개변수형 AccessController.doPrivileged() 버전을 사용해야 한다.

적절한 솔루션

이 솔루션은 accessControlContext가 널이 되지 않도록 보장함으로써 과도하게 권한이 부여되지 않도록 방지한다.

```
if (accessControlContext == null) {
  throw new SecurityException("Missing AccessControlContext");
}
AccessController.doPrivileged(
  new PrivilegedAction<Void>() {
    public Void run() {
      // ...
    }
  }, accessControlContext);
```

당위성

예기치 못한 매개변수 값(예로 널 변수)에 의해 곤란한 경우가 일어나지 않도록, 보안에 민감한 메서드들은 완벽하게 이해되어야 하고 매개변수들이 검증되어야 한다. 만약 예기치 못한 매개변수 값들이 보안에 민감한 메서드들에게 전달된다면, 임의의 코드 실행이 가능해지며 권한상승이 이루어질 것이다.

참고 자료

[API 2013]   AccessController.doPrivileged(), System.setSecurityManager()

05.   마구잡이 파일 업로드를 방지하라

웹 응용프로그램을 포함하여 파일 업로드를 허용하는 자바 응용프로그램들은 공격자가 악성 파일을 업로드하거나 전달할 수 없도록 보장해야 한다. 만약 코드를 포함한 제한되어야 할 파일이 대상 시스템에서 수행된다면, 응용계층의 방어책을 무력화시킬 수 있다. 예로, HTML 파일을 업로드하도록 허용하는 응용프로그램은 악성 코드의 수행을 허용한다 – 출력에 대한 이스케이핑 루틴이 없을 경우에, 공격자는 크로스-사이트 스크립팅 페이로드를 가지고 있는 HTML 파일을 보내서 수행할 수 있다. 이러한 이유 때문에 많은 응용프로그램들이 업로드될 수 있는 파일의 타입을 제한한다.

서버쪽 응용프로그램에서 아무 코드나 수행시킬 수 있는 .exe나 sh와 같은 위험한 확장자를 가진 파일의 업로드가 가능할지도 모른다. HTTP 헤더에 Content-Type 필드에 대해서만 제한하는 응용프로그램은 그러한 공격에 취약하다.

파일 업로드를 지원하기 위해서, 전형적인 JSP 페이지는 다음과 같은 코드로 이루어진다.

```
<s:form action="doupload" method="POST"
    enctype="multipart/form-data">
  <s:file name="uploadFile" label="Choose File" size="40" />
  <s:submit value="Upload" name="submit" />
</s:form>
```

많은 자바 기업 프레임워크(Java Enterprise Framework)는 아무 파일이나 업로드될 수 없도록 구성을 설정할 수 있게 지원한다. 하지만 불행하게도 그 대부분은 적절하게 보호하지 못한다. 이러한 취약점에 대한 완화책은 메타데이터 속성 중에서 파일 크기(file size), 내용 타입(content type)과 파일 내용(file contents)을 점검하는 것 등이다.

부적절한 코드 예

이 예는 Struts 2 응용프로그램에서 업로드를 수행하는 XML 코드를 보여준다. 이 인터셉터 코드는 파일 업로드 허용을 담당하고 있다.

```
<action name="doUpload" class="com.example.UploadAction">
  <interceptor-ref name="fileupload">
    <param name="maximumSize"> 10240 </param>
    <param name="allowedTypes">
      text/plain,image/JPEG,text/html
    </param>
  </interceptor-ref>
</action>
```

파일 업로드 코드는 UploadAction 클래스에 나타난다.

```
public class UploadAction extends ActionSupport {
  private File uploadedFile;
  // setter and getter for uploadedFile

  public String execute() {
    try {
      // File path and file name are hardcoded for illustration
      File fileToCreate = new File("filepath", "filename");
      // Copy temporary file content to this file
      FileUtils.copyFile(uploadedFile, fileToCreate);
```

```
      return "SUCCESS";
    } catch (Throwable e) {
      addActionError(e.getMessage());
      return "ERROR";
    }
  }
}
```

타입이 `maximumsSize`인 매개변수 값은 특정 `action`이 너무 큰 파일을 수신하지 못하도록 보장한다. `allowedTypes` 매개변수는 허용되는 파일의 타입을 정의한다. 그러나 이 방법은 업로드된 파일이 보안 요구사항을 준수한다는 것을 보장하지는 못한다. 그 이유는, 인터셉터 검사를 손쉽게 우회할 수 있기 때문이다. 만약 공격자가 전송 중에 원래의 HTTP 요구에 있는 내용 타입을 변경하기 위해 프록시 툴을 사용하였다면, 그 프레임워크는 파일 업로드를 방지하지 못한다. 결과적으로 공격자는 .exe와 같은 확장자를 가진 악성 파일을 업로드할 수 있다.

적절한 솔루션

내용 타입이 실제 파일 내용의 타입과 일치할 때만 파일 업로드가 성공해야 한다. 예를 들어, 이미지 헤더를 가진 파일은 이미지만 포함해야 하며 수행가능한 코드를 포함해서는 안 된다. 이 코드는 기존의 파서 라이브러리를 이용하는 문서로부터 메타데이터와 구조화된 텍스트 내용을 탐지하고 추출하기 위해 Apache Tika 라이브러리를 [Apache 2013] 사용한다. 파일 업로드를 책임지고 있는 `execute()`에서 코드를 호출하기 전에 `checkMetaData()` 메서드가 호출되어야 한다.

```java
public class UploadAction extends ActionSupport {
  private File uploadedFile;
  // setter and getter for uploadedFile

  public String execute() {
    try {
      // File path and file name are hardcoded for illustration
      File fileToCreate = new File("filepath", "filename");

      boolean textPlain = checkMetaData(uploadedFile,
        "text/plain");
      boolean img = checkMetaData(uploadedFile, "image/JPEG");
      boolean textHtml = checkMetaData(uploadedFile,
        "text/html");
```

```
      if (!textPlain || !img || !textHtml) {
        return "ERROR";
      }

      // Copy temporary file content to this file
      FileUtils.copyFile(uploadedFile, fileToCreate);
      return "SUCCESS";
    } catch (Throwable e) {
      addActionError(e.getMessage());
      return "ERROR";
    }
  }

  public static boolean checkMetaData(
    File f, String getContentType) {
    try (InputStream is = new FileInputStream(f)) {
      ContentHandler contenthandler = new BodyContentHandler();
      Metadata metadata = new Metadata();
      metadata.set(Metadata.RESOURCE_NAME_KEY, f.getName());
      Parser parser = new AutoDetectParser();
      try {
        parser.parse(is, contenthandler,
                     metadata, new ParseContext());
      } catch (SAXException | TikaException e) {
        // Handle error
        return false;
      }
      if (metadata.get(Metadata.CONTENT_TYPE).equalsIgnoreCase(
            getContentType)) {
        return true;
      } else {
        return false;
      }
    } catch (IOException e) {
      // Handle error
      return false;
    }
  }
}
```

AuthDetectParser는 파싱될 파일의 내용에 따라 사용할 수 있는 최적의 파서를 선택한다.

당위성

마구잡이 파일 업로드의 취약점은 권한 상승을 초래하며 임의의 코드를 수행할 수 있도록 한다.

참고 자료

[Apache 2013]   Apache Tika: A Content Analysis Toolkit

06. 출력을 적절하게 인코딩하거나 이스케이핑하라

적절한 입력 정제(sanitization)는 데이터베이스와 같은 서브시스템으로 악성 코드가 삽입되는 것을 방지할 수 있다. 그러나 다른 서브시스템들에게는 다른 종류의 정제가 필요하다. 다행히도, 보통 어느 서브시스템이 최종적으로 어떤 입력을 수신하게 되는지, 그래서 결과적으로 어떤 종류의 정제가 필요한지는 명백하다.

데이터 출력을 목적으로 하는 여러 서브시스템들이 있다. HTML 렌더러(renderer)는 출력을 디스플레이하기 위한 일반적인 서브시스템 중의 하나이다. 출력 서브시스템으로 보내진 데이터는 신뢰-소스에서 시작된 것처럼 보일 수도 있다. 그러나 출력 정제가 불필요하다고 가정하는 것은 위험하다. 왜냐하면 그러한 데이터는 비신뢰-소스에서 시작되어 우회했을지도 모르는 일이며 악의적인 내용을 포함할 수도 있기 때문이다. 출력 서브시스템으로 전달되는 데이터를 적절히 정제하지 못하면 여러 가지 형태의 공격을 허용하게 된다. 예를 들어서, HTML 렌더러는 HTML 인젝션과 크로스-사이트 스크립팅(XSS) 공격을 당하기 쉽다[OWASP 2011]. 그러한 공격을 방지하기 위한 출력 정제는 입력 정제만큼이나 매우 중요하다.

입력을 검증할 때, 의심스러운 문자들을 정제하기 전에 데이터가 정규화 되어야 한다. 검증을 우회하는 데이터로 인한 취약점을 피하기 위해, 안전하다고 알려진 문자 이외의 모든 출력 문자들을 적절히 인코드해야 한다. 더 상세한 것은 *자바용 CERT 오라클 보안 코딩 표준*[Long 2012], "IDS01-J. 문자열을 검증하기 전에 정규화하라"을 참고하기 바란다.

부적절한 코드 예

이 예는 데이터를 사용자에게 출력할 때, 데이터를 인코딩하거나 이스케이핑하지 않고 자바 EE 기반의 스프링 프레임워크(Spring Framework)의 모델-뷰-컨트롤러(MVC: model-view-controller) 개념을 사용한다. 데이터가 웹브라우저로 보내졌기 때문에 코드는 HTML 인젝션과 XSS 공격을 당할 수 있다.

```java
@RequestMapping("/getnotifications.htm")
public ModelAndView getNotifications(
  HttpServletRequest request, HttpServletResponse response) {
  ModelAndView mv = new ModelAndView();
  try {
    UserInfo userDetails = getUserInfo();
    List<Map<String,Object>> list =
      new ArrayList<Map<String, Object>>();
    List<Notification> notificationList =
      NotificationService.getNotificationsForUserId(
        userDetails.getPersonId());

    for (Notification notification: notificationList) {
      Map<String,Object> map = new HashMap<String, Object>();
      map.put("id", notification.getId());
      map.put("message", notification.getMessage());
      list.add(map);
    }

    mv.addObject("Notifications", list);
  } catch (Throwable t) {
    // Log to file and handle
  }

  return mv;
}
```

적절한 솔루션

이 솔루션은 알려진 문자집합으로 출력을 정규화하고 화이트리스트를 이용하여 출력을 정제하며 더블체크 메커니즘이 수행되도록 모든 지정되지 않은 데이터 값을 인코딩하는 ValidateOutput 클래스를 정의한다. 필요한 화이트리스팅 패턴은 필드별로 지정된 요구에 따라 다르다는 것을 알아두어야 한다[OWASP 2013].

```java
public class ValidateOutput {
  // Allows only alphanumeric characters and spaces
  private static final Pattern pattern =
    Pattern.compile("^[a-zA-Z0-9\\s]{0,20}$");

  // Validates and encodes the input field based on a whitelist
  public String validate(String name, String input)
      throws ValidationException {
    String canonical = normalize(input);
```

```java
    if (!pattern.matcher(canonical).matches()) {
      throw new ValidationException("Improper format in " +
                                      name + " field");
    }

    // Performs output encoding for nonvalid characters
    canonical = HTMLEntityEncode(canonical);
    return canonical;
  }

  // Normalizes to known instances
  private String normalize(String input) {
    String canonical =
      java.text.Normalizer.normalize(input,
        Normalizer.Form.NFKC);
    return canonical;
  }

  // Encodes nonvalid data
  private static String HTMLEntityEncode(String input) {
    StringBuffer sb = new StringBuffer();

    for (int i = 0; i < input.length(); i++) {
      char ch = input.charAt(i);
      if (Character.isLetterOrDigit(ch) ||
          Character.isWhitespace(ch)) {
        sb.append(ch);
      } else {
        sb.append("&#" + (int)ch + ";");
      }
    }
    return sb.toString();
  }
}
// ...

@RequestMapping("/getnotifications.htm")
public ModelAndView getNotifications(HttpServletRequest request,
    HttpServletResponse response) {
  ValidateOutput vo = new ValidateOutput();

  ModelAndView mv = new ModelAndView();
  try {
    UserInfo userDetails = getUserInfo();
    List<Map<String,Object>> list =
      new ArrayList<Map<String,Object>>();
    List<Notification> notificationList =
      NotificationService.getNotificationsForUserId(
```

```
        serDetails.getPersonId());

    for (Notification notification: notificationList) {
      Map<String,Object> map = new HashMap<String,Object>();
      map.put("id", vo.validate("id" ,notification.getId()));
      map.put("message",
        vo.validate("message", notification.getMessage()));
      list.add(map);
    }

    mv.addObject("Notifications", list);
  }
  catch (Throwable t) {
    // Log to file and handle
  }

  return mv;
}
```

겹따옴표나 각괄호와 같은 위험한 문자를 허용할 때는 출력 인코딩과 이스케이핑이 필수이다. 비록 입력이 그러한 문자들을 허용하지 않도록 화이트리스트화 되어있다고 할지라도 출력 이스케이핑을 권고한다. 왜냐하면, 그것은 두 번째 방어책을 제공하기 때문이다. 정확한 이스케이프 시퀀스는 어디에 출력이 포함되어 있는지에 따라 다를 수 있다. 예를 들어서, HTML 값 속성, CSS, URL 혹은 스크립트에서 신뢰할 수 없는 출력이 나타날 수도 있다. 출력 인코딩 루틴은 각 경우에 따라 다를 것이다. 몇몇 컨텍스트에서는 신뢰할 수 없는 데이터를 안전하게 사용하는 것이 불가능하다. XSS 공격 방지에 대한 더 많은 정보를 위해서는 OWASP 크로스-사이트 스크립팅 방지 참고 자료를 참고하기 바란다(www.owasp.org/index.php/XSS_Prevention_Cheat_Sheet).

당위성

출력물이 디스플레이 되거나 신뢰할 수 있는 경계를 넘어 전달되기 전에 출력을 인코딩하거나 이스케이핑하지 못하면 임의의 코드가 실행되도록 할 수 있다.

관련 취약점

2006년 1월에 보고된 Apache GERONIMO-1474는 공격자가 자바스크립트를 포함한 URL을 제출할 수 있도록 한다. 웹 엑세스 로그 뷰어 관리자가 콘솔로 전달하는 데이터를 정제하지 못하였기 때문에 고전적 XSS 공격이 가능하였다.

참고 자료

[Long 2012]   IDS01-J. Normalize strings before validating them
[OWASP 2011]   Cross-Site Scripting (XSS)
[OWASP 2013]   How to Add Validation Logic to `HttpServletRequest` XSS
                (Cross-Site Scripting) Prevention Cheat Sheet

07. 코드 인젝션을 방지하라

코드 인젝션은 동적으로 구성되는 코드에 신뢰할 수 없는 입력이 삽입될 때 발생할 수 있다. 잠재적 취약점이 시작될 수 있는 확실한 한 가지 작업은 자바 코드에서 자바스크립트를 사용하는 것이다. `javax.script` 패키지는 자바 스크립팅 엔진을 정의하는 인터페이스들과 클래스들, 그리고 이들 인터페이스와 클래스들을 자바 코드에서 사용하기 위한 프레임워크로 구성되어 있다. `javax.script` API의 오용은 공격자로 하여금 대상 시스템에서 임의의 코드를 실행할 수 있도록 한다.

이 가이드라인은 *자바용 CERT 오라클 보안 코딩 표준*[Long 2012]과 "IDS00-J. 신뢰 경계를 넘어 전달된 비신뢰-데이터를 정제하라"의 특정 사례이다.

부적절한 코드 예

이 코드는 입력 값을 출력하는 자바스크립트로 신뢰할 수 없는 사용자 입력을 집어 넣는다.

```
private static void evalScript(String firstName)
    throws ScriptException {
  ScriptEngineManager manager = new ScriptEngineManager();
  ScriptEngine engine = manager.getEngineByName("javascript");
  engine.eval("print('"+ firstName + "')");
}
```

공격자는 악성 자바스크립트를 삽입하도록 조작된 매개변수를 넣을 수 있다.

```
dummy\');
var bw = new JavaImporter(java.io.BufferedWriter);
var fw = new JavaImporter(java.io.FileWriter);
with(fw) with(bw) {
```

```
   bwr = new BufferedWriter(new FileWriter(\"config.cfg\"));
   bwr.write(\"some text\"); bwr.close();
}
// ;
```

이 예에 있는 스크립트는 "dummy"를 출력한 다음 config.cfg라고 불리는 설정 파일에 "some text"를 기록한다. 실제 침해코드는 임의의 코드를 수행할 수 있다.

적절한 솔루션(화이트리스팅)

코드 인젝션 취약점에 대한 최선의 방어는 수행 가능한 사용자 입력을 코드 안에 포함시킬 수 없도록 하는 것이다. 예를 들어서, 동적 코드 안에 사용된 사용자 입력은 그것이 유효하고 화이트리스트에 있는 문자들만 포함하고 있는지를 보장할 수 있도록 정제되어야 한다. 데이터가 입력된 직후, 데이터를 저장하고 처리하는 데 사용되는 데이터에 대한 추상 클래스의 메서드를 이용하여 정제하는 것이 가장 좋다. 더 자세한 것은 "IDS00-J. 신뢰 경계를 넘어 전달되는 비신뢰-데이터를 정제하라" [Long 2012]를 참고하기 바란다. 이름에 특수 문자가 허용되어야 한다면, 입력 검증을 위해 비교되기 전에 정규화되어야 한다. 이 솔루션은 스크립팅 엔진이 정제되지 않은 입력을 번역하지 못하도록 하기 위해 화이트리스팅을 사용한다.

```
private static void evalScript(String firstName)
    throws ScriptException {
  // Allow only alphanumeric and underscore chars in firstName
  // (modify if firstName may also include special characters)
  if (!firstName.matches("[\\w]*")) {
    // String does not match whitelisted characters
    throw new IllegalArgumentException();
  }

  ScriptEngineManager manager = new ScriptEngineManager();
  ScriptEngine engine = manager.getEngineByName("javascript");
  engine.eval("print('"+ firstName + "')");
}
```

적절한 솔루션(안전한 샌드박스)

또 다른 접근방법은 보안관리자(security manager)를 사용하여 안전한 샌드박스를 생성하는 것이다(가이드라인 20, "보안 관리자를 이용하여 안전한 샌드박스를 생성하라" 참조). 이 응용프로그램은 스크립트가 로컬 파일 시스템에 쿼리하는 것과 같은 임의의 명령어를 수행하지 못하도록 한다. 응용프로그램은 상승된 권한을 가지고 수행되어야 하지만 한편으로, 스크립팅 엔진에게는 허용되지 않아야 할 때, 2-매개변수형 doPrivileged()가 권한 하향에 사용된다. RestrictedAccessControlContext는 디폴트 정책 파일에서 허용된 퍼미션이 새로 생성된 보호 도메인에만 적용되도록 한정한다. 유효한 퍼미션은 새로 생성된 보호 도메인의 보안 정책과 시스템 전반의 보안 정책과의 교집합이다. 2-매개변수형 doPrivileged()에 대한 상세한 사항은 가이드라인 16, "과도한 권한 승인을 삼가하라"를 참고하기 바란다.

이 솔루션은 2-매개변수형 doPrivileged()에서 AccessControlContext를 사용한 예를 보여준다.

```java
class ACC {
  private static class RestrictedAccessControlContext {
    private static final AccessControlContext INSTANCE;

    static {
      INSTANCE =
        new AccessControlContext(
          new ProtectionDomain[] {
            new ProtectionDomain(null, null) // No permissions
          });
    }
  }

  private static void evalScript(final String firstName)
      throws ScriptException {
    ScriptEngineManager manager = new ScriptEngineManager();
    final ScriptEngine engine =
      manager.getEngineByName("javascript");
    // Restrict permission using the two-argument
    // form of doPrivileged()
    try {
      AccessController.doPrivileged(
        new PrivilegedExceptionAction<Object>() {

          public Object run() throws ScriptException {
            engine.eval("print('" + firstName + "')");
            return null;
          }
        },
```

```
        // From nested class
        RestrictedAccessControlContext.INSTANCE);
    } catch (PrivilegedActionException pae) {
      // Handle error
    }
  }
}
```

이 방법은 부가적인 보안을 위해 화이트리스팅과 함께 사용될 수 있다.

당위성

코드 인젝션을 막지 못하면 임의의 코드가 실행될 수 있다.

참고 자료

[API 2013]	Package `javax.script`
[Long 2012]	IDS00-J. Sanitize untrusted data passed across a trust boundary
[OWASP 2013]	Code Injection in Java

08. XPath 인젝션을 방지하라

XML(Extensible Markup Language)은 관계형 데이터베이스와 유사한 방법으로 데이터를 저장하는 데 사용될 수 있다. XPath를 이용하여 그러한 XML 문서로부터 빈번하게 데이터를 가져온다. Xpath 검색 루틴은 XML 문서로부터 데이터를 가져오는데, XPath 검색 루틴에게 제공하는 데이터를 적절하게 정제하지 않으면 *XPath 인젝션*이 발생할 수 있다. 이 공격은 SQL 인젝션이나 XML 인젝션과 유사하다(*자바용 CERT 오라클 보안 코딩 표준*[Long 2012], "IDS00-J. *신뢰 경계를 넘어 전달되는 비신뢰-데이터를 정제하라*" 참조). 공격자는 쿼리에 유효한 SQL이나 XML 구조를 입력할 수 있다. 전형적으로, 쿼리의 조건 필드가 항진명제로 해석되도록 하거나 그렇지 않으면 공격자로 하여금 권한이 필요한 정보를 엑세스할 수 있도록 한다.

이 가이드라인은 가이드라인 7, "코드 인젝션을 방지하라"에서 전반적으로 정의한 것의 특정 예이다.

XML 패스 인젝션 예

XML 스키마를 고려해 보자.

```
<users>
  <user>
    <username>Utah</username>
    <password>e90205372a3b89e2</password>
  </user>
  <user>
    <username>Bohdi</username>
    <password>6c16b22029df4ec6</password>
  </user>
  <user>
    <username>Busey</username>
    <password>ad39b3c2a4dabc98</password>
  </user>
</users>
```

가이드라인 13, "해시 함수를 이용하여 패스워드를 저장하라"에 따라 패스워드들이 해시되었다. 예로서 MD5 해시를 보여주고 있으나 실제로는 더 안전한 SHA-256과 같은 해시를 사용해야 한다.

비신뢰-코드는 사용자 입력을 이용하여 동적으로 구성되는 XPath 문장으로부터 사용자의 상세정보를 알아내려고 시도할지도 모른다.

```
//users/user[username/text()='&LOGIN&' and
   password/text()='&PASSWORD&' ]
```

만약 공격자가 Utah가 유효한 사용자 이름이라는 것을 안다면 다음과 같이 입력 값을 줄 수 있다.

```
Utah' or '1'='1
```

이것은 다음과 같은 쿼리 문자열을 생성한다.

```
//users/user[username/text()='Utah' or '1'='1
   and password/text()='xxxx']
```

'1'='1'이 자동적으로 참이 되기 때문에 패스워드는 절대 검증되지 않는다. 결과적으로 공격자는 Utah의 패스워드를 모르고도 Utah로 인증된다.

부적절한 코드 예

이 예는 사용자로부터 사용자 이름과 패스워드를 읽어서 쿼리 문자열을 생성하는 데 사용한다. 패스워드는 char 배열로 전달되어 해시된다. 이 예는 앞에서 기술한 공격에 취약하다. 만약 앞에서 기술한 공격 문자열이 evaluate()로 전달되면, 이 메서드는 XML 파일에 대응되는 노드를 반환하게 되고 doLogin() 메서드가 참을 반환하게 되므로 어떠한 인가절차도 우회하게 된다.

```java
private boolean doLogin(String userName, char[] password)
        throws ParserConfigurationException, SAXException,
                IOException, XPathExpressionException {
  DocumentBuilderFactory domFactory =
    DocumentBuilderFactory.newInstance();
  domFactory.setNamespaceAware(true);
  DocumentBuilder builder = domFactory.newDocumentBuilder();
  Document doc = builder.parse("users.xml");
  String pwd = hashPassword( password);

  XPathFactory factory = XPathFactory.newInstance();
  XPath xpath = factory.newXPath();
  XPathExpression expr =
    xpath.compile("//users/user[username/text()='" +
      userName + "' and password/text()='" + pwd + "' ]");
  Object result = expr.evaluate(doc, XPathConstants.NODESET);
  NodeList nodes = (NodeList) result;

  // Print first names to the console
  for (int i = 0; i < nodes.getLength(); i++) {
    Node node =
      nodes.item(i).getChildNodes().item(1).
        getChildNodes().item(0);
    System.out.println(
      "Authenticated: " + node.getNodeValue()
    );
  }

  return (nodes.getLength() >= 1);
}
```

적절한 솔루션(XQuery)

XPath 인젝션은 SQL 인젝션에서와 유사한 방어책으로 방지할 수 있다.

■ 모든 사용자 입력을 신뢰하지 말고 적절한 정제 과정을 수행하라.

- 사용자 입력을 정제할 때, 데이터 타입, 길이, 포맷 그리고 내용이 정확한지 검증하라. 예를 들어서, 사용자 입력의 XML 태그와 특수 문자를 점검하기 위해 정규 표현식을 사용하라. 이것은 입력 정제에 해당된다. 더 상세한 내용을 위해서는 가이드라인 7, "코드 인젝션을 방지하라"을 참고하기 바란다.
- 클라이언트-서버 응용프로그램에서, 클라이언트와 서버 양측 모두에서 검증 과정을 수행하라.
- 사용자 입력을 공급, 전파 혹은 수락하는 응용프로그램에 대해 광범위하게 테스트하라.

SQL 인젝션과 관련된 문제를 방지하는 효과적인 방법은 매개변수화 하는 것이다. 매개변수화는 사용자가 지정한 데이터가 API의 매개변수로서 전달되도록 하여 데이터가 절대 수행 가능한 컨텐츠로 해석되지 않도록 보장한다. 불행하게도, 자바 SE는 현재 XPath 쿼리에 대한 아날로그 인터페이스를 가지고 있지 않다. 그러나 런타임에 별도의 파일에서 쿼리 문장을 지정하도록 지원하는 XQuery 인터페이스를 사용하여 XPath를 SQL 매개변수화 하는 것처럼 흉내 낼 수 있다.

Input File: login.xq

```
declare variable $userName as xs:string external;
declare variable $password as xs:string external;
//users/user[@userName=$userName and @password=$password]
```

이 솔루션은 요구되는 형식으로 만들어진 파일을 읽어서 텍스트 파일 안에 지정된 쿼리를 사용하고, 사용자 이름과 패스워드를 Map 안에 삽입한다. XQuery 라이브러리는 이러한 입력으로부터 XML 쿼리를 구성한다.

```
private boolean doLogin(String userName, String pwd)
    throws ParserConfigurationException, SAXException,
           IOException, XPathExpressionException {

  DocumentBuilderFactory domFactory =
    DocumentBuilderFactory.newInstance();
  domFactory.setNamespaceAware(true);
  DocumentBuilder builder = domFactory.newDocumentBuilder();
  Document doc = builder.parse("users.xml");
```

```
XQuery xquery =
  new XQueryFactory().createXQuery(new File("login.xq"));
Map queryVars = new HashMap();
queryVars.put("userName", userName);
queryVars.put("password", pwd);
NodeList nodes =
  xquery.execute(doc, null, queryVars).toNodes();

// Print first names to the console
for (int i = 0; i < nodes.getLength(); i++) {
  Node node =
    nodes.item(i).getChildNodes().item(1).
      getChildNodes().item(0);
  System.out.println(node.getNodeValue());
}
return (nodes.getLength() >= 1);
}
```

이를 이용하여 실행하면, **userName**과 **password** 필드에 지정되어 있는 데이터는 수행 가능한 컨텐츠로 해석될 수 없다.

당위성

사용자 입력 검증에 실패하면, 정보가 노출되고 권한을 부여받지 못한 코드가 수행될 수도 있다.

OWASP[OWASP 2013]에 따르면, [XPath 인젝션의 방지]는 다음과 같은 문자들은 제거되거나(즉, 숨겨져야 함) 적절하게 이스케이핑 되어야 한다고 규정한다.

- 직접적 매개변수 인젝션 방지를 위해 < > / ' = "는 이스케이프되어야 한다.
- XPath 쿼리는 어떠한 메타 문자들(' = * ? // 등)을 포함해서는 안 된다.
- XLST 확장은 어떠한 사용자 입력을 포함해서는 안 된다. 만약 포함한다면, 파일의 존재를 포괄적으로 검사하고 파일이 자바 2 보안 정책이 설정한 범위 안에 있음을 보장해야 한다.

참고 자료

[Fortify 2013]　　　　　"Input Validation and Representation: XML Injection"
[Long 2012]　　　　　　IDS00-J. Sanitize untrusted data passed across a trust boundary

[OWASP 2013]   Testing for XPath Injection
[Sen 2007]   Avoid the Dangers of XPath Injection
[Oracle 2011b]   Ensure Data Security

09.   LDAP 인젝션을 방지하라

LDAP(Lightweight Directory Access Protocol)은 응용프로그램이 디렉터리에 있는 레코드들을 원격으로 검색하거나 수정할 수 있도록 허용한다. LDAP 인젝션은 부적절한 입력 정제와 검증으로 인해 발생하며, 악의적인 사용자들로 하여금 디렉터리 서비스를 이용하여 제한된 정보를 수집하도록 한다.

화이트리스트는 입력이 허용된 문자들로 이루어지도록 하는 데 사용될 수 있다. 화이트리스트에서 배제되어야 할 문자와 문자열 – 자바 명명(Naming)과 디렉터리 인터페이스(JNDI) 메타문자와 LDAP 특수 문자들 포함 – 이 표 1-1에 나타나있다.

표 1-1   화이트리스트에서 제외 할 문자 및 시퀀스

문자	이름
' 와 "	작은 따옴표, 큰 따옴표
/ 와 \	포워드슬래시, 백슬래시
\\	더블슬래시*
스페이스	문자열의 시작이나 끝에 있는 공백 문자
#	문자열의 시작에 있는 해시 문자
< 와 >	각괄호
, 와 ;	콤마, 세미콜론
+ 와 *	더하기 연산자, 곱하기 연산자
(와)	괄호
\u0000	유니코드 null 문자

* 문자 시퀀스임

LDAP 인젝션 예

다음과 같은 포맷의 레코드를 포함하는 LDAP 데이터 교환 포맷(LDIF: LDAP Data Interchange Format)의 파일을 고려해 보자.

```
dn: dc=example,dc=com
objectclass: dcobject
objectClass: organizationo: Some Name
dc: example

dn: ou=People,dc=example,dc=com
ou: People
objectClass: dcobject
objectClass: organizationalUnit
dc: example

dn: cn=Manager,ou=People,dc=example,dc=com
cn: Manager
sn: John Watson
# Several objectClass definitions here (omitted)
userPassword: secret1
mail: john@holmesassociates.com

dn: cn=Senior Manager,ou=People,dc=example,dc=com
cn: Senior Manager
sn: Sherlock Holmes
# Several objectClass definitions here (omitted)
userPassword: secret2
mail: sherlock@holmesassociates.com
```

유효한 사용자 이름과 패스워드를 검색하기 위해 종종 다음과 같은 형식을 사용한다.

```
(&(sn=<USERSN>)(userPassword=<USERPASSWORD>))
```

그러나 공격자는 USERSN 필드에 S*를, USERPASSWORD 필드에 *를 사용하여 인증을 우회할 수 있다. 그러한 입력은 USERSN 필드가 S로 시작하는 모든 레코드를 산출한다.

LDAP 인젝션을 허용한 인증 루틴은 허용되지 않은 사용자가 로그인하도록 허용할 것이다. 이와 유사하게, 검색 루틴은 공격자로 하여금 디렉터리에 있는 일부 혹은 모두를 손에 넣을 수 있도록 허용할 것이다.

부적절한 코드 예

이 코드는 searchRecord() 메서드 호출자가 LDAP 프로토콜을 이용하여 디렉터리에 있는 레코드를 검색할 수 있도록 허용한다. 문자열 필터는 호출자가 제공한 사용자 이름과 패스워드가 일치하는 엔트리들을 걸러내는데 사용된다.

```
// String userPassword = "*"; // Invalid
public class LDAPInjection {
  private void searchRecord(String userSN, String userPassword)
      throws NamingException {
    Hashtable<String, String>  env =
      new Hashtable<String, String>();
    env.put(Context.INITIAL_CONTEXT_FACTORY,
              "com.sun.jndi.ldap.LdapCtxFactory");
    try {
      DirContext dctx = new InitialDirContext(env);

      SearchControls sc = new SearchControls();
      String[] attributeFilter = {"cn", "mail"};
      sc.setReturningAttributes(attributeFilter);
      sc.setSearchScope(SearchControls.SUBTREE_SCOPE);
      String base = "dc=example,dc=com";

      // The following resolves to (&(sn=S*)(userPassword=*))
      String filter = "(&(sn=" + userSN + ")(userPassword=" +
                        userPassword + "))";
      NamingEnumeration<?> results =
        dctx.search(base, filter, sc);
      while (results.hasMore()) {
        SearchResult sr = (SearchResult) results.next();
        Attributes attrs = (Attributes) sr.getAttributes();
        Attribute attr = (Attribute) attrs.get("cn");

        System.out.println(attr);
        attr = (Attribute) attrs.get("mail");
        System.out.println(attr);
      }
      dctx.close();
    } catch (NamingException e) {
      // Forward to handler
    }
  }
}
```

앞에서 개략적으로 설명했듯이, 악의적인 사용자가 정교하게 조작된 값을 입력하면, 이 기본적인 인증 스킴은 사용자가 엑세스 권한을 가진 정보만 검색 쿼리로 출력하도록 제한하지 못한다.

적절한 솔루션

이 솔루션은 사용자 입력 정제 시 화이트리스트를 사용함으로써 filter 문자열이 허용된 문자열들만 가지도록 한다. 이 코드에서 userSN은 문자들과 공백만 포함하겠지만, 반면에 패스워드는 알파뉴메릭 문자들만 포함할 것이다.

```
// String userSN = "Sherlock Holmes"; // Valid
// String userPassword = "secret2";   // Valid

// ... beginning of LDAPInjection.searchRecord() ...
sc.setSearchScope(SearchControls.SUBTREE_SCOPE);
String base = "dc=example,dc=com"

if (!userSN.matches("[\\w\\s]*") ||
    !userPassword.matches("[\\w]*")) {
  throw new IllegalArgumentException("Invalid input");
}

String filter = "(&(sn = " + userSN + ")(userPassword=" +
                    userPassword + "))";

// ... remainder of LDAPInjection.searchRecord() ...
```

패스워드와 같은 데이터베이스 필드가 특수문자를 포함해야 할 때, 알파뉴메릭 데이터가 정제된 형식으로 데이터베이스 안에 저장되며 어떠한 사용자 입력도 검증이나 비교되기 전에 정규화 되도록 보장해야 한다. 적절한 정규화와 화이트리스팅 기반의 루틴이 없을 경우에 JDNI와 LDAP에서 특별한 의미를 갖는 문자를 사용하는 것은 실망스러운 일이다. 특수 문자들은 입력 검증을 위해 비교할 화이트리스트 표현식에 추가되기 전에 정제되고 안전한 값으로 변경되어야 한다. 마찬가지로, 사용자 입력에 대한 정규화도 검증 단계 이전에 일어나야 한다.

당위성

신뢰할 수 없는 입력에 대해 정제하지 못하면, 정보의 노출과 권한 상승이 일어날 수 있다.

참고 자료

[OWASP 2013]   Preventing LDAP Injection in Java

10. 비신뢰-메서드의 매개변수를 clone() 메서드로 복제하지 말라

가변적 메서드의 매개변수를 방어적으로 복사하면 다양한 보안 취약점을 완화시킨다. 자세한 정보를 위해서는 *자바용 CERT 오라클 보안 코딩 표준*[Long 2012], "OBJ06-J. 가변적인 입력과 가변적인 내부 요소들을 복사하여 방어하라"를 참고하길 바란다. 그러나 clone() 메서드를 부적절하게 사용하면, 정상적으로 보이지만 예상하지 못한 결과를 반환하는 매개변수를 공격자에게 제공하게 되어 취약점을 이용하도록 허용할 수 있다. 결과적으로 그러한 객체는 검증과 보안 검사를 우회할지도 모른다. 그러한 클래스가 매개변수로서 메서드에 전달되면, 매개변수를 신뢰할 수 없다고 간주하고 클래스가 제공하는 clone() 메서드를 사용하지 말라. 또한 방어적 복사를 하기 위해서 final이 아닌 clone() 메서드를 사용하지 않도록 한다.

이 가이드라인은 가이드라인 15, "비신뢰-코드가 오버라이드할 수 있는 메서드에 의존하지 말라"의 특수 사례이다.

부적절한 코드 예

이 예는 시간값을 검증하는 validateValue() 메서드를 정의한다.

```
private Boolean validateValue(long time) {
  // Perform validation
  return true; // If the time is valid
}

private void storeDateInDB(java.util.Date date)
    throws SQLException {
  final java.util.Date copy = (java.util.Date)date.clone();
  if (validateValue(copy.getTime())) {
    Connection con =
      DriverManager.getConnection(
        "jdbc:microsoft:sqlserver://<HOST>:1433",
        "<UID>", "<PWD>"
      );
    PreparedStatement pstmt =
        con.prepareStatement("UPDATE ACCESSDB SET TIME = ?");
    pstmt.setLong(1, copy.getTime());
    // ...
  }
}
```

이 storeDateInDB() 메서드는 신뢰할 수 없는 날짜 매개변수인 date를 받아서 그것의 clone() 메서드를 이용하여 방어적 복사를 하려고 시도한다. 이것은 공격자로 하여금 Date를 확장한 악의적인 날짜 클래스를 생성하여 프로그램의 제어권을 가질 수 있도록 허용한다. 만약 공격자의 코드가 storeDateInDB()와 동등한 권한을 가지고 수행된다면, 공격자는 단순히 그들의 clone() 메서드 안에 악성 코드를 포함시키기만 하면 된다.

```java
class MaliciousDate extends java.util.Date {
  @Override
  public MaliciousDate clone() {
    // malicious code goes here
  }
}
```

하지만 만일 공격자가 오직 낮은 권한의 악성 날짜만을 제공할 수 있다면, 공격자가 검증을 우회할 수는 있겠지만 나머지 프로그램을 망가뜨리지는 못한다. 다음 예를 고려해 보자.

```java
public class MaliciousDate extends java.util.Date {
  private static int count = 0;

  @Override
  public long getTime() {
    java.util.Date d = new java.util.Date();
    return (count++ == 1) ? d.getTime() : d.getTime() - 1000;
  }
}
```

처음 getTime()이 호출될 때는 이 악성 날짜 객체가 문제 없는 객체처럼 보일 것이다. 이것은 storeDateInDB() 메서드의 검증을 우회하도록 허용한다. 그러나 실제 데이터베이스에 저장되는 값은 잘못된 값이다.

적절한 솔루션

이 솔루션은 clone() 메서드를 사용하지 않는다. 대신, java.util.Date 객체를 생성하여 엑세스 제어 검사와 데이터베이스 삽입에 사용한다.

```
private void storeDateInDB(java.util.Date date)
    throws SQLException {
  final java.util.Date copy = new java.util.Date(date.getTime());
  if (validateValue(copy.getTime())) {
    Connection con =
      DriverManager.getConnection(
        "jdbc:microsoft:sqlserver://<HOST>:1433",
        "<UID>", "<PWD>"
      );
    PreparedStatement pstmt =
      con.prepareStatement("UPDATE ACCESSDB SET TIME = ?");
    pstmt.setLong(1, copy.getTime());
    // ...
  }
}
```

부적절한 코드 예(CVE-2012-0507)

이 예는 자바 1.7.0 업데이트 2의 자바 코어 클래스인 `AtomicReferenceArray`의 생성자를 보여준다.

```
public AtomicReferenceArray(E[] array) {
    // Visibility guaranteed by final field guarantees
    this.array = array.clone();
}
```

이 코드는 2012년 4월에 60만대의 매킨토시 컴퓨터를 감염시킨 Flashback 침해코드에서 호출되었다[5].

적절한 솔루션(CVE-2012-0507)

자바 1.7.0 업데이트 3에서, 다음과 같이 `clone()` 메서드 대신에 `Array.copyOf()` 메서드를 사용하도록 생성자가 수정되었다.

```
public AtomicReferenceArray(E[] array) {
    // Visibility guaranteed by final field guarantees
```

---

5 BreakTheSec 사용자가 SlideShare.net에 "Exploiting Java Vulnerability CVE-2012-0507 Using Metasploit"을 공유하였다(2012년 7월 14일).

```
    this.array = Arrays.copyOf(
      array, array.length, Object[].class);
}
```

당위성

clone() 메서드를 이용하여 신뢰할 수 없는 매개변수를 복사하는 것은 공격자에게 임의의 코드를 수행할 기회를 제공하는 것이다.

참고 자료

[Long 2012]   OBJ06-J. Defensively copy mutable inputs and mutable internal components
[Sterbenz 2006]   Secure Coding Antipatterns: Avoiding Vulnerabilities

11.   암호키를 Object.equals()로 비교하지 말라

java.lang.Object.equals() 메서드는 기본적으로 암호키와 같은 복합적 객체를 비교할 수 없도록 되어 있다. 대부분의 Key 클래스는 Object.equals()를 오버라이드하는 equals() 구현을 제공하지 못한다. 그러한 경우, 정확성을 위해서는 복합적 객체의 구성 요소가 개별적으로 비교되어야 한다.

부적절한 코드 예

이 코드 예는 equals() 메서드를 이용하여 두 개의 키를 비교한다. 이 키들은 동일한 값을 가지고 있을 경우에도 같지 않은 것으로 비교된다.

```
private static boolean keysEqual(Key key1, Key key2) {
  if (key1.equals(key2)) {
    return true;
  }
  return false;
}
```

적절한 솔루션

이 솔루션은 첫 번째로 equals()를 사용하여 검사하고, 그 다음에 키들의 인코드된 버전을 비교한다. 이것은 RSAPrivateKey와 RSAPrivateCrtKey가 동일한 개인키인지 검사한다[Oracle 2011b].

```
private static boolean keysEqual(Key key1, Key key2) {
  if (key1.equals(key2)) {
    return true;
  }

  if (Arrays.equals(key1.getEncoded(), key2.getEncoded())) {
    return true;
  }

  // More code for different types of keys here
  // For example, the following code can check whether
  // an RSAPrivateKey and an RSAPrivateCrtKey are equal
  if ((key1 instanceof RSAPrivateKey) &&
      (key2 instanceof RSAPrivateKey)) {

    if ((((RSAKey) key1).getModulus().equals(
            ((RSAKey) key2).getModulus())) &&
        (((RSAPrivateKey) key1).getPrivateExponent().equals(
            ((RSAPrivateKey) key2).getPrivateExponent())))) {
      return true;
    }
  }
  return false;
}
```

당위성

암호키를 비교하기 위해 Object.equals()를 사용하는 것은 예기치 못한 결과를 초래할 수 있다.

참고 자료

[API 2013]	java.lang.Object.equals(), Object.equals()
[Oracle 2011b]	Determining If Two Keys Are Equal (JCA Reference Guide)

12.   안전하지 않거나 약한 암호 알고리즘을 사용하지 말라

보안에 민감한 응용프로그램들은 안전하지 않거나 약한 암호 함수를 피해야만 한다. 현재 컴퓨터의 성능을 가지고 무차별 대입 공격(brute force attack)을 하면 그러한 암호를 우회할 수 있다. 예를 들어서, DES(Data Encryption Standard) 암호 알고리즘은 매우 안전하지 않은 것으로 간주된다. DES로 암호화된 메시지는 EFF(Electronic Frontier Foundation) Deep Crack[6]과 같은 머신에 의해 하루 만에 무차별 대입 공격에 의해 복호화된다.

부적절한 코드 예

이 예는 약한 암호 알고리즘(DES)을 이용하여 `String` 입력을 암호화한다.

```
SecretKey key = KeyGenerator.getInstance("DES").generateKey();
Cipher cipher = Cipher.getInstance("DES");
cipher.init(Cipher.ENCRYPT_MODE, key);

// Encode bytes as UTF8; strToBeEncrypted contains
// the input string that is to be encrypted
byte[] encoded = strToBeEncrypted.getBytes("UTF8");

// Perform encryption
byte[] encrypted = cipher.doFinal(encoded);
```

적절한 솔루션

이 솔루션은 암호화를 수행하기 위해 좀 더 안전한 AES(Advanced Encryption Standard) 알고리즘을 사용한다.

```
Cipher cipher = Cipher.getInstance("AES");
KeyGenerator kgen = KeyGenerator.getInstance("AES");
kgen.init(128); // 192 and 256 bits may be unavailable

SecretKey skey = kgen.generateKey();
byte[] raw = skey.getEncoded();
```

---

6 역자 주: DES 공격을 위해 EFF가 만든 머신의 별명. 1998년 모든 가능한 암호화 키를 대입(무차별 대입공격)하여 복호화를 시도하였다.

```
SecretKeySpec skeySpec = new SecretKeySpec(raw, "AES");
cipher.init(Cipher.ENCRYPT_MODE, skeySpec);

// Encode bytes as UTF8; strToBeEncrypted contains the
// input string that is to be encrypted
byte[] encoded = strToBeEncrypted.getBytes("UTF8");

// Perform encryption
byte[] encrypted = cipher.doFinal(encoded);
```

당위성

수학적으로 그리고 계산적으로 안전하지 않은 암호 알고리즘을 사용하면 민감한 정보의 노출을 초래할 수 있다.

참고 자료

[Oracle 2011a]   Appendix D, "Disabling Cryptographic Algorithms"
[Oracle 2013b]   Java Cryptography Architecture (JCA) Reference Guide

13.   해시 함수를 이용하여 패스워드를 저장하라

패스워드를 평문(암호화되지 않은 텍스트 데이터)으로 저장하는 프로그램은 다양한 방법으로 패스워드의 노출 위험에 처한다. 비록 일반적으로 프로그램이 사용자로부터 평문으로 패스워드를 받지만, 패스워드가 평문으로 저장되지 않는다고 보장해야 한다.

패스워드의 노출을 제한하는 데 수용할만한 기술은 *해시 함수(hash function)*를 사용하는 것이다. 해시함수는 패스워드를 평문이나 복호가 가능한 버전으로 저장하지 않으면서 입력되는 패스워드를 원래의 패스워드와 간접적으로 비교할 수 있도록 한다. 이 방법은 실질적인 단점 없이 패스워드의 노출을 최소화한다.

암호학적 해시 함수

해시 함수에 의해 생성되는 값을 *해시값* 혹은 *메시지 다이제스트(message digest)*라고 한다. 해시함수는 역계산은 계산상 불가능하고(computationally infeasible)[7] 함수 값

---

7 역자 주: 실제 계산하기에는 너무 많은 자원을 소모하여 현실적으로 계산이 불가능함을 말한다.

은 계산상 가능한 함수이다. 실제로, 패스워드는 해시값으로 인코드될 수 있지만 디코딩은 현실적으로 불가능하다. 패스워드가 동일한지는 그들의 해시값이 동일한지를 검사함으로써 알 수 있다.

실제적인 좋은 방법은 해시될 패스워드에 솔트(salt)를 붙이는 것이다. 솔트는 유일한 (종종 연속되는) 혹은 랜덤하게 생성된 데이터이며 해시값과 함께 저장된다. 솔트의 사용은 해시값에 대한 무차별 대입 공격 방지에 도움을 준다. 솔트는 충분한 엔트로피를 생성하도록 충분히 길어야 한다(짧은 솔트값은 무차별 대입 공격을 충분히 저지하지 못한다). 각 패스워드는 그 패스워드에만 짝지어진 유일한 솔트를 가져야 한다. 만약 하나의 솔트가 여러 개의 패스워드에 사용된다면, 두 사용자의 패스워드가 같은지 알아낼 수 있다.

해시함수와 솔트 길이의 선택은 안전성과 성능이라는 측면에서 상충-관계(trade-off)를 보인다. 좀 더 강력한 해시 함수를 선택하여 무차별 대입 공격에 필요한 노력을 증가시키면 패스워드 검증에 필요한 시간도 증가된다. 솔트 길이의 길이를 늘이는 것은 무차별 대입 공격을 좀 더 어렵게 하지만, 부가적인 저장 공간을 필요로 한다.

자바의 `MessageDigest` 클래스는 다양한 암호학적 해시 함수의 구현을 제공한다. MD(Message Digest)-5와 같이 불충분한 함수를 삼가하라. SHA(Secure Hash Algorithm)-1과 SHA-2와 같은 해시 함수들이 NSA(National Security Agency)에 의해 관리되며 현재 안전하다고 간주되고 있다. 실제로 SHA-256 해시 함수는 상당히 안전하면서도 적절한 성능을 가지고 있기 때문에 많은 응용프로그램들이 이 함수를 사용한다.

부적절한 코드 예

이 예는 대칭키 알고리즘을 이용하여 password.bin에 저장된 패스워드를 암호화하고 복호화한다.

```
public final class Password {
  private void setPassword(byte[] pass) throws Exception {
    // Arbitrary encryption scheme
    bytes[] encrypted = encrypt(pass);
    clearArray(pass);
    // Encrypted password to password.bin
    saveBytes(encrypted,"password.bin");
```

```
      clearArray(encrypted);
   }

  boolean checkPassword(byte[] pass) throws Exception {
    // Load the encrypted password
    byte[] encrypted = loadBytes("password.bin");
    byte[] decrypted = decrypt(encrypted);
    boolean arraysEqual = Arrays.equal(decrypted, pass);
    clearArray(decrypted);
    clearArray(pass);
    return arraysEqual;
   }

  private void clearArray(byte[] a) {
    for (int i = 0; i < a.length; i++) {
      a[i] = 0;
     }
    }
  }
```

특히 공격자가 이 프로그램에서 사용한 키와 암호 스킴에 대한 지식을 가지고 있다면, 공격자는 패스워드를 복구하기 위해 이 파일을 복호할 수도 있다. 패스워드는 시스템 관리자나 권한을 가진 사용자로부터도 보호되어야 한다. 따라서, 암호화 기법을 사용하는 것은 패스워드 노출 위험을 완화시키는 데 일부 효과가 있을 뿐이다.

부적절한 코드 예

이 예는 평문 문자열 대신 해시 값을 비교하기 위해서 MessageDigest 클래스를 통해 SHA-256을 사용한다. 그러나 패스워드를 저장하기 위해 String을 사용한다.

```
import java.security.MessageDigest;
import java.security.NoSuchAlgorithmException;

public final class Password {
  private void setPassword(String pass) throws Exception {
    byte[] salt = generateSalt(12);
    MessageDigest msgDigest = MessageDigest.getInstance("SHA-256");
    // Encode the string and salt
    byte[] hashVal = msgDigest.digest((pass+salt).getBytes());
    saveBytes(salt, "salt.bin");
    // Save the hash value to password.bin
    saveBytes(hashVal,"password.bin");
}
```

```java
  boolean checkPassword(String pass) throws Exception {
    byte[] salt = loadBytes("salt.bin");
    MessageDigest msgDigest = MessageDigest.getInstance("SHA-256");
    // Encode the string and salt
    byte[] hashVal1 = msgDigest.digest((pass+salt).getBytes());
    // Load the hash value stored in password.bin
    byte[] hashVal2 = loadBytes("password.bin");
    return Arrays.equals(hashVal1, hashVal2);
  }

  private byte[] generateSalt(int n) {
    // Generate a random byte array of length n
  }
}
```

비록 공격자가 프로그램이 SHA-256과 12바이트 솔트를 이용하여 패스워드를 저장한 다는 사실을 안다고 하더라도, password.bin과 salt.bin에 저장된 실제 패스워드를 끄집어 낼 수 없다.

비록 이 접근방법이 이전의 부적절한 코드 예가 가지고 있는 복호화 문제를 해결하기 는 하지만, 이 프로그램도 메모리에 패스워드를 평문으로 부적절하게 저장할지도 모른 다. 자바 String 객체는 불변적이며 자바 가상 머신에 의해 복사되어 내부적으로 저장 될 수 있다. 따라서 자바는 일단 String에 저장된 패스워드를 안전하게 삭제하기에는 부족한 메커니즘을 가지고 있다. 좀 더 자세한 정보를 위해서는 가이드라인 1, "민감-데이터의 수명을 제한하라"를 참고하기 바란다.

적절한 솔루션

이 솔루션은 패스워드를 저장하는데 byte 배열을 사용함으로써 이전의 부적절한 코드 예가 보였던 문제를 해결한다.

```java
import java.security.MessageDigest;
import java.security.NoSuchAlgorithmException;

public final class Password {

  private void setPassword(byte[] pass) throws Exception {
    byte[] salt = generateSalt(12);
    byte[] input = appendArrays(pass, salt);
```

```
    MessageDigest msgDigest = MessageDigest.getInstance("SHA-256");
    // Encode the string and salt
    byte[] hashVal = msgDigest.digest(input);
    clearArray(pass);
    clearArray(input);
    saveBytes(salt, "salt.bin");
    // Save the hash value to password.bin
    saveBytes(hashVal,"password.bin");
    clearArray(salt);
    clearArray(hashVal);
  }

  boolean checkPassword(byte[] pass) throws Exception {
    byte[] salt = loadBytes("salt.bin");
    byte[] input = appendArrays(pass, salt);
    MessageDigest msgDigest  = MessageDigest.getInstance("SHA-256");
    // Encode the string and salt
    byte[] hashVal1 = msgDigest.digest(input);
    clearArray(pass);
    clearArray(input);
    // Load the hash value stored in password.bin
    byte[] hashVal2 = loadBytes("password.bin");
    boolean arraysEqual = Arrays.equals(hashVal1, hashVal2);
    clearArray(hashVal1);
    clearArray(hashVal2);
    return arraysEqual;
  }

  private byte[] generateSalt(int n) {
    // Generate a random byte array of length n
  }

  private byte[] appendArrays(byte[] a, byte[] b) {
    // Return a new array of a[] appended to b[]
  }

  private void clearArray(byte[] a) {
    for (int i = 0; i < a.length; i++) {
      a[i] = 0;
    }
  }
}
```

setPassword()와 checkPassword() 메서드에서 모두 평문으로 된 패스워드는 해시값으로 변환된 후 즉시 삭제된다. 따라서 삭제된 후에 공격자가 평문 패스워드를 알아내는 것이 더 어려워진다. 삭제를 보장하는 것은 극도로 어려운 일이고 플랫폼 한정적이며, 가비지 수집기의 복사나 동적 페이징 그리고 자바 언어 레벨 아래에서 작동하는 다른 플랫폼 특성 때문에 불가능할지도 모른다.

당위성

안전한 해시 없이 패스워드를 저장하면 악의적인 사용자에게 노출될지도 모른다. 이 가이드라인을 지키지 않으면 분명히 그것을 이용한 침해코드가 존재하게 된다.

패스워드 관리자와 같은 응용프로그램들은 제 3의 응용프로그램으로 패스워드를 입력하기 위해 원래의 패스워드를 추출해야 할지도 모른다. 비록 가이드라인을 위반하기는 하지만 이것은 허용된다. 패스워드 관리자는 한 사용자에 의해 엑세스되며, 사용자의 패스워드를 저장하고 커맨드에 표시하기 위해서 항상 사용자의 퍼미션을 가지고 있다. 따라서, 안전성과 보안을 제한하는 요소는 프로그램 동작보다는 사용자의 권한에 달려 있다.

참고 자료

[API 2013]	Class `MessageDigest`
	Class `String`
[Hirondelle 2013]	Passwords Never Clear in Text
[OWASP 2012]	"Why Add Salt?"
[Paar 2010]	Chapter 11, "Hash Functions"

14. SecureRandom에 적절한 시드를 제공하도록 보장하라

난수 생성은 시그널, 장치, 혹은 하드웨어 입력과 같은 엔트로피 소스에 의존한다. 안전한 난수 생성은 *자바용 CERT 오라클 보안 코딩 표준*[Long 2012], "MSC02-J. 강력한 난수를 생성하라"에 의해서도 해결된다.

`java.security.SecureRandom` 클래스는 암호학적으로 강한 난수를 생성하는 데 널리 사용된다. 자바 런타임 환경의 `lib/security` 폴더에 있는 `java.security`에 따르면[API 2013],

> SecureRandom을 위한 시드 데이터의 소스를 선택하라. 기본적으로는 `securerandom.source` 속성에서 지정한 엔트로피 수집 장치를 사용하려고 시도한다. 만약 URL 접속에

예외가 발생하면 전통적인 시스템/쓰레드 동작 알고리즘이 사용된다.

솔라리스와 리눅스 시스템에서, 만약 file:/dev/urandom이 지정되어 있고 그것이 존재하면, 디폴트로 특별한 SecureRandom 구현이 작동된다. 이 "NativePRNG"는 /dev/urandom으로부터 직접 랜덤 바이트들을 읽어 들인다. 윈도 시스템에서는 file:/dev/random과 file:/dev/urandom URL들이 마이크로소프트 CryptoAPI 시드 기능에 사용된다.

공격자는 여러 개의 난수 샘플이 주어진다고 해도 원래의 시드를 알아낼 수 없어야 한다. 만약 이 제한사항이 지켜지지 않으면, 공격자가 미래의 모든 난수들을 추측할 수 있을지도 모른다.

부적절한 코드 예

이 예는 지정된 시드 바이트를 시드로 하는 안전한 난수 생성기를 구축한다.

```
SecureRandom random = new SecureRandom(
  String.valueOf(new Date().getTime()).getBytes()
);
```

이 생성자는 보안 제공자의 레지스트리를 검색한 후 안전한 난수 생성을 제공하는 첫 번째 제공자를 반환한다. 만약 그러한 제공자가 존재하지 않으면, 구현에서 지정한 디폴트가 선택된다. 더구나 시스템이 제공한 디폴트 시드는 프로그래머가 제공한 시드로 오버라이드된다. 현재의 시스템 시각을 시드로 사용하는 것은 예측가능하며, 충분하지 못한 엔트로피를 가지는 난수를 생성하게 한다.

적절한 솔루션

시스템이 지정하는 시드값을 사용하여 128-바이트 길이의 난수를 생성하는 매개변수 없는 SecureRandom 생성자를 권장한다.

```
byte[] randomBytes = new byte[128];
SecureRandom random = new SecureRandom();
random.nextBytes(randomBytes);
```

좀 더 나은 호환성을 위해서 정확한 난수 생성자와 제공자를 지정하는 것이 좋다.

당위성

불충분하게 안전한 난수는 공격자로 하여금 사용하고 있는 콘텍스트에 대한 특정 정보를 얻을 수 있도록 한다.

안전하지 않은 난수는 보안성을 요구하지 않는 일부 콘텍스트에서 유용하다. "MSC02-J. 강력한 난수를 생성하라"[Long 2012]의 예외사항에서 이것에 대해 설명하고 있다.

참고 자료

[API 2013]	SecureRandom
[Sethi 2009]	Proper Use of Java's SecureRandom
[Long 2012]	MSC02-J. Generate strong random numbers

15. 비신뢰-코드가 오버라이드할 수 있는 메서드에 의존하지 말라

비신뢰-코드는 신뢰-코드가 제공하는 API를 오용하여 `Object.equals()`, `Object.hashCode()`와 `Thread.run()`과 같은 메서드를 오버라이드할 수 있다. 이러한 메서드들은 드러나지 않게 사용되고 쉽게 인식되지 않는 방법으로 콤포넌트들과 통신하기 때문에 값진 공격 대상이다.

공격자는 오버라이드된 구현을 통해서 비신뢰-코드로 민감-데이터를 찾아내고 임의의 코드를 수행하거나 서비스 거부 공격을 진수할 수 있다.

`Object.clone()` 오버라이딩에 대한 좀 더 자세한 사항에 대해서는 가이드라인 10, "비신뢰-메서드의 매개변수를 `clone()` 메서드로 복제하지 말라"를 참고하기 바란다.

부적절한 코드 예(hashCode)

이 예는 `licenseMap`을 관리하는 `LicenseManager` 클래스를 보여준다. 이 맵은 LicenseType과 라이선스 값의 쌍을 저장한다.

```
public class LicenseManager {

  Map<LicenseType, String> licenseMap =
    new HashMap<LicenseType, String>();
```

```java
  public LicenseManager() {
    LicenseType type = new LicenseType();
    type.setType("demo-license-key");
    licenseMap.put(type, "ABC-DEF-PQR-XYZ");
  }
  public Object getLicenseKey(LicenseType licenseType) {
    return licenseMap.get(licenseType);
  }
  public void setLicenseKey(LicenseType licenseType,
                            String licenseKey) {
    licenseMap.put(licenseType, licenseKey);
  }
}

class LicenseType {
  private String type;
  public String getType() {
    return type;
  }
  public void setType(String type) {
    this.type = type;
  }
  @Override
  public int hashCode() {
    int res = 17;
    res = res * 31 + type == null ? 0 : type.hashCode();
    return res;
  }
  @Override
  public boolean equals(Object arg) {
    if (arg == null || !(arg instanceof LicenseType)) {
      return false;
    }
    if (type.equals(((LicenseType) arg).getType())) {
      return true;
    }
    return false;
  }
}
```

LicenseManager 생성자는 비밀로 유지해야 하는 데모용 라이선스 키로 licenseMap
을 초기화한다. 라이선스 키는 예시를 위해 하드코딩 되었다. 이상적으로 키는 암호화
된 키를 저장하고 있는 외부 설정 파일로부터 읽어들어야 한다. LicenseType 클래스
는 equal()과 hashCode()의 오버라이드된 구현을 제공한다.

이 구현은 LicenseType 클래스를 상속받아 equals()와 hashCode() 메서드를 오버라이드하는 공격자에게 취약하다.

```java
public class CraftedLicenseType extends LicenseType {
  private static int guessedHashCode = 0;
  @Override
  public int hashCode() {
    // Returns a new hashCode to test every time get() is called
    guessedHashCode++;
    return guessedHashCode;
  }
  @Override
  public boolean equals(Object arg) {
    // Always returns true
    return true;
  }
}
```

다음은 악성 클라이언트 프로그램이다.

```java
public class DemoClient {
  public static void main(String[] args) {
    LicenseManager licenseManager = new LicenseManager();
    for (int i = 0; i <= Integer.MAX_VALUE; i++) {
      Object guessed =
        licenseManager.getLicenseKey(new CraftedLicenseType());
      if (guessed != null) {
        // prints ABC-DEF-PQR-XYZ
        System.out.println(guessed);
      }
    }
  }
}
```

이 클라이언트 프로그램은 CraftedLicenseType을 이용하여, 모든 가능한 해시 코드 값들을 가지고 LicenseManager 클래스에 저장된 데모용 라이선스 키 객체의 해시 코드와 일치할 때까지 실행해 볼 것이다. 따라서, 공격자는 몇 분 안에 licenseMap에 저장되어 있는 민감-데이터를 찾아낼 수 있을 것이다. 공격 방법은 맵의 키와 해시 충돌[8]을 일으키는 최소한 하나의 예를 찾는 것이다.

---

8 역자 주: 서로 다른 두 값에 대하여 해시함수 결과 값이 서로 같을 때 해시 충돌이 발생했다고 한다.

적절한 솔루션(IdentityHashMap)

이 솔루션은 라이선스 정보를 저장하기 위해 HashMap 보다는 IdentityHashMap을 사용한다.

```
public class LicenseManager {
  Map<LicenseType, String> licenseMap =
    new IdentityHashMap<LicenseType, String>();

  // ...
}
```

자바 API 클래스인 IdentityHashMap 문서에 따르면[API 2006],

> 이 클래스는 해시 테이블을 사용하는 Map 인터페이스를 구현하는데, 키(와 값)를 비교할 때 객체가 동일한지를 검사하는 대신 레퍼런스가 동일한지를 검사한다. 다른 말로 표현하자면, IdentityHashMap에서 두 개의 키 k1과 k2는 (k1==k2)일 때만 동일한 것으로 간주된다. (보통의 Map 구현에서는(HashMap과 같이), 두 개의 키 k1과 k2는 (k1==null ? k2==null : k1.equals(k2))일 때만 동일한 것으로 간주된다.)

따라서, 오버라이드된 메서드는 내부 클래스의 상세사항을 노출시킬 수 없다. 다음 클라이언트 코드가 보여 주듯이 클라이언트 프로그램은 계속해서 라이선스 키를 추가할 수도 있고 추가된 키-값 쌍을 추출할 수도 있다.

```
public class DemoClient {
  public static void main(String[] args) {
    LicenseManager licenseManager = new LicenseManager();
    LicenseType type = new LicenseType();
    type.setType("custom-license-key");
    licenseManager.setLicenseKey(type, "CUS-TOM-LIC-KEY");
    Object licenseKeyValue = licenseManager.getLicenseKey(type);
    // Prints CUS-TOM-LIC-KEY
    System.out.println(licenseKeyValue);
  }
}
```

적절한 솔루션(final class)

이 솔루션은 LicenseType을 final로 선언하여 그 메서드가 오버라이드 될 수 없도록 한다.

```
final class LicenseType {
  // ...
}
```

부적절한 코드 예

이 예는 Widget 클래스와 위젯 집합을 포함하는 LayoutManager 클래스로 구성된다.

```
public class Widget {
  private int noOfComponents;

  public Widget(int noOfComponents) {
    this.noOfComponents = noOfComponents;
  }
  public int getNoOfComponents() {
    return noOfComponents;
  }
  public final void setNoOfComponents(int noOfComponents) {
    this.noOfComponents = noOfComponents;
  }
  public boolean equals(Object o) {
    if (o == null || !(o instanceof Widget)) {
      return false;
    }
    Widget widget = (Widget) o;
    return this.noOfComponents == widget.getNoOfComponents();
  }
  @Override
  public int hashCode() {
    int res = 31;
    res = res * 17 + noOfComponents;
    return res;
  }
}
public class LayoutManager {
  private Set<Widget> layouts = new HashSet<Widget>();
  public void addWidget(Widget widget) {
    if (!layouts.contains(widget)) {
      layouts.add(widget);
    }
  }
  public int getLayoutSize() {
    return layouts.size();
  }
}
```

공격자는 Widget 클래스를 상속한 Navigator를 만들어서 hashCode() 메서드를 오버라이드할 수 있다.

```
public class Navigator extends Widget {
  public Navigator(int noOfComponents) {
    super(noOfComponents);
  }
  @Override
  public int hashCode() {
    int res = 31;
    res = res * 17;
    return res;
  }
}
```

클라이언트 코드는 다음과 같다.

```
Widget nav = new Navigator(1);
Widget widget = new Widget(1);
LayoutManager manager = new LayoutManager();
manager.addWidget(nav);
manager.addWidget(widget);
System.out.println(manager.getLayoutSize()); // Prints 2
```

추가되는 네비게이터(navigator)와 위젯(widget) 컴포넌트의 수가 모두 1이기 때문에 layouts 집합은 오직 하나의 항목만 포함할 것으로 예상된다. 그러나, getLayout-Size() 메서드는 2를 반환한다.

이렇게 일치하지 않는 이유는 위젯이 집합에 추가될 때 Widget의 hashCode() 메서드가 오직 한번만 사용되기 때문이다. 네비게이터가 추가될 때는 Navigator 클래스가 제공하는 hashCode() 메서드가 사용된다. 따라서, 이 집합은 두 개의 서로 다른 객체 인스턴스를 가진다.

적절한 솔루션(final class)

이 솔루션은 Widget 클래스를 final로 선언하여 그 메서드가 오버라이드 될 수 없도록 한다.

```java
public final class Widget {
  // ...
}
```

부적절한 코드 예(run())

이 예에서 Worker 클래스와 하위클래스인 SubWorker는 쓰레드를 시작하도록 하는 startThread() 메서드를 각각 포함한다.

```java
public class Worker implements Runnable {
  Worker() { }
  public void startThread(String name) {
    new Thread(this, name).start();
  }
  @Override
  public void run() {
    System.out.println("Parent");
  }
}

public class SubWorker extends Worker {
  @Override
  public void startThread(String name) {
    super.startThread(name);
    new Thread(this, name).start();
  }
  @Override
  public void run() {
    System.out.println("Child");
  }
}
```

만약 클라이언트가 다음 코드를 수행한다면, Parent와 Child가 출력될 것이라고 예상할지도 모른다. 그러나 Child가 두 번 출력된다. 왜냐하면 새로운 쓰레드가 시작될 때마다 오버라이드된 메서드인 runs()가 호출되기 때문이다.

```java
Worker w = new SubWorker();
w.startThread("thread");
```

적절한 솔루션

이 솔루션은 super.startThread() 호출을 삭제하도록 SubWorker를 수정한다.

```java
public class SubWorker extends Worker {
  @Override
  public void startThread(String name) {
    new Thread(this, name).start();
  }
  // ...
}
```

이 클라이언트 코드도 역시 부모와 자식 쓰레드가 별도로 시작되도록 수정된다. 이 프로그램은 예상대로 출력한다.

```java
Worker w1 = new Worker();
w1.startThread("parent-thread");
Worker w2 = new SubWorker();
w2.startThread("child-thread");
```

참고 자료

[API 2013]   Class IdentityHashMap
[Hawtin 2006]   [drlvm][kernel_classes] ThreadLocal vulnerability

16.   과도한 권한 승인을 삼가라

자바 보안 정책은 코드가 특정 시스템 자원에 엑세스할 수 있도록 퍼미션을 승인한다. 퍼미션의 승인 대상인 코드소스(CodeSource 타입의 객체)는 코드 위치(URL)와 공개키(들)를 포함하는 인증서(certificate(s))에 대한 레퍼런스로 이루어진다. 이 공개키(들)는 코드의 디지털 서명에 사용되는 개인키(들)에 대응되는 키(들)이다. 인증서(들)에 대한 레퍼런스는 코드가 디지털 서명되었을 때만 의미가 있다. *보호 도메인(protection domain)*은 CodeSource와 현재의 보안 정책에 따라 코드에 승인된 퍼미션을 포함한다. 따라서, 동일한 키로 서명되고 동일한 URL로부터 시작된 클래스들은 동일한 보호 도메인에 속한다. 하나의 클래스는 오직 하나의 보호 도메인에 속하며, 동일한 퍼미션을 가지더라도 다른 코드소스의 클래스들은 서로 다른 도메인에 속한다.

각 자바 클래스는 코드소스에 의해 결정되는 적절한 도메인에서 수행된다. 보안 관리자 하에서, 파일을 읽거나 기록하는 것과 같은 보호된 동작을 수행하는 코드는 그 동작에 필요한 퍼미션을 승인 받아야 한다. AccessController.doPrivileged() 메서드를 이용하면 특권-코드(privileged code)가 권한이 없는 호출자를 대신하여 권한이 필요한 자원에 엑세스할 수 있다. 예로서, 시스템 유틸리티가 문서를 출력하기 위해 사용자 대신 폰트 파일을 열어야 할 때 이것이 필요하다. 그러나 응용프로그램은 그런 일을 할 퍼미션을 가지고 있지 않다. 이 작업을 수행하기 위해서, 시스템 유틸리티는 호출자의 권한을 무시하고 폰트를 얻기 위해 자신의 모든 권한을 사용한다. 특권-코드는 코드소스와 연계된 보호 도메인의 모든 권한을 가지고 수행된다. 이러한 권한은 종종 특권-동작을 수행하는데 요구되는 권한에 비해 과도하다. 이상적으로, 코드는 그 동작을 완성하는데 필요한 최소한의 권한들만 승인받아야 한다.

가이드라인 19, "섬세한 보안을 위해 맞춤형 보안 퍼미션을 정의하라"는 과도한 권한을 제거하기 위한 또 다른 접근방법을 설명한다.

부적절한 코드 예

이 예는 래퍼 메서드인 performActionOnFile()을 이용하여 호출자에게 권한이 필요한 동작(파일 읽기)을 허용하는 라이브러리 메서드를 보여준다.

```java
private FileInputStream openFile() {
  final FileInputStream f[] = { null };

  AccessController.doPrivileged(new PrivilegedAction() {
    public Object run() {
      try {
        f[0] = new FileInputStream("file");
      } catch(FileNotFoundException fnf) {
        // Forward to handler
      }
      return null;
    }
  });
  return f[0];
}

// Wrapper method
public void performActionOnFile() {
  try (FileInputStream f = openFile()){
    // Perform operation
```

```
  } catch (Throwable t) {
    // Handle exception
  }
}
```

이 예에서 **doPrivileged()** 블록에 필요한 퍼미션이 오직 파일에 대한 읽기 권한 뿐인데도 불구하고, 신뢰-코드는 파일 읽기에 필요한 권한을 넘어선 권한을 승인한다. 결과적으로 이 코드는 코드 블록에 과도한 권한을 제공함으로써 최소 권한의 원칙을 위반한다.

적절한 솔루션

2-매개변수형 **doPrivilege()**는 호출자로부터 **AccessControlContext** 객체를 받아서, 보호 도메인의 권한과 두 번째 매개변수인 콘텍스트의 권한과의 교집합을 코드의 권한으로 한정짓는다.

적절한 파일-읽기 퍼미션을 승인하는 **AccessCongtrolContext**는 내부 클래스로서 생성될 수 있다.

```
private FileInputStream openFile(AccessControlContext context) {
  if (context == null) {
    throw new SecurityException("Missing AccessControlContext");
  }

  final FileInputStream f[] = { null };
  AccessController.doPrivileged(
    new PrivilegedAction() {
      public Object run() {
        try {
          f[0] = new FileInputStream("file");
        } catch (FileNotFoundException fnf) {
          // Forward to handler
        }
        return null;
      }
    },
    // Restrict the privileges by passing the context argument
    context);
  return f[0];
}
```

```
private static class FileAccessControlContext {
  public static final AccessControlContext INSTANCE;
  static {
    Permission perm = new java.io.FilePermission("file", "read");
    PermissionCollection perms = perm.newPermissionCollection();
    perms.add(perm);
    INSTANCE = new AccessControlContext(new ProtectionDomain[] {
      new ProtectionDomain(null, perms)});
  }
}

// Wrapper method
public void performActionOnFile() {
  try (final FileInputStream f =
    // Grant only open-for-reading privileges
    openFile(FileAccessControlContext.INSTANCE)){
    // Perform action
  } catch (Throwable t) {
    // Handle exception
  }
}
```

AccessCongtrolContext 생성 퍼미션이 없는 호출자는 AccessCongtroller.get-
Context()를 이용하여 인스턴스 생성에 필요한 퍼미션을 요청할 수 있다.

당위성

최소 권한의 원칙을 준수하지 못하면, 권한이 없는 코드가 의도되지 않은 특권-동작을
수행할 수 있다. 그러나 신중하게 권한을 제한하는 것은 복잡성을 가중시킨다. 안전성
개선의 측면에서 볼 때, 이 가중된 복잡성과 관련된 유지보수의 감소는 서로 상충-관계
에 있다.

참고 자료

[API 2013]   Class AccessController
[Oracle 2013a]   API for Privileged Blocks

17.   특권-코드를 최소화하라

프로그램은 정확한 동작에 필요한 최소한의 퍼미션만을 특권-블록에 제공할 뿐만 아니

라(가이드라인 16, "과도한 권한 승인을 삼가하라" 참조), 특권-코드가 오직 권한이 증가되어야만 하는 동작만을 포함하도록 보장함으로써 최소 권한의 원칙을 준수해야 한다. 특권-블록에 포함된 과도한 코드는 공격면을 넓히면서 그 블록의 권한을 가지고 동작할 것임에 틀림없다.

부적절한 코드 예

이 예서 changePassword() 메서드는 doPrivileged 블록 안에서 패스워드 파일을 열고 그 파일을 이용하여 동작한다. 또한 doPrivileged 블록은 과도하게도 인증 라이브러리를 로드하는 System.loadLibrary()를 호출한다.

```java
public void changePassword(String currentPassword,
                                String newPassword) {
  final FileInputStream f[] = { null };

  AccessController.doPrivileged(new PrivilegedAction() {
    public Object run() {
      try {
        String passwordFile = System.getProperty("user.dir") +
          File.separator + "PasswordFileName";
        f[0] = new FileInputStream(passwordFile);
        // Check whether oldPassword matches the one in the file
        // If not, throw an exception
        System.loadLibrary("authentication");
      } catch (FileNotFoundException cnf) {
        // Forward to handler
      }
      return null;
    }
  }); // End of doPrivileged()
}
```

비특권-호출자가 인증 라이브러리를 로드할 수 있기 때문에, 이 예는 최소 권한의 원칙에 위배된다. 비특권-호출자는 System.loadLibrary()를 메서드를 직접 호출할 수 없다. 왜냐하면, 호출하게 될 경우 비특권-코드에게 네이티브 메서드를 노출시키기 때문이다[SCG 2010]. 또한 System.loadLibrary() 메서드는 직접적인 호출자의 권한만을 검사하므로 세심한 주의와 함께 사용되어야 한다. 더 이상의 정보를 위해서는 가이드라인 18, "비신뢰-코드에게 간소화된 보안 검사를 하는 메서드를 노출시키지 말라"를 참고하라.

적절한 솔루션

이 솔루션은 System.loadLibrary() 호출을 doPrivileged() 블록 밖으로 이동시킨다. 그렇게 함으로써 비특권-코드가 파일을 이용하여 패스워드-리셋 사전검사는 할 수 있어도 인증 라이브러리는 로드하지 못하도록 방지한다.

```
public void changePassword(String currentPassword,
    String newPassword) {
  final FileInputStream f[] = { null };

  AccessController.doPrivileged(new PrivilegedAction() {
    public Object run() {
      try {
        String passwordFile = System.getProperty("user.dir") +
          File.separator + "PasswordFileName";
        f[0] = new FileInputStream(passwordFile);
        // Check whether oldPassword matches the one in the file
        // If not, throw an exception
      } catch (FileNotFoundException cnf) {
        // Forward to handler
      }
      return null;
    }
  }); // End of doPrivileged()

  System.loadLibrary("authentication");
}
```

loadLibrary() 호출이 패스워드 사전리셋 검사 전에 일어날 수도 있으나, 이 예에서는 성능상의 이유로 뒤로 미루었다.

당위성

특권-코드를 최소화하는 것은 응용프로그램의 공격면을 줄이고 특권-코드의 감사 업무를 간소화한다.

참고 자료

[API 2013]   Class AccessController

18.   비신뢰-코드에게 간소화된 보안 검사를 하는 메서드를 노출시키지 말라

대부분의 메서드들은 파일 시스템과 같은 시스템의 민감한 부분에 대한 엑세스를 제공하지 않기 때문에 보안 관리자 검사를 하지 않는다. 보안 관리자 검사를 제공하는 대부분의 메서드들은 호출 스택에 있는 모든 클래스와 메서드가 수행되기 전에 권한을 갖고 있는지를 검사한다. 이 보안 모델은 자바 애플릿과 같은 제한된 프로그램들이 코어 자바 라이브러리에 대해 충분한 엑세스 권한을 갖도록 허용한다. 또한 호출 스택에서 신뢰-메서드 뒤에 숨어 있는 악성 메서드를 대신하여 민감-메서드가 동작하지 못하도록 한다.

그러나 특정 메서드들은 호출 스택에 있는 모든 메서드를 검사하지 않고, 호출 메서드가 권한을 가지고 있는지만을 검사하는 간소화된 보안 검사를 한다. 이러한 메서드를 호출하는 모든 코드는 그들이 비신뢰-코드 대신 호출될 수 없도록 보장해야 한다. 이러한 메서드들이 표 1-2에 나열되어 있다.

자바 가상 머신이 언어상의 엑세스 검사(language access check)[9]를 오버라이드 하도록 `java.lang.reflect.Field.setAccessible()`과 `getAccessible()` 메서드들이 사용되기 때문에, 그들은 표준(그리고 좀 더 엄격한) 보안 관리자 검사를 수행하며 따라서 가이드라인에서 설명한 취약점을 가지지 않는다. 그렇다고 하더라도, 이러한 메서드들은 매우 세심한 주의를 기울여 사용해야 한다. 나머지 **set*** 과 **get*** 필드 리플렉션(reflection) 메서드는 언어상의 엑세스 검사만을 수행하기 때문에 취약하다.

클래스 로더

클래스 로더들은 자바 응용프로그램이 런타임 때 부가적인 클래스들을 로드하여 동적으로 확장될 수 있도록 해 준다. 로드되는 각 클래스에 대하여, JVM은 클래스 로드에 사용된 클래스 로더를 기억한다. 로드된 클래스가 처음으로 다른 클래스를 참조할 때, 가상 머신은 참조하는 클래스에 사용되었던 클래스 로더를 이용하여 참조되는 클래스가 로드되도록 한다. 자바의 클래스 로더 구조는 서로 다른 클래스 로더를 사용함으로

---

9 역자 주: 메서드나 필드에 엑세스하려고 할 때, 선언된 한정자(private, package 혹은 public)에 근거하여 엑세스 권한을 검사하는 것을 말한다.

써 서로 다른 소스로부터 로드된 코드간의 상호작용을 제어한다. 이러한 클래스 로더의 분리는 코드 분리의 기본이다. 이것은 악성 코드가 신뢰-코드로의 엑세스 권한을 얻거나 신뢰-코드를 망가뜨리지 못하도록 한다.

표 1-2 호출 메서드만을 검사하는 메서드

java.lang.Class.newInstance
java.lang.reflect.Constructor.newInstance
java.lang.reflect.Field.get*
java.lang.reflect.Field.set*
java.lang.reflect.Method.invoke
java.util.concurrent.atomic.AtomicIntegerFieldUpdater.newUpdater
java.util.concurrent.atomic.AtomicLongFieldUpdater.newUpdater
java.util.concurrent.atomic.AtomicReferenceFieldUpdater.newUpdater

클래스를 로드하는 몇몇 메서드들은 자신을 호출한 클래스의 클래스 로더에게 로딩 작업을 위임한다. 클래스 로드에 관련된 보안 검사는 클래스 로더가 수행한다. 따라서, 이러한 클래스 로딩 메서드들을 호출하는 메서드는, 로딩 메서드들이 악성 코드 대신 작동되지 못한다는 것을 보장해야 한다. 그러한 메서드들이 표 1-3에 나열되어 있다.

loadLibrary()와 load() 메서드를 제외하고, 표에 있는 메서드들은 어떠한 보안 관리자 검사도 수행하지 않는다. 그들은 적절한 클래스 로더에게 보안 검사를 위임한다.

실제로, 신뢰-코드의 클래스 로더는 빈번하게 이러한 메서드 호출을 허용하는 반면, 비신뢰-코드의 클래스 로더는 이러한 권한이 없을 것이다. 그러나 비신뢰-코드의 클래스 로더가 신뢰-코드의 클래스 로더에게 위임하게 되면, 비신뢰-코드는 신뢰-코드의 가시성을 얻게 된다. 그러한 위임 관계가 없다면, 클래스 로더는 이름 공간이 분리되도록 보장할 것이다. 따라서, 비신뢰-코드는 신뢰-코드에 속한 멤버들을 알아내거나 메서드를 호출할 수 없을 것이다.

클래스 로더 위임 모델은 많은 자바 구현과 프레임워크의 기본이다. 표 1-2와 1-3에 나열된 메서드들이 비신뢰-코드에 노출되지 않도록 하라. 예를 들어서, 비신뢰-코드가 특권-클래스를 로드하려고 하는 공격 시나리오를 생각해 보자. 만약 그 코드의 클래스 로더가 요청 받은 특권-클래스를 로드할 퍼미션을 가지지는 않지만 신뢰-클래스의 로더에게 클래스 로딩을 위임할 수 있다면, 권한 상승이 발생할 수 있다. 더구나 신뢰-코드가 오염된 입력을 받아들인다면, 신뢰-코드의 클래스 로더는 비신뢰-코드 대신에 악성의 특권-클래스를 로드하도록 조종될 수 있다.

표 1-3 호출 메서드의 클래스 로더를 사용하는 메서드

java.lang.Class.forName
java.lang.Package.getPackage
java.lang.Package.getPackages
java.lang.Runtime.load
java.lang.Runtime.loadLibrary
java.lang.System.load
java.lang.System.loadLibrary
java.sql.DriverManager.getConnection
java.sql.DriverManager.getDriver
java.sql.DriverManager.getDrivers
java.sql.DriverManager.deregisterDriver
java.util.ResourceBundle.getBundle

동일한 정의 클래스 로더(defining class loader)[10]를 가진 클래스들은 동일한 이름 공간 안에 존재하겠지만 보안 정책에 따라 다른 권한을 가질 수 있다. 특권-코드가 비특권-코드(혹은 낮은 권한을 부여 받은 코드)와 동일한 코드 로더에 의해 로드되어 동일한 이름 공간 안에 함께 존재하게 되면 보안 취약점이 발생한다. 이 경우에, 권한이 낮은 코드는 특권-코드의 접근성에 따라 특권-코드의 멤버들에게 자유롭게 엑세스할 수 있을 것이다. 특권-코드가 표에 있는 API들 중 어떤 것을 사용할 때, 그것은 보안 관리자 검사를 우회하게 될 것이다(loadLibrary()와 load()는 예외).

이 가이드라인은 *자바용 CERT 오라클 보안 코딩 표준*[Long 2012], "SEC03-J. 비신뢰-코드가 임의의 클래스들을 로드하도록 허용한 후 신뢰-클래스들을 로드하지 말라"와 유사하다. 많은 예들이 "SEC00-J. 특권-블록이 신뢰 경계 밖으로 민감-정보를 누출시키도록 허용하지 말라"를 준수하지 않는다.

---

10 역자 주: 클래스 로더는 클래스를 직접 정의하거나 다른 클래스 로더에게 위임하여 생성할 수 있다. 클래스를 (최종적으로) 직접 생성하는 로더를 그 클래스의 'defining class loader'라고 하고, (로딩을 위임 받은 로더이든 클래스를 생성한 로더이든) 로딩을 시작한 클래스 로더(들)를 'initiating class loader(s)'라고 한다.

부적절한 코드 예

이 예에서 doPrivileged 블록 안에 System.loadLibrary() 호출이 포함되어 있다.

```
public void load(String libName) {
  AccessController.doPrivileged(new PrivilegedAction() {
    public Object run() {
      System.loadLibrary(libName);
      return null;
    }
  });
}
```

이 코드는 비신뢰-코드 대신에 라이브러리를 로드하는 데 사용될 수 있기 때문에 안전하지 않다. 본질적으로, 비록 비신뢰-코드의 클래스 로더가 직접적으로 라이브러리를 로드할 충분한 퍼미션을 가지고 있지 않더라도, 라이브러리 로드를 위해 이 코드를 사용할 수 있을 것이다. 라이브러리를 로드한 후에, 비신뢰-코드가 메서드를 엑세스할 수 있다면 라이브러리의 네이티브 메서드를 호출할 수 있다. 왜냐하면 doPrivileged 블록은 실행 스택의 이후 호출자에게 어떠한 보안 관리자 검사도 적용하지 못하도록 방지할 것이기 때문이다.

네이티브가 아닌 라이브러리 코드는 보안 약점과 연관되어 있을 수도 있다. 사용되지 않는 메서드 안에 존재하여 직접 노출되지 않는 취약점을 가진 라이브러리를 가정해 보자. 이 라이브러리를 로드하는 것은 직접 취약점을 노출시키지는 않을지도 모른다. 그러나 공격자는 첫 번째 라이브러리의 취약점을 악용하는 부가적인 라이브러리를 로드할 수 있다. 더구나 네이티브가 아닌 라이브러리는 종종 doPrivileged 블록을 사용하기 때문에 좋은 공격의 대상이 된다.

적절한 솔루션

이 솔루션은 오염된 값이 없도록 하기 위하여 라이브러리 이름을 하드코딩하였다. 또한 public에서 private으로 load() 메서드의 접근성을 줄였다. 따라서, 비신뢰-호출자는 awt 라이브러리를 로드하지 못한다.

```
private void load() {
  AccessController.doPrivileged(new PrivilegedAction() {
```

```
    public Object run() {
      System.loadLibrary("awt");
      return null;
    }
  });
}
```

부적절한 코드 예

이 예는 신뢰-코드로부터 비신뢰-코드로 java.sql.Connection 인스턴스를 반환한다.

```
public Connection getConnection(String url, String username,
    String password) {
  // ...
  return DriverManager.getConnection(url, username, password);
}
```

SQL 커넥션 생성에 필요한 퍼미션이 없는 비신뢰-코드는 반환받은 인스턴스를 직접 사용함으로써 이러한 제약사항을 우회한다.

적절한 코드

이 솔루션은 악의적인 사용자가 자신의 URL을 데이터베이스 연결에 사용하지 못하도록 함으로써 그들이 비신뢰-드라이버를 로드하지 못하도록 한다.

```
private String url = // Hardwired value

public Connection getConnection(String username,
    String password) {
  // ...
  return DriverManager.getConnection(this.url,
    username, password);
}
```

부적절한 코드 예(CERT 취약점 636312)

CERT 취약점 노트 VU636312는 2012년 9월에 널리 악용되었던 자바 1.7.0 업데이트

6의 취약점을 기술한다. 그 침해코드는 사실 2개의 취약점을 사용하였다. 다른 하나는 *자바용 CERT 오라클 보안 코딩 표준*[Long 2012], "SEC05-J. 리플렉션을 사용하여 클래스, 메서드, 필드의 접근성을 확대하지 말라"에 설명되어 있다.

그 침해코드는 자바 애플릿으로 수행된다. 애플릿 클래스 로더는 애플릿이 com.sun.* 패키지에 있는 클래스들의 메서드들을 직접 호출하지 않는다는 것을 보장한다. 보통의 보안 관리자는 호출 스택에 있는 모든 호출 메서드의 권한에 기반하여 특정 동작이 허용되거나 거부되도록 보장한다(권한들은 클래스를 포함하고 있는 코드소스에 연계되어 있다).

침해코드의 첫 번째 목표는 비공개인 sun.awt.SunToolkit 클래스에 엑세스하는 것이다. 그러나 이 클래스 이름으로 직접 class.forName()을 호출하는 것은 SecurityException을 발생시킬 것이다. 따라서, 침해코드는 보안 관리자를 우회하면서 임의의 클래스에 엑세스하기 위해 다음과 같은 메서드를 사용한다.

```java
private Class GetClass(String paramString)
    throws Throwable {
  Object arrayOfObject[] = new Object[1];
  arrayOfObject[0] = paramString;
  Expression localExpression =
    new Expression(Class.class, "forName", arrayOfObject);
  localExpression.execute();
  return (Class)localExpression.getValue();
}
```

java.beans.Expression.execute() 메서드는 자신의 작업을 다음 메서드에게 위임한다.

```java
private Object invokeInternal() throws Exception {
  Object target = getTarget();
  String methodName = getMethodName();
  if (target == null || methodName == null) {
    throw new NullPointerException(
      (target == null ? "target" : "methodName") +
        " should not be null");
  }

  Object[] arguments = getArguments();
  if (arguments == null) {
```

```
      arguments = emptyArray;
    }
    // Class.forName() won't load classes outside
    // of core from a class inside core, so it
    // is handled as a special case.
    if (target == Class.class && methodName.equals("forName")) {
      return ClassFinder.resolveClass((String)arguments[0],
                                      this.loader);
    }

    // ...
```

com.sun.beans.finder.ClassFinder.resolveClass() 메서드는 자신의 작업을 자신의 findClass() 메서드에게 위임한다.

```
public static Class<?> findClass(String name)
    throws ClassNotFoundException {
  try {
    ClassLoader loader =
      Thread.currentThread().getContextClassLoader();
    if (loader == null) {
      loader = ClassLoader.getSystemClassLoader();
    }
    if (loader != null) {
      return Class.forName(name, false, loader);
    }
  } catch (ClassNotFoundException exception) {
    // Use current class loader instead
  } catch (SecurityException exception) {
    // Use current class loader instead
  }
  return Class.forName(name);
}
```

비록 이 메서드가 애플릿 컨텍스트 상에서 호출되지만, 필요한 클래스를 얻기 위해 Class.forName()을 사용한다. Calss.forName()은 호출한 메서드의 클래스 로더에게 검색 작업을 위임한다. 이 경우에, 호출한 클래스(com.sun.beans.finder. ClassFinder)는 코어 자바의 일부이기 때문에, 제한적인 애플릿 클래스 로더 대신에 신뢰-클래스 로더가 사용된다. 신뢰-클래스 로더는 자신이 악성 코드 대신에 동작하고 있다는 사실을 인지하지 못한 채 클래스를 로드한다.

적절한 솔루션(CVE-2012-4681)

오라클은 com.sun.beans.finder.ClassFiner.findClass() 메서드를 패치하여
자바 1.7.0 업데이트 7의 취약점을 완화시켰다. checkPackageAccess() 메서드는
Class.forName()이 오직 이 인스턴스에서만 신뢰-메서드를 대신하여 클래스를 가져
오도록 보장하기 위해 호출 스택 전체를 검사한다.

```java
public static Class<?> findClass(String name)
    throws ClassNotFoundException {
  checkPackageAccess(name);
  try {
    ClassLoader loader =
      Thread.currentThread().getContextClassLoader();
    if (loader == null) {
      // Can be null in IE (see 6204697)
      loader = ClassLoader.getSystemClassLoader();
    }
    if (loader != null) {
      return Class.forName(name, false, loader);
    }

  } catch (ClassNotFoundException exception) {
    // Use current class loader instead
  } catch (SecurityException exception) {
    // Use current class loader instead
  }
  return Class.forName(name);
}
```

부적절한 코드 예(CVE-2013-0422)

자바 1.7.0 업데이트 10은 여러 가지 취약점 때문에 2013년 1월에 널리 악용되었다.
com.sun.jmx.mbeanserver.MBeanInstantiator에 있는 한 가지 취약점은 현재의
보안 정책이나 엑세스 규칙과 상관없이, 권한 없는 코드에게 임의의 클래스를 엑세스
할 수 있도록 승인하는 것이다. MBeanInstantiater.findClass() 메서드는 임의의
문자열을 가지고 호출될 수 있으며 문자열이 나타내는 이름을 가진 클래스 객체를 반
환한다. 이 메서드는 자신의 작업을 다음과 같은 MBeanInstantiator.loadClass()
메서드에게 위임한다.

```
/**
 * Load a class with the specified loader, or with this object
 * class loader if the specified loader is null.
 **/
static Class<?> loadClass(String className, ClassLoader loader)
    throws ReflectionException {
  Class<?> theClass;
  if (className == null) {
    throw new RuntimeOperationsException(
      new IllegalArgumentException(
        "The class name cannot be null"),
        "Exception occurred during object instantiation");
  } try {
    if (loader == null) {
      loader = MBeanInstantiator.class.getClassLoader();
    }
    if (loader != null) {
      theClass = Class.forName(className, false, loader);
    } else {
      theClass = Class.forName(className);
    }
  } catch (ClassNotFoundException e) {
    throw new ReflectionException(
      e, "The MBean class could not be loaded");
  }
  return theClass;
}
```

이 메서드는 지정된 클래스를 동적으로 로드하는 작업을 `Class.forName()` 메서드에게 위임하는데, `Class.forName()` 메서드는 그 작업을 호출한 메서드의 클래스 로더에게 위임한다. 호출한 메서드가 `MBeanInstantiator.loadClass()`이기 때문에 코어 클래스 로더가 사용되며, 코어 클래스 로더는 어떠한 보안 검사도 지원하지 않는다.

적절한 솔루션(CVE-2013-0422)

오라클은 `MBeanInitiator.loadCalss()` 메서드에게 엑세스 검사 기능을 추가하여 자바 1.7.0 업데이트 11의 취약점을 완화시켰다. 이 엑세스 검사는 호출자에게 검색되고 있는 클래스에 대한 엑세스가 허용되었음을 보장한다.

```
// ...
  if (className == null) {
    throw new RuntimeOperationsException(
```

```
      new IllegalArgumentException(
        "The class name cannot be null"),
        "Exception occurred during object instantiation");
   }
   ReflectUtil.checkPackageAccess(className);
   try {
     if (loader == null)
// ...
```

당위성

비신뢰-코드가 간소화된 보안 검사를 하는 메서드를 호출할 수 있도록 하면 권한 상승을 초래할 수 있다. 이와 유사하게, 비신뢰-코드에게 직전 호출자의 클래스 로더를 사용하여 작업을 수행하도록 허용하면, 비신뢰-코드에게 직전 호출자와 동일한 권한을 가지고 수행하도록 허용하는 것과 같을 수도 있다.

직전 호출자의 클래스 로더 인스턴스를 사용하지 않도록 하는 방법은 이 가이드라인의 범위를 벗어난다. 예로, 3-매개변수형 java.lang.Class.forName() 메서드는 명시된 매개변수를 통해 사용하고자 하는 클래스 로더 인스턴스를 지정한다.

```
public static Class forName(String name, boolean initialize, ClassLoader
        loader) throws ClassNotFoundException
```

만약 인스턴스가 비신뢰-코드로 반환되어야 한다면, 직전 호출자의 클래스 로더를 세 번째 매개변수로 사용하지 말아야 한다.

참고 자료

[API 2013]	Class ClassLoader
[Chan 1998]	java.lang.reflect AccessibleObject
[Guillardoy 2012]	Java 0Day Analysis (CVE-2012-4681)
[Long 2012]	SEC00-J. Do not allow privileged blocks to leak sensitive information across a trust boundary
	SEC03-J. Do not load trusted classes after allowing untrusted code to load arbitrary classes
	SEC05-J. Do not use reflection to increase accessibility of classes, methods, or fields

[Manion 2013]   "Anatomy of Java Exploits"
[Oracle 2013d]   Oracle Security Alert for CVE-2013-0422

19.   섬세한 보안을 위해 맞춤형 보안 퍼미션을 정의하라

디폴트 SecurityManager는 특정 메서드의 호출자가 작업을 진행할 수 있는 충분한 퍼미션을 가지고 있는지 검사한다. 이 작업은 자바 보안 구조에서 엑세스 레벨로서 정의되며, 수행되기 전에 정해진 퍼미션을 필요로 한다. 예를 들어서, java.io.FilePermissions에 관련된 작업은 *읽기, 쓰기, 실행과 삭제*이다[API 2013]. "퍼미션과 그 위험성" 가이드[Oracle 2011d]는 디폴트 퍼미션들과 이 퍼미션들을 자바 코드에 승인하는 것과 관련된 위험들을 열거한다. 때로는 디폴트 보안 관리자가 제공하는 것보다 더 강력한 제한이 필요하다. 일치하는 디폴트 퍼미션이 존재하지 않는 경우에 맞춤형 퍼미션을 제공하지 못하면 권한 상승 취약점을 유발시키고, 이것은 비신뢰-호출자로 하여금 제한된 동작과 작업을 수행할 수 있도록 허용하게 된다.

이 가이드라인은 과도한 권한 문제에 대해 설명한다. 이 문제를 해결하기 위한 또 다른 접근방법에 대해서는 가이드라인 16, "과도한 권한 승인을 삼가하라"를 참고하기 바란다.

부적절한 코드 예

이 코드는 두 개의 민감한 동작을 수행하는 특권-블록을 가지고 있다(라이브러리를 로드하는 것과 디폴트 예외 처리기를 설정하는 것).

```
class LoadLibrary {
  private void loadLibrary() {
    AccessController.doPrivileged(
      new PrivilegedAction() {
        public Object run() {
          // Privileged code
          System.loadLibrary("myLib.so");
          // Perform some sensitive operation like
          // setting the default exception handler
          MyExceptionReporter.setExceptionReporter(reporter);
          return null;
        }
```

```
        });
    }
}
```

사용될 때, 정책 파일에 `RuntimePermission loadLibrary.myLib`가 승인되어 있지 않다면 디폴트 보안 관리자가 라이브러리 로딩을 금지한다. 그러나 보안 관리자는 호출자가 디폴트 예외 처리기 설정이라는 민감한 동작을 하는 것에 대해서 자동적으로 보호하지는 않는다. 왜냐하면 이 동작에 대한 퍼미션은 디폴트가 아니어서 이용할 수 없기 때문이다. 예를 들어서, 이 취약점을 악용하여 정당한 처리기라면 걸러냈을 정보를 노출시키도록 예외 처리기를 프로그래밍하고 설치할 수 있다.

적절한 솔루션

이 솔루션은 `exc.reporter`에 대해 맞춤형 퍼미션인 `ExceptionReporterPermission`을 정의하여 정당하지 않은 호출자가 디폴트 예외 처리기를 설정하지 못하도록 한다. `BasicPermission`의 하위클래스를 만들어서 *이진*-스타일의 퍼미션(허용 혹은 불허)을 사용한다. 그런 다음 이 솔루션은 보안 관리자를 사용하여 호출자가 처리기를 설정할 퍼미션을 가지고 있는지 검사한다. 검사에 실패하면 `SecurityException`을 생성한다. 맞춤형 퍼미션 클래스 `ExceptionReporterPermission`은 2개의 생성자도 함께 정의한다.

```
class LoadLibrary {
  private void loadLibrary() {
    AccessController.doPrivileged(
      new PrivilegedAction() {
        public Object run() {
          // Privileged code
          System.loadLibrary("myLib.so");
          // Perform some sensitive operation like
          // setting the default exception handler
          MyExceptionReporter.setExceptionReporter(reporter);
          return null;
        }
      });
  }
}

final class MyExceptionReporter extends ExceptionReporter {
```

```
  public void setExceptionReporter(ExceptionReporter reporter) {
    SecurityManager sm = System.getSecurityManager();
    if(sm != null) {
      sm.checkPermission(
        new ExceptionReporterPermission("exc.reporter"));
    }
    // Proceed to set the exception reporter
  }
  // ... Other methods of MyExceptionReporter
}

final class ExceptionReporterPermission extends BasicPermission {
  public ExceptionReporterPermission(String permName) {
    super(permName);
  }
  // Even though the actions parameter is ignored,
  // this constructor has to be defined
  public ExceptionReporterPermission(String permName,
                                     String actions) {
    super(permName, actions);
  }
}
```

정책 파일은 2개의 퍼미션 ExceptionReporterPermission exc.reporter와 Run-
timePermission loadlibrary.myLib을 승인해야 한다. 다음 정책 파일은 수행 중
인 소스가 윈도 기반 시스템에서 c: 디렉터리에 저장되어 있다고 가정한다.

```
grant codeBase "file:/c:/package" {
    // For *nix, file:${user.home}/package/
  permission ExceptionReporterPermission "exc.reporter";
  permission java.lang.RuntimePermission "loadLibrary.myLib";
};
```

디폴트로, BasicPermission을 이용하여 작업을 지원하도록 퍼미션이 정의될 수는 없
다. 하지만 필요하다면 작업들은 ExceptionReportPermission 하위클래스에서 자유
롭게 구현될 수 있다. BasicPermission은 추상 메서드를 포함하고 있지는 않지만 추
상 클래스이다. BasicPermission은 Permission 클래스를 확장하는 모든 메서드들
을 정의한다. BasicPermission의 맞춤정의형(custom-defined) 하위클래스는 가장
적합한(1- 혹은 2-매개변수형) 상위클래스 생성자를 호출하도록 2개의 생성자를 정의
해야 한다(왜냐하면, 상위클래스는 디폴트 생성자가 없기 때문이다). 비록 기본 퍼미

션이 사용하지 않더라도 2-매개변수형 생성자도 작업을 수용해야만 한다. 이것은 정책 파일로부터 퍼미션 객체를 생성하는데 필요하다. `BasicPermission` 클래스의 맞춤정 의형 하위클래스는 `final`로 선언됨을 유의하자.

당위성

디폴트 퍼미션을 사용할 수 없는 경우에, 맞춤형 퍼미션을 정의하지 않고 코드를 수행 하는 것은 응용프로그램이 권한 상승 취약성에 노출되도록 방치하는 것이다.

참고 자료

[API 2013]	Class `FilePermission`
	Class `SecurityManager`
[Oaks 2001]	"Permissions" subsection of Chapter 5, "The Access Controller"
[Oracle 2011d]	Permissions in the Java™ SE 6 Development Kit (JDK)
[Oracle 2013c]	Java Platform Standard Edition 7 Documentation
[Policy 2010]	"Permission Descriptions and Risks"

20.   보안 관리자를 이용하여 안전한 샌드박스를 생성하라

자바 API 클래스 `SecurityManager` 문서[API 2013]에 따르면,

> 보안 관리자는 응용프로그램이 보안 정책을 구현하도록 해주는 클래스이다. 이것은 안 전하지 않거나 민감한 동작을 하기 전에, 그 동작이 무엇이며 그 동작이 허용된 보안 컨 텍스트 안에서 시도되는지를 응용프로그램이 결정할 수 있도록 한다. 응용프로그램은 그 동작을 허용하거나 거부할 수 있다.

보안 관리자는 어떤 자바 코드와도 연관되어 있을 것이다.

애플릿 보안 관리자는 애플릿에게 가장 필수적인 권한 외에는 모두 거부한다. 이것은 부주의한 시스템 수정, 정보 누출 및 사용자 위장을 방지하기 위해 설계된 것이다. 보 안 관리자의 사용은 클라이언트측 보안에만 국한되지 않는다. 톰캣(Tomcat)이나 웹스 피어(WebSphere)와 같은 웹서버들이 민감한 시스템 자원에 대한 부주의한 엑세스를 방지하고 트로이 서블릿과 악성 JSP를 격리시키기 위해 이 기능을 사용한다.

커맨드 라인에서 수행되는 자바 응용프로그램들은 커맨드-라인 플래그를 이용하여 디

폴트 혹은 맞춤형 보안 관리자를 설정할 수 있다. 또 다른 방법으로서 프로그램으로 보안 관리자를 설치하는 것이 가능하다. 프로그램으로 보안 관리자를 설치하는 것은 효력을 가진 보안 정책에 기반하여 효과적으로 민감한 동작을 허용하거나 거부하도록 디폴트 샌드박스를 생성하는 데 도움이 된다.

자바 2 SE 플랫폼부터 SecurityManager는 추상 클래스가 아니다. 따라서, 메서드 오버라이드가 의무사항은 아니다. 프로그램으로 보안 관리자를 생성하고 사용하기 위해서, 소스 코드는 런타임 퍼미션들인 (SecurityManager 인스턴스를 위한) createSecurityManager와 (그것을 설치하기 위한) setSecurityManager를 가지고 있어야 한다. 이 퍼미션들은 보안 관리자가 이미 설치되어 있을 때만 검사된다. 이것은 가상 호스트 등에 디폴트 보안 관리자가 적절하게 설정되어 있는 상황에서, 디폴트 보안 관리자를 맞춤형 보안 관리자로 오버라이드 하기 위해 권한을 획득하려는 개별 호스트를 거부해야만 할 때 유용하다.

보안 관리자는 AccessController 클래스와 밀접하게 연관되어 있다. 이전 버전이 엑세스 제어의 허브로서 사용되었다면, 이후 버전은 엑세스 제어 알고리즘의 실제적인 구현을 제공한다. 보안 관리자는 다음을 지원한다.

■ 이전 버전으로의 호환성 제공: 보안 관리자 클래스가 근본적으로 추상 클래스였기 때문에 기존 코드는 종종 보안 관리자 클래스의 맞춤형 구현을 포함한다.
■ 맞춤형 정책의 정의: 보안 관리자의 하위클래스 생성을 통해서 맞춤형 보안 정책들을 정의할 수 있다(예를 들면, 다중 레벨, 개관, 상세).

디폴트 보안 관리자와 상반되는 맞춤형 보안 관리자를 구현하여 사용하는 것에 대하여, 자바 보안 아키텍처 규격[SecuritySpec 2010]은 다음과 같이 기술한다.

(하위클래스 생성을 통하여) 보안 관리자를 맞춤형으로 만드는 것은 마지막 수단이 되어야 하고 세심한 주의를 기울여야 하며, 응용 코드 안에서 AccessController를 사용하도록 권장한다. 또한, 표준 보안 검사를 호출하기 전에 항상 시각을 검사 하는 맞춤형 보안 관리자와 같은 경우에는 적절할 때 AccessController가 제공하는 알고리즘을 활용할 수 있고 또 활용해야만 한다.

많은 자바 SE API 플랫폼 보안 관리자들은 민감-동작을 수행하기 전에 디폴트 검사를 실시한다. 예를 들어서, `java.io.FileInputStream` 클래스의 생성자는 호출자가 파일 읽기에 대한 퍼미션이 없을 경우에 `SecurityException`을 발생시킨다. `Security-Exception`이 `RuntimeException`의 하위클래스이기 때문에 일부 API 메서드들(예를 들어, `java.io.FileReader` 클래스의 메서드들)은 `SecurityException`을 기술하는 `throws` 절을 가지고 있지 않을 수도 있다. API 메서드 문서에 기술되지 않는 보안 관리자 검사들의 존재 여부에 의존해서는 안 된다.

부적절한 코드 예(커맨드-라인 설치)

이 코드 예는 커맨드 라인에서 어떠한 보안 관리자도 설치하지 못한다. 따라서 프로그램은 가능한 모든 퍼미션을 가지고 수행된다. 즉, 보안 관리자는 그 프로그램이 수행하고자 하는 어떤 악성 동작도 방어하지 못한다.

```
java LocalJavaApp
```

적절한 솔루션(디폴트 정책 파일)

비록 현재 활성화된 보안 관리자가 금지하고 있을지 모르지만, 어떤 자바 프로그램도 프로그램으로 `SecurityManager` 설치를 시도할 수 있다. 로컬하게 수행되도록 설계된 응용프로그램은 호출 시 커맨드 라인에서 플래그를 사용하여 디폴트 보안 관리자를 지정할 수 있다.

응용프로그램이 프로그램으로 맞춤형 보안 관리자를 설치하지 못하도록 해야 하고 어떤 상황에서도 디폴트 보안 정책을 따라야 한다면, 커맨드-라인 옵션을 사용하는 것이 좋다. 이 솔루션은 적절한 커맨드-라인 플래그들을 사용하여 디폴트 보안 관리자를 설치한다. 보안 정책 파일은 응용프로그램이 의도하는 동작에 대해 퍼미션을 승인한다.

```
java -Djava.security.manager -Djava.security.policy=policyURL \
    LocalJavaApp
```

커맨드-라인 플래그는 전역적으로 정책이 시행되는 맞춤형 보안 관리자를 지정할 수 있다. 다음과 같이 `-Djava.security.manager` 플래그를 사용하면 된다.

```
java -Djava.security.manager=my.security.CustomManager ...
```

만약 현재의 보안 관리자가 시행한 현재의 보안 정책이 (RuntimePermission("setSe-curityManager")을 생략함으로써) 대체를 금지하면, 어떤 setSecurityManager() 호출도 SecurityException을 발생시킬 것이다.

디폴트 보안 정책 파일 java.policy – UNIX 유사 시스템의 /path/to/java.home/lib/security 디렉터리나 이에 대응되는 마이크로소프트 윈도 시스템의 디렉터리에 있는 – 는 약간의 퍼미션을 승인한다(시스템 속성 읽기, 권한 없는 포트를 바인딩하기 등). 사용자가 지정한 정책 파일은 사용자의 홈 디렉터리에 있을 것이다. 이러한 정책 파일들의 결합은 프로그램에 승인되는 퍼미션들을 지정한다. java.secu-rity 파일은 어떤 정책 파일들이 사용될지를 지정할 수 있다. 시스템 전반에 적용되는 java.policy나 java.security 파일 중 하나라도 삭제되면 어떤 퍼미션도 자바 프로그램에 승인되지 않는다.

적절한 솔루션(맞춤형 정책 파일)

맞춤형 정책 파일로 전역의 자바 보안 정책 파일을 오버라이드할 때는 하나의 등호(=) 대신 이중 등호(==)를 사용해야 한다.

```
java -Djava.security.manager \
     -Djava.security.policy==policyURL \
     LocalJavaApp
```

적절한 솔루션(부가적인 정책 파일들)

appviewer는 자동적으로 표준 정책 파일을 가지고 보안 관리자를 설치한다. 부가적인 정책 파일을 지정하기 위해서는 -J 플래그를 사용하라.

```
appletviewer -J-Djava.security.manager \
             -J-Djava.security.policy==policyURL LocalJavaApp
```

보안 속성 파일(java.security)에서 policy.allowSystemProperty 속성이 false로 설정되어 있으면, 매개변수에서 지정한 정책 파일은 무시된다. 이 속성의 디폴트 값은 true이다. "디폴트 정책 구현과 정책 파일 문법"[Policy 2010]에서 정책 파일 작성에 대한 심도 있는 이슈와 문법에 대해 다룬다.

부적절한 코드 예(프로그램으로 설치)

SecurityManager는 static 메서드인 System.setSecurityManager()를 이용하여 활성화될 수 있다. 한 번에 오직 하나의 SecurityManager 만이 활성화될 것이다. 이 메서드는 현재의 활성화된 SecurityManager를 매개변수에 있는 SecurityManager로 대체하며 매개변수가 null일 경우에는 SecurityManager가 없는 것으로 처리한다.

이 예는 현재의 어떤 SecurityManager도 비활성화 시키지만 그것을 대신할 다른 SecurityManager를 설치하지 않는다. 따라서, 이후의 코드는 가능한 모든 퍼미션을 가지고 수행될 것이다. 즉, 프로그램이 수행하려는 어떤 악의적 동작도 제약을 받지 않을 것이다.

```
try {
  System.setSecurityManager(null);
} catch (SecurityException se) {
  // Cannot set security manager, log to file
}
```

민감한 보안 정책을 시행하는 활성화된 SecurityManager를 시스템이 비활성화하려고 하면 SecurityManager는 SecurityException을 발생시키면서 이를 저지할 것이다.

적절한 솔루션(디폴트 보안 관리자)

이 솔루션은 디폴트 보안 관리자를 인스턴스화하고 설정한다.

```
try {
  System.setSecurityManager(new SecurityManager());
} catch (SecurityException se) {
  // Cannot set security manager, log appropriately
}
```

적절한 솔루션(맞춤형 보안 관리자)

이 솔루션은 패스워드를 가지고 생성자를 호출함으로써 어떻게 CustomSecurityManager라는 맞춤형 SecurityManager 클래스를 인스턴스화하는 지를 보여줄 것이다. 이렇게 함으로써 이 맞춤형 보안 관리자가 활성화된 보안 관리자로 설치된다.

```
char password[] = /* initialize */

try {
  System.setSecurityManager(
    new CustomSecurityManager("password here")
  );
} catch (SecurityException se) {
  // Cannot set security manager, log appropriately
}
```

이 코드가 수행된 후에, 보안 검사를 수행하는 API들은 맞춤형 보안 관리자를 사용할 것이다. 앞에서 기술한 바와 같이, 맞춤형 보안 관리자는 디폴트 보안 관리자가 필요한 기능을 지원하지 못할 때만 설치되어야 한다.

당위성

자바 보안은 근본적으로 보안 관리자에 의존한다. 보안 관리자가 없으면 민감한 동작들이 아무 제약 없이 수행될 수 있다.

SecurityManager의 존재 여부를 런타임에 프로그램으로 탐지하는 것은 간단하다. 코드가 수행되면, 정적 분석은 SecurityManager를 설치하려고 하는 코드가 있는지 없는지를 알려줄 수 있다. 몇몇 특별한 경우에는 SecurityManager가 충분히 시간 이전에 설치되었는지, 그것이 바람직한 속성을 지정하고 있는지 혹은 설치되도록 승인되었는지 검사하는 것이 가능하지만 일반적으로는 알 수 없다.

전역의 디폴트 보안 관리자가 커맨드 라인에서 *항상* 설치된다는 것이 기정사실인 통제된 환경에서는 setSecurityManager() 메서드의 호출이 생략될 수도 있다. 하지만 이렇게 시행하기는 어려우며 환경이 올바르게 설정되지 못하면 취약성을 초래할 수 있다.

참고 자료

[API 2013]	Class SecurityManager
	Class AccessControlContext
	Class AccessController
[Gong 2003]	§6.1, "Security Manager"
[Pistoia 2004]	§7.4, "The Security Manager"
[Policy 2010]	Default Policy Implementation and Policy File Syntax
[SecuritySpec 2010]	§6.2, "SecurityManager versus AccessController"

21.   비신뢰-코드가 콜백 메서드의 권한을 오용하지 못하도록 방지하라

콜백은 관심 있는 이벤트가 발생했을 때 호출되는(혹은 *콜백되는*) 메서드를 등록하는 수단이다. 자바는 애플릿과 서브릿의 생명-주기 이벤트, 버튼 클릭이나 스토리지에 대한 비동기적 읽기와 쓰기와 같은 AWT와 스윙 이벤트 알림 그리고 새로운 스레드가 자동적으로 지정되는 run() 메서드를 수행하는 Runnable.run()에서조차 콜백을 사용한다.

자바에서 보통 콜백은 인터페이스를 이용하여 구현된다. 콜백의 일반적인 구조는 다음과 같다.

```java
public interface CallBack {
  void callMethod();
}

class CallBackImpl implements CallBack {
  public void callMethod() {
    System.out.println("CallBack invoked");
  }
}
class CallBackAction {
  private CallBack callback;
  public CallBackAction(CallBack callback) {
    this.callback = callback;
  }

  public void perform() {
    callback.callMethod();
  }
}

class Client {
  public static void main(String[] args) {
    CallBackAction action =
      new CallBackAction(new CallBackImpl());
    // ...
    action.perform(); // Prints "CallBack invoked"
  }
}
```

콜백 메서드들은 종종 권한 변경없이 호출된다. 이것은 그 메서드들이 선언된 콘텍스트의 권한보다 더 많은 권한을 가진 컨텍스트 상에서 수행될지도 모른다는 것을 의미한다. 만약 이러한 콜백 메서드들이 비신뢰-코드로부터 데이터를 받아들인다면, 권한 상승이 일어날지도 모른다.

오라클의 보안 코딩 가이드라인[SCG 2010]에 따르면,

> 콜백 메서드들은 일반적으로 모든 퍼미션을 가진 시스템으로부터 호출된다. 악성 코드가 동작하려면 스택 상에 있어야 한다고 생각하는 것이 합당해 보이지만, 사실은 그렇지 않다. 악성 코드는 보안이 검사된 동작으로 콜백이 연결되도록 객체를 구성할지도 모른다. 예로, 사용자 동작에 의해 파일시스템을 조작할 수 있는 파일 선택 다이아로그 박스에 악성 코드가 붙인 이벤트가 포함되어 있을지도 모른다. 또 다른 방법으로서, 악성 코드는 선의의 파일 선택자인 것처럼 위장하면서 사용자 이벤트들을 리다이렉트할 수 있다.

이 가이드라인은 가이드라인 17, "특권-코드를 최소화하라"의 한 사례이며, *자바용 CERT 오라클 보안 코딩 표준*[Long 2012], "SEC01-J. 특권-블록 안에 오염된 변수를 사용하지 말라"와 관련되어 있다.

부적절한 코드 예

이 예는 사용자 ID를 가지고 사용자의 이름을 검색하도록 CallBack 인터페이스를 구현한 UserLookupCallBack 클래스를 사용한다. 이 검색 코드는 이 정보가 /etc/passwd 파일에 있다고 가정하며, 그 파일을 열기 위해서는 상승된 권한이 필요하다. 따라서 Client 클래스는 (doPrivileged 블록 안에서) 상승된 권한을 가지고 모든 콜백을 호출한다.

```
public interface CallBack {
  void callMethod();
}

class UserLookupCallBack implements CallBack {
  private int uid;
  private String name;

  public UserLookupCallBack(int uid) {
    this.uid = uid;
  }

  public String getName() {
    return name;
  }
```

```
    public void callMethod() {
        try (InputStream fis = new FileInputStream("/etc/passwd")) {
            // Look up uid & assign to name
        } catch (IOException x) {
            name = null;
        }
    }
}
final class CallBackAction {
    private CallBack callback;
    public CallBackAction(CallBack callback) {
        this.callback = callback;
    }

    public void perform() {
        AccessController.doPrivileged(new PrivilegedAction<Void>() {
            public Void run() {
                callback.callMethod();
                return null;
            }
        });
    }
}
```

이 코드는 다음과 같이 클라이언트에 의해 안전하게 사용될 수 있다.

```
public static void main(String[] args) {
    int uid = Integer.parseInt(args[0]);

    CallBack callBack = new UserLookupCallBack(uid);
    CallBackAction action = new CallBackAction(callBack);

    // ...
    action.perform(); // Looks up user name
    System.out.println("User " + uid + " is named " +
                            callBack.getName());
}
```

그러나 공격자는 CallBackAction을 사용하여 MaliciousCallBack 인스턴스를 등록
함으로써, 상승된 권한을 가지고 악성 코드를 수행하도록 할 수 있다.

```
class MaliciousCallBack implements CallBack {
    public void callMethod() {
```

```
      // Code here gets executed with elevated privileges
    }
  }

  // Client code
  public static void main(String[] args) {
    CallBack callBack = new MaliciousCallBack();
    CallBackAction action = new CallBackAction(callBack);
    action.perform(); // Executes malicious code
  }
```

적절한 솔루션(콜백−로컬 doPrivileged 블록)

오라클의 보안 코딩 가이드라인[SCG 2010]에 따르면,

> 통상 PrivilegedAction과 PrivilegedExceptionAction의 인스턴스는 비신뢰-코드가
> 이용할 수 있도록 만들어질 수도 있지만, doPrivileged는 호출자가 제공하는 동작과
> 함께 호출되어서는 안 된다.

이 솔루션은 doPrivileged()의 호출을 CallBackAction 코드 밖으로 빼내어 콜백 자
체로 이동시킨다.

```
public interface CallBack {
  void callMethod();
}

class UserLookupCallBack implements CallBack {
  private int uid;
  private String name;

  public UserLookupCallBack(int uid) {
    this.uid = uid;
  }

  public String getName() {
    return name;
  }

  public final void callMethod() {
    AccessController.doPrivileged(new PrivilegedAction<Void>() {
      public Void run() {
        try (InputStream fis =
```

```
          new FileInputStream("/etc/passwd")) {
          // Look up userid and assign to
          // UserLookupCallBack.this.name
        } catch (IOException x) {
          UserLookupCallBack.this.name = null;
        }
        return null;
      }
    });
  }
}

final class CallBackAction {
  private CallBack callback;

  public CallBackAction(CallBack callback) {
    this.callback = callback;
  }

  public void perform() {
    callback.callMethod();
  }
}
```

이 코드는 이전과 동일하게 동작하지만, 공격자는 더 이상 상승된 권한을 가지고 악성 콜백을 수행할 수 없다. 비록 공격자가 CallBackAction 클래스의 생성자를 사용하여 악성 콜백 인스턴스를 통과시킬 수 있다고 하더라도, 코드는 상승된 권한으로 수행될 수 없다. 왜냐하면 악성 인스턴스는 신뢰-코드와 동일한 권한을 가질 수 없는 doPrivileged 블록을 포함해야 하기 때문이다. 게다가, CallBackAction 클래스는 final로 선언되었기 때문에 perform()을 오버라이드하는 하위클래스를 만들 수 없다.

적절한 솔루션(콜백을 Final로 선언)

이 솔루션은 callMethod()의 오버라이딩을 방지하기 위해 UserLookupCallBack 클래스를 final로 선언한다.

```
final class UserLookupCallBack implements CallBack {
  // ...
}

// Remaining code is unchanged
```

당위성

콜백을 통해 민감-메서드들을 노출시키는 것은 권한의 오용과 임의의 코드 실행이라는 결과를 초래한다.

참고 자료

[API 2013]	`AccessController.doPrivileged()`
[Long 2012]	SEC01-J. Do not allow tainted variables in privileged blocks
[SCG 2010]	Guideline 9-2: Beware of callback methods
	Guideline 9-3: Safely invoke `java.security.AccessControl-ler.doPrivileged`

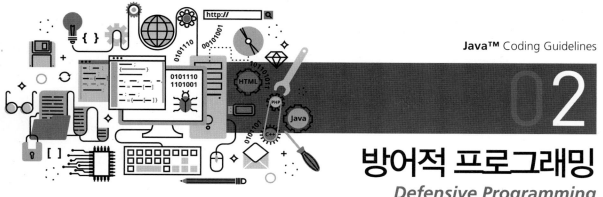

방어적 프로그래밍
Defensive Programming

방어적인 프로그래밍이란 최대한 스스로를 보호하도록 각 요소들을 설계함으로써 소프트웨어를 신뢰성 있게 구성하도록 하는, 주의 깊게 방지장치를 한 프로그래밍을 말한다. 예로, 문서화되지 않은 가정들이 정당한 것으로 남아 있는지를 검사하는 것을 들 수 있다[Goodliffe 2007]. 이 장의 가이드라인은 오류의 효과를 제한하거나 오류로부터 복구하도록 도와줄 수 있는 자바 언어 영역을 설명한다.

자바 언어 메커니즘은 프로그램 자원의 범위, 생명주기와 접근성을 제한하도록 사용되어야 한다. 또한, 자바 주석은 가독성과 유지보수성을 목적으로 프로그램을 문서화하기 위해 사용되어야 한다. 자바 프로그래머들은 암묵적인 동작을 인식해야만 하며 시스템의 동작에 대해 보장되지 않은 가정을 해서는 안 된다.

방어적인 프로그래밍의 좋은 기본 원칙은 단순함이다. 복잡한 시스템은 이해하기 어렵고 유지보수하기 어려우며, 우선 올바르게 이해시키기가 어렵다. 만약 구조가 구현하기 어렵다고 판명되면, 복잡도를 줄이도록 재설계하거나 재생성할 것을 고려하라.

마지막으로, 프로그램은 가능한 한 강건하도록 설계되어야 한다. 언제나 프로그램은 자원의 사용을 제한하고 더 이상 필요하지 않을 때는 획득한 자원을 반환함으로써 자바 런타임 시스템을 도와야 한다. 이것은 종종 객체와 다른 프로그래밍 개체의 생명주기와 접근성을 제한함으로써 얻을 수 있다. 모든 결과를 예견할 수는 없으므로, 최후의 수단으로서 정상 종료할 수 있는 전략이 개발되어야 한다.

22. 변수들의 영역범위를 최소화하라

범위를 최소화하면, 개발자가 공통적인 프로그래밍 오류를 피하고 변수의 선언과 실제 사용을 연결하여 코드의 가독성을 높이며, 사용되지 않는 변수들이 좀 더 쉽게 탐지되고 삭제될 수 있기 때문에 유지보수성도 개선시켜 준다. 또한 좀 더 빠르게 가비지 수집기가 객체들을 회수할 수 있도록 해주며, 가이드라인 37, "부분영역의 식별자들을 섀도잉하거나 차폐하지 말라"를 위배하지 않도록 해준다.

부적절한 코드 예

이 예는 for 루프 밖에 선언된 변수를 보여준다.

```java
public class Scope {
  public static void main(String[] args) {
    int i = 0;
    for (i = 0; i < 10; i++) {
      // Do operations
    }
  }
}
```

변수 i를 for 루프 밖에서 사용하려는 것이 아닌데도 메서드 영역에 선언되었기 때문에 가이드라인에 위배된다. i가 메서드 영역에 선언되어야 하는 몇 안 되는 시나리오들 중의 하나는, 루프가 break 문장을 포함하고 있으며 루프가 종료된 다음에 i 값이 검사되어야 할 때이다.

적절한 솔루션

가능한 한 변수의 영역범위를 최소화하라. 예를 들어서 루프 색인들은 for문 안에 선언하라.

```java
public class Scope {
  public static void main(String[] args) {
    for (int i = 0; i < 10; i++) { // Contains declaration
      // Do operations
    }
  }
}
```

부적절한 코드 예

이 예는 변수 count가 counter() 메서드 밖에서는 사용되지 않음에도 불구하고 counter() 메서드 밖에 선언된 예를 보여준다.

```java
public class Foo {
  private int count;
  private static final int MAX_COUNT = 10;

  public void counter() {
    count = 0;
    while (condition()) {
      /* ... */
      if (count++ > MAX_COUNT) {
        return;
      }
    }
  }

  private boolean condition() {/* ... */}
  // No other method references count
  // but several other methods reference MAX_COUNT
}
```

만약 메서드가 다른 클래스로 복사된다면 count 변수는 새로운 컨텍스트에서 재정의 되어야 하기 때문에 메서드의 재사용성이 감소된다. 뿐만 아니라, count 변수가 가질 수 있는 값을 결정하기 위해서는 전체 프로그램의 데이터 흐름을 분석해야하기 때문에 counter() 메서드 분석의 효율성도 떨어진다.

적절한 솔루션

이 솔루션에서는 count 필드가 counter() 메서드의 지역변수로 선언된다.

```java
public class Foo {
  private static final int MAX_COUNT = 10;

  public void counter() {
    int count = 0;
    while (condition()) {
      /* ... */
      if (count++ > MAX_COUNT) {
        return;
```

```
        }
      }
    }

  private boolean condition() {/* ... */}
  // No other method references count
  // but several other methods reference MAX_COUNT
}
```

당위성

실제 코드에서 필요로 하는 영역범위 이상으로 넓은 영역으로 선언된 지역 변수들을 찾는 것은 간단하며, 이러한 작업은 거짓양성[11]의 가능성도 없앨 수 있다.

동일한 색인 변수를 사용하는 여러 개의 for 문장을 찾는 것은 간단하다. 일반적이지 않은 경우로서, 루프 색인 변수의 값을 여러 루프 간에 유지하려고 하는 경우에만 거짓 양성을 생성한다.

참고 자료

[Bloch 2001]   Item 29, "Minimize the Scope of Local Variables"
[JLS 2013]   §14.4, "Local Variable Declaration Statements"

23. @SuppressWarnings 주석의 범위를 최소화하라

제네릭 코드와 함께 원시 타입을 섞어 사용하면 타입-안전성(type-safety) 문제가 발생할 수 있는데, 컴파일러가 이 잠재적 문제를 탐지하게 되면 *캐스트 미검사 경고* (*unchecked cast warnings*), *메서드 호출 미검사 경고*(*unchecked method invocation warnings*), *제네릭 배열 생성 미검사 경고*(*unchecked generic array creation warnings*), *변환 미검사 경고*(*unchecked conversion warnings*) 등 미검사 경고를 발생시킨다[Bloch 2008]. 검사되지 않은 경고를 억제하기(나타내지 않기) 위한 @Suppress-Warnings("unchecked") 주석은 경고를 생성하는 코드가 타입-안전하다는 것이 보장되었을 때만 허용될 수 있다. 일반적으로 새로운 클라이언트 코드와 기존 코드를 섞어

---

11 역자 주: 'false positive'. 여기서는 실제 필요한 경우인데도 너무 넓게 선언되었다고 판단되는 경우를 말한다.

쓴다. 미검사 경고를 무시할 때의 위험성은 *자바용 CERT 오라클 보안 코딩 표준*[Long 2012], "OBJ03-J. 새로운 코드 안에 제네릭과 제네릭이 아닌 원시 타입을 혼용하지 말라"에 포괄적으로 논의되어 있다.

자바 API 주석 타입 SupressWarnings의 문서[API 2013]에 따르면,

> 스타일에 관련된 문제로서, 프로그래머들은 항상 이 주석이 효과를 보이는 가장 안쪽 요소에 사용해야 한다. 특정 메서드 안에 발생하는 경고를 억제하고자 한다면, 클래스보다는 메서드에 주석을 달아야 한다.

@SuppressWarnings 주석은 전체 클래스뿐만 아니라 변수 선언과 메서드에 사용될 수 있다. 그러나 그 범위를 작게 해서, 좀 더 작은 영역에 대한 경고만을 억제하도록 하는 것이 중요하다.

부적절한 코드 예

이 예에서 @SuppressWarnings 주석의 영역이 전 클래스를 포함한다.

```
@SuppressWarnings("unchecked")
class Legacy {
  Set s = new HashSet();
  public final void doLogic(int a, char c) {
    s.add(a);
    s.add(c); // Type-unsafe operation, ignored
  }
}
```

클래스 내의 모든 미검사 경고가 나타나지 않기 때문에 이 코드는 위험하다. 이러한 성질을 간과하면 런타임 때 ClassCastException이 발생될 수 있다.

적절한 솔루션

경고를 생성하는 가장 가까운 코드로 @SuppressWarnings 주석의 범위를 한정하라. 이 경우에 Set 선언문에 사용될 것이다.

```
class Legacy {
  @SuppressWarnings("unchecked")
  Set s = new HashSet();
```

```
  public final void doLogic(int a, char c) {
    s.add(a); // Produces unchecked warning
    s.add(c); // Produces unchecked warning
  }
}
```

부적절한 코드 예(ArrayList)

이 예는 java.util.ArrayList의 이전 구현에서 가져온 것이다.

```
@SuppressWarnings("unchecked")
public <T> T[] toArray(T[] a) {
  if (a.length < size) {
    // Produces unchecked warning
    return (T[]) Arrays.copyOf(elements, size, a.getClass());
  }
  // ...
}
```

클래스가 컴파일되면, 캐스트 미검사 경고가 출력된다.

```
// Unchecked cast warning
ArrayList.java:305: warning: [unchecked] unchecked cast found :
  Object[], required: T[]
return (T[]) Arrays.copyOf(elements, size, a.getClass());
```

return 문은 선언문이 아니기 때문에, 이 경고는 오직 return 문장에 대해서만 억제할 수 없다[JLS 2013]. 결국 프로그래머는 전체 메서드에 대해 경고를 억제하였는데, 나중에 타입-안전하지 않은(type-unsafe) 동작을 수행하는 기능이 메서드에 추가될 때 문제를 일으킬 수 있다[Bloch 2008].

적절한 솔루션(ArrayList)

앞의 부적절한 코드에서와 같이 적절한 범위로 @SuppressedWarnings 주석을 사용하는 것이 불가능할 때는, 반환값을 저장할 새로운 변수를 선언하고 그 변수에 @SuppressedWarnings 주석을 붙이면 된다.

```
// ...
@SuppressWarnings("unchecked")
T[] result = (T[]) Arrays.copyOf(elements, size, a.getClass());
return result;
// ...
```

당위성

@SuppressedWarnings 주석의 범위를 줄이지 못하면 런타임 예외를 초래할 수 있으며 타입-안전성을 보장하지 못할 수 있다.

이 규칙을 완전히 일반화하여 정적으로 시행할 수는 없지만 일부 특수한 경우들에 대해서 정적 분석이 사용될 수 있다.

참고 자료

[API 2013]   Annotation Type SuppressWarnings
[Bloch 2008]   Item 24, "Eliminate Unchecked Warnings"
[Long 2012]   OBJ03-J. Do not mix generic with nongeneric raw types in new code

24.   클래스와 멤버들에 대한 접근성을 최소화하라

자바에서는 클래스들과 클래스 멤버들(클래스, 인터페이스, 필드, 메서드)의 접근성이 제어된다. 접근성은 접근 수정자(public, protected 혹은 private)[12]에 의해 지정되거나 접근 수정자를 명시하지 않음으로써(디폴트 접근성, 따라서 패키지-전용 접근성이라고 불림) 지정된다.

표 2-1은 엑세스 제어 규칙을 간소화하여 보여준다. x는 그 도메인 내에서 해당 엑세스가 허용된다는 것을 말한다. 예를 들어서, 클래스 칸에 있는 x는 클래스 멤버는 자신이 선언된 클래스 안에 있는 코드에 엑세스할 수 있다는 것을 의미한다. 이와 마찬가지로

---

12 역자 주: 접근 수정자인 'public', 'protected', 'private'을 각각 '공개', '보호', '비공개'로 번역하기도 하지만 자바 예약어에 해당하므로 다른 서술적 표현과 혼동되지 않도록 원어를 그대로 사용하고, 수정자가 없는 경우인 'default'와 'package-private'은 '디폴트'와 '패키지-전용'으로 번역한다.

패키지 칸은, 동일한 패키지 안에 정의되고 해당 멤버의 클래스와 동일한 로더에 의해 로드된 클래스(혹은 하위클래스)에서는 그 멤버에 엑세스할 수 있다는 것을 말한다.

표 2-1 엑세스 제어 규칙

접근 수정자	클래스	패키지	하위클래스	기타(전체)
private	x			
없음	x	x	x*	
protected	x	x	x**	
public	x	x	x	x

* 동일한 패키지 안에 있는 하위클래스들도 엑세스가 지정되지 않은(디폴트 혹은 패키지-전용 가시성) 멤버들에 엑세스할 수 있다. 엑세스에 대한 부가적인 요구사항은, 패키지-전용 멤버들이 포함된 클래스를 로드한 클래스 로더에 의해 하위클래스들이 로드되어야 한다는 것이다. 서로 다른 패키지에 있는 하위클래스들은 패키지-전용 멤버들에 엑세스할 수 없다.

** 보호된 멤버들을 참조하기 위해서는, 엑세스하는 코드가 보호된 멤버를 정의한 클래스 안에 포함되어 있거나 그 하위클래스에 있어야 한다. 하위클래스는 그 위치와 상관없이 엑세스할 수 있다.

클래스들과 클래스 멤버들에게 최소한의 접근성만을 허용하여, 악성 코드가 안전성을 훼손할 수 있는 기회를 최소화해야 한다. 가능한 한 클래스들은 인터페이스를 통해 민감-코드를 포함하는 (혹은 호출하는) 메서드들을 노출시키지 않도록 해야 한다. 인터페이스는 공개적으로 엑세스 가능한 메서드들만 가질 수 있으며, 그러한 메서드들은 클래스의 공개적인 응용 프로그래밍 인터페이스(API)의 일부이다. (이것은 Joshua Bloch가 API용 인터페이스를 추천하는 이유와는[Bloch 2008, 16번 항목] 상반된다는 것을 주지하라.) 이것에 대한 한 가지 예외는 가변적 객체에 대한 공개적이고 불변적인 뷰를 노출시키는 수정불가능한 인터페이스를 구현하는 것이다. (*자바용 CERT 오라클 보안 코딩 표준*[Long 2012], "OBJ04-J 비신뢰-코드에게 안전하게 인스턴스를 전달할 수 있도록 가변적 클래스에 복사기능을 포함시켜라" 참조) 비록 final이 아닌 클래스에 대한 가시성(visibility)이 디폴트라고 해도, 그것이 public 메서드를 포함하고 있다면 잘못 사용되기 쉽다. 모든 필요한 보안 점검을 수행하고 모든 입력을 정제하는 메서드라도 인터페이스를 통해 노출될지도 모른다.

중첩되지 않은(non-nested) 클래스들에게는 protected 접근성이 불가능하지만, 중첩된 클래스들은 protected로 선언될 수도 있다. final이 아닌 public 클래스의 필드들은 거의 protected로 선언되지 않는다. 다른 패키지에 있는 비신뢰-코드는 그 클래스를 하위클래스로 만들 수 있으며 멤버들에 엑세스할 수 있다. 더구나 protected 멤버들은 그 클래스의 API 일부이며, 따라서 계속 지원되어야 한다. 이 규칙을 준수하면 필드를 protected로 선언하는 것은 불필요하다. "OBJ01-J. 데이터 멤버들을 private으로 선언하고 엑세스 가능한 래퍼 메서드를 제공하라"[Long 2012]는 필드들을 private으로 선언하라고 권고한다.

만약 클래스, 인터페이스, 메서드 혹은 필드가 웹 서비스 종단과 같은 공개된 API의 일부라면, public으로 선언될지도 모른다. 다른 클래스들과 멤버들은 패키지-전용이나 private으로 선언되어야 한다. 예를 들어서, 보안에 민감하지 않은 클래스들은 private 생성자를 가지고 인스턴스를 제어하도록 public static 팩토리[13]를 제공하도록 권한다.

부적절한 코드 예(public 클래스)

이 예는 시스템 내부적인 클래스이면서 어떠한 공개 API의 일부도 아닌 클래스를 정의한다. 그럼에도 불구하고 이 클래스는 public으로 선언된다.

```java
public final class Point {
  private final int x;
  private final int y;

  public Point(int x, int y) {
    this.x = x;
    this.y = y;
  }

  public void getPoint() {
    System.out.println("(" + x + "," + y + ")");
  }
}
```

이 예가 "OBJ01-J. 데이터 멤버들을 private으로 선언하고 엑세스 가능한 래퍼 메서드를 제공하라"[Long 2012]를 준수했다고 해도, 비신뢰-코드는 Point 인스턴스를 생성하고 public 메서드인 getPoint()를 호출하여 좌표를 얻을 수 있다.

---

13 역자 주: "factory class" 혹은 "factory method"란 객체를 생성하여 반환해 주는 클래스 혹은 메서드로서, 생성자를 직접 호출하지 않고 객체를 일관성 있게 생성할 수 있도록 해 준다.

적절한 솔루션(public 메서드를 가진 final 클래스)

이 솔루션은 Point 클래스가 어떠한 공개 API의 일부도 아니므로 패키지-전용으로 선언한다.

```
final class Point {
  private final int x;
  private final int y;

  Point(int x, int y) {
    this.x = x;
    this.y = y;
  }

  public void getPoint() {
    System.out.println("(" + x + "," + y + ")");
  }
}
```

Point와 같은 최상위 클래스는 private으로 선언될 수 없다. 패키지-전용 접근성은 수용할 만하며 패키지 삽입 공격을 피할 수 있다. ("ENV01-J. 모든 보안에 민감한 코드는 하나의 JAR로 만들어서 서명하고 봉인하라"[Long 2012]를 참조하기 바란다.) 동일한 패키지 안에 삽입된 악성 코드가 클래스의 어떤 protected 혹은 패키지-전용 멤버를 직접 호출할 수 있을 때, 런타임에 패키지 삽입 공격이 발생한다. 그러나 이 공격은 실제로 수행되기 어렵다. 왜냐하면, 패키지에 침투하는 것뿐만 아니라 공격 대상과 비신뢰-클래스가 동일한 클래스 로더에 의해 로드되어야 하기 때문이다. 보통 비신뢰-코드에게 그러한 레벨의 엑세스 권한은 주어지지 않는다.

클래스가 final로 선언되었기 때문에, getPoint()는 메서드는 public으로 선언될 수 있다. public 하위클래스가 이러한 규칙을 위반하면서 메서드를 오버라이드하여 비신뢰-코드에게 노출시킬 수 없기 때문에 접근성이 주어지지 않는다. final이 아닌 클래스들의 메서드에 대한 접근성을 private이나 패키지-전용으로 축소하는 것은 이러한 위협을 제거한다.

적절한 솔루션(public이 아닌 메서드를 가진 비 final 클래스)

이 솔루션은 Point 클래스와 getPoint() 메서드를 패키지-전용으로 선언하여,

Point 클래스를 final로 선언하지 않으면서도, 동일 패키지에 속해 있으면서 공통 클래스 로더에 의해 로드된 클래스들이 getPoint()를 호출할 수 있도록 허용한다.

```java
class Point {
  private final int x;
  private final int y;

  Point(int x, int y) {
    this.x = x;
    this.y = y;
  }

  void getPoint() {
    System.out.println("(" + x + "," + y + ")");
  }
}
```

부적절한 코드 예(public static 메서드를 가진 public 클래스)

이 예는 다시 시스템 내부적인 클래스로서 어떤 공개 API의 일부도 아닌 클래스를 정의한다. 그럼에도 불구하고 이 클래스를 public으로 선언한다.

```java
public final class Point {
  private static final int x = 1;
  private static final int y = 2;

  private Point(int x, int y) {}

  public static void getPoint() {
    System.out.println("(" + x + "," + y + ")");
  }
}
```

이 예도 "OBJ01-J. 데이터 멤버들을 private으로 선언하고 엑세스 가능한 래퍼 메서드를 제공하라"[Long 2012]를 준수하지만, 비신뢰-코드는 Point에 엑세스할 수 있고 디폴트 좌표를 얻기 위해 public static 메서드인 getPoint()를 호출할 수 있다. private 생성자를 이용하여 인스턴스 제어를 구현하려는 시도는 쓸모없다. 왜냐하면 public static 메서드는 내부 클래스 내용을 노출시키기 때문이다.

적절한 솔루션(패키지-전용 클래스)

이 솔루션은 클래스의 접근성을 패키지-전용으로 축소시킨다.

```java
final class Point {
  private static final int x = 1;
  private static final int y = 2;

  private Point(int x, int y) {}

  public static void getPoint() {
    System.out.println("(" + x + "," + y + ")");
  }
}
```

getPoint() 메서드는 동일한 패키지 안에 있는 클래스들만 엑세스할 수 있다. 비신뢰-코드는 getPoint()를 호출할 수 없으며 좌표값을 얻을 수 없다.

당위성

과도하게 엑세스를 승인하면 캡슐화를 위반하고 자바 응용프로그램의 보안성을 약화시킨다.

제 3의 코드에 의해 사용되도록(그리고 확장되도록) 설계된 API를 가진 시스템은 public 인터페이스를 통해 API를 드러내야 한다. 그러한 API가 필요할 경우에는 이 가이드라인을 적용하지 못한다.

부분 코드가 주어지면, 컴파일 오류를 피하도록 각 클래스와 멤버에 대한 최소한의 접근성을 계산할 수 있다. 그러나 그 계산 결과는 프로그래머가 코드 작성 시 의도한 것과 동일하지 않을 수 있다는 것이 그 한계이다. 예를 들어서, 사용되지 않는 멤버들은 명백하게 private으로 선언될 수 있다. 하지만 그러한 멤버들이 사용되지 않은 것이 단지 우연히 특정 코드 부분이 그 멤버들을 참조하지 않았기 때문일 수 있다. 그럼에도 불구하고 이 계산은 클래스들과 그 멤버들의 접근성을 최소화하고자 하는 프로그래머들에게 유용한 출발점을 제공한다.

참고 자료

[Bloch 2008]   Item 13, "Minimize the Accessibility of Classes and Members"

	Item 16, "Prefer Interfaces to Abstract Classes"
[Campione 1996]	Access Control
[JLS 2013]	§6.6, "Access Control"
[Long 2012]	ENV01-J. Place all security-sensitive code in a single JAR and sign and seal it
	OBJ01-J. Declare data members as private and provide accessible wrapper methods
	OBJ04-J. Provide mutable classes with copy functionality to safely allow passing instances to untrusted code
[McGraw 1999]	Chapter 3, "Java Language Security Constructs"

25.   쓰레드-안전성을 문서화하고 적절한 곳에 주석을 사용하라

자바의 주석 기능은 설계 의도를 문서화하는데 유용하다. 소스 코드 주석은 메타 데이터를 프로그램 요소에 연결시키는 메커니즘이며, 컴파일러, 분석기, 디버거 및 자바 가상 머신이 검사할 때 사용할 수 있다. 여러 주석들이 쓰레드-안전성이나 쓰레드-안전성의 부족함을 문서화하는데 사용될 수 있다.

동시성(concurrency)에 대한 주석

2개의 동시성 주석 세트를 무료로 사용할 수 있으며 어떤 코드에서도 사용할 수 있다. 4개의 주석으로 이루어진 첫 번째 세트는 *자바 동시성 실전* (JCIP) [Goetz 2006]에서 기술하고 있으며 http:///jcip.net에서 다운로드 받을 수 있다. JCIP 주석들은 Creative Commons Attribution 라이선스[14] 하에 배포된다.

두 번째로, SureLogic이 지원하는 더 큰 주석 세트를 사용할 수 있다. 이 주석들은 아파치 소프트웨어 라이선스 버전 2.0 하에 배포되며, www.surelogic.com에서 다운로드 받을 수 있다. 이 주석들은 SureLogic Jsure 툴에 의해 검증될 수 있으며, 툴을 사용할 수 없을 때라도 코드를 문서화하는데 유용하다. 이 주석들은 JSure 툴에 의해 지원되기 때문에 JCIP 주석을 포함한다(JCIP 역시 JCIP JAR 파일 사용을 지원한다).

---

14 **역자 주:** 원래의 저작자를 표시하는 조건 하에 저작물을 자신의 창작물에 사용할 수 있도록 허용하는 라이선스를 말한다.

이 주석을 사용하기 위해서는 앞에서 기술한 하나 혹은 두 JAR 파일을 다운로드하여 코드의 빌드 경로에 추가하면 된다. 쓰레드-안전성을 문서화하기 위해 이 주석들을 사용하는 것은 다음 절에서 기술된다.

의도된 쓰레드-안전성의 문서화

JCIP는 쓰레드-안전성에 대한 프로그래머의 설계 의도를 기술하기 위한 용도로 3개의 클래스 레벨의 주석을 제공한다.

@ThreadSafe 주석은 클래스가 쓰레드-안전하다는 것을 나타낼 때 클래스에 적용된다. 이것은 런타임 혹은 어떤 외부 동기화나 조정에 의해 어떠한 일련의 엑세스들(public 필드에 대한 읽기와 쓰기, public 메서드에 대한 호출)이 호출한 측에서 끼어들더라도, 이들이 객체를 일관성 없는 상태로 만들지 않는다는 것을 의미한다.

예로, 다음 Aircraft 클래스는 잠금(locking) 정책 문서의 일부로서 쓰레드-안전하다는 것을 기술한다. 이 클래스는 재진입 잠금장치(reentrant lock)를 이용하여 x와 y 필드를 보호한다.

```
@ThreadSafe
@Region("private AircraftState")
@RegionLock("StateLock is stateLock protects AircraftState")
public final class Aircraft {
  private final Lock stateLock = new ReentrantLock();
  // ...
  @InRegion("AircraftState")
  private long x, y;
  // ...

  public void setPosition(long x, long y) {
    stateLock.lock();
    try {
      this.x = x;
      this.y = y;
    } finally {
      stateLock.unlock();
    }
  }
  // ...
}
```

@Region과 @RegionLock 주석들은 쓰레드-안전성을 지켜주는 잠금 정책을 문서화한다.

비록 하나 혹은 그 이상의 @RegionLock이나 @GuardedBy 주석이 클래스의 잠금 정책의 문서화에 사용된다고 하더라도, @ThreadSafe 주석은 리뷰어가 그 클래스가 쓰레드-안전하다는 것을 직관적으로 알게 해준다.

@Immutable 주석은 불변적(*immutable*) 클래스에 적용된다. 불변적 객체들은 근본적으로 쓰레드-안전하다. 일단 객체 생성이 완성되면 레퍼런스를 통해 공개되어 여러 쓰레드 사이에서 안전하게 공유될 것이다.

다음 예는 불변적인 Point 클래스를 보여준다.

```
@Immutable
public final class Point {
  private final int f_x;
  private final int f_y;

  public Point(int x, int y) {
    f_x = x;
    f_y = y;
  }

  public int getX() {
    return f_x;
  }

  public int getY() {
    return f_y;
  }
}
```

Joshua Bloch[Bloch 2008]에 따르면,

> enum 타입의 불변성은 문서화할 필요가 없다. 반환 타입에서 명백하게 드러나지 않는 한, Collections.synchronizedMap에서 보여준 바와 같이 static 팩토리들은 반환되는 객체에 대한 쓰레드-안전성을 문서화해야 한다.

@NotThreadSafe 주석은 쓰레드-안전하지 않은 클래스들에게 적용된다. 많은 클래스들은 그들이 다중 쓰레드화 되어도 안전한지를 문서화하지 못한다. 따라서, 프로그래

머가 클래스가 쓰레드-안전한지를 결정할 수 있는 손쉬운 방법이 없다.

예를 들어서, `java.util`에서 제공되는 대부분의 컬렉션 구현은 쓰레드-안전하지 않다. `java.util.ArrayList`는 이를 다음과 같이 문서화할 수 있다.

```
package java.util.ArrayList;

@NotThreadSafe
public class ArrayList<E> extends ... {
  // ...
}
```

잠금 정책의 문서화

공유된 상태를 보호하기 위해 사용되는 모든 잠금장치를 문서화하는 것은 중요하다. Brian Goetz 등[Goetz 2006]에 의하면,

> 둘 이상의 쓰레드에 의해 엑세스될지도 모르는 가변적 상태 변수에 대한 모든 엑세스는 동일한 잠금장치를 가지고 수행되어야 한다. 이 경우에, 변수들은 그 잠금장치에 의해 보호된다고 말한다.

이를 위해 JCIP는 `@GuardedBy` 주석을 제공하고 SureLogic은 `@RegionLock` 주석을 제공한다. `@GuardedBy` 주석이 적용되는 필드나 메서드는 지정된 잠금장치를 소유할 경우에만 엑세스할 수 있다. 그것은 고유의 잠금장치이거나 `java.util.concurrent.Lock`과 같은 동적 잠금장치일 수 있다.

예로서, 다음 `MovablePoint` 클래스는 `memo` 배열 리스트를 이용하여 이전 위치들을 기억할 수 있도록 하는 움직이는 포인트를 구현한다.

```
@ThreadSafe
public final class MovablePoint {

  @GuardedBy("this")
  double xPos = 1.0;
  @GuardedBy("this")
  double yPos = 1.0;
  @GuardedBy("itself")
  static final List<MovablePoint> memo
    = new ArrayList<MovablePoint>();
```

```java
    public void move(double slope, double distance) {
        synchronized (this) {
            rememberPoint(this);
            xPos += (1 / slope) * distance;
            yPos += slope * distance;
        }
    }

    public static void rememberPoint(MovablePoint value) {
        synchronized (memo) {
            memo.add(value);
        }
    }
}
```

xPos와 yPos 필드에 붙여진 @GuardedBy 주석은 이 필드에 대한 엑세스가 this에 대한 잠금장치를 이용하여 보호된다는 것을 표시한다. 이 필드들을 수정하는 move() 메서드도 this와 동기화된다. memo에 붙여진 @GuardedBy 주석은 ArrayList 객체에 대한 잠금장치가 그 객체의 내용을 보호한다는 것을 표시한다. rememberPoint() 메서드도 이 memo 리스트와 동기화된다.

@GuardedBy 주석과 관련된 한 가지 문제는 클래스의 필드들 간에 연관성이 존재할 때 이를 표시하지 못한다는 것이다. 이 한계점은 SureLogic의 @RegionLock 주석을 이용하여 해결할 수 있다. 이 주석은 자신이 적용될 클래스에 대한 새로운 영역-잠금장치(region lock)를 선언한다. 이 선언문은 새로운 이름의 잠금장치를 생성하여 특정 잠금장치 객체를 클래스의 영역과 연계시킨다. 그 영역은 잠금장치를 소유했을 때만 엑세스할 수 있을 것이다. 예를 들어서, SimpleLock 잠금 정책은 그 인스턴스에 대한 동기화가 인스턴스의 모든 상태를 보호한다는 것을 말해준다.

```java
@RegionLock("SimpleLock is this protects Instance")
class Simple { ... }
```

@GuardedBy와 달리 @RegionLock 주석은 프로그래머로 하여금 잠금 정책에 명백하고 의미있는 이름을 부여할 수 있도록 해준다.

@Region 주석은 잠금 정책에 이름을 부여하는 것 외에도 보호되고 있는 상태 영역에 이름을 줄 수 있다. 다음 예에서 보여주듯이, 이 이름은 상태와 잠금 정책이 서로 속해

있음을 명백하게 해 준다.

```
@Region("private AircraftPosition")
@RegionLock("StateLock is stateLock protects AircraftPosition")
public final class Aircraft {
  private final Lock stateLock = new ReentrantLock();

  @InRegion("AircraftPosition")
  private long x, y;

  @InRegion("AircraftPosition")
  private long altitude;
  // ...
  public void setPosition(long x, long y) {
    stateLock.lock();
    try {
      this.x = x;
      this.y = y;
    } finally {
      stateLock.unlock();
    }
  }
  // ...
}
```

이 예에서, StateLock이라는 이름의 잠금 정책은 stateLock을 잠금으로써 Air-
craftPosition이라는 이름의 영역을 보호한다는 것을 보여준다. 이 영역은 우주선의
위치를 나타내는 가변적 상태를 포함한다.

가변적 객체 생성

전형적으로, 객체 생성은 잠금 정책에서 예외로 간주된다. 왜냐하면 객체들은 처음 생
성될 때 쓰레드-한정적이기 때문이다. 객체는 인스턴스를 생성하기 위해 new 연산자를
사용하는 쓰레드에 한정된다. 생성된 후에, 그 객체는 다른 쓰레드들에게 안전하게 공
개될 수 있다. 하지만, 인스턴스를 생성한 쓰레드가 공유를 허용할 때까지 객체는 공
유되지 않는다. *자바용 CERT 오라클 보안 코딩 표준*[Long 2012], "TSM01-J. 객체
생성 중에 this 레퍼런스가 노출되지 않도록 하라"에서 논의된 안전한 공개 방법은 @
Unique("return") 주석을 이용하여 간결하게 표현될 수 있다.

예를 들어서, 다음 코드에서 @Unique("return") 주석은 생성자로부터 반환된 객체가
유일한 레퍼런스라는 것을 문서화한다.

```
@RegionLock("Lock is this protects Instance")
public final class Example {
  private int x = 1;
  private int y;

  @Unique("return")
  public Example(int y) {
    this.y = y;
  }
  // ...
}
```

쓰레드-한정인 정책의 문서화

Dean Sutherland와 William Scherlis는 쓰레드-한정인 정책을 문서화할 수 있는 주석을 제안하였다. 그들의 접근방법은 작성된 코드대로 주석을 검증할 수 있도록 해준다 [Sutherland 2010].

예를 들어서, 다음 주석은 프로그램이 최대 하나의 윈도우 툴킷(AWT) 이벤트를 처리하는 쓰레드와 여러 개의 계산하는 쓰레드를 가지며, 계산하는 쓰레드들은 AWT 데이터 구조나 이벤트들에 엑세스할 수 없다는 설계 의도를 나타낸다.

```
@ThreadRole AWT, Compute
@IncompatibleThreadRoles AWT, Compute
@MaxRoleCount AWT 1
```

대기-알림(wait-notify) 프로토콜의 문서화

Goetz 등에 따르면[Goetz 2006],

상태-의존적인 클래스는 대기와 알림 프로토콜을 하위클래스에게 완전히 드러내거나(그리고 문서화) 하위클래스가 프로토콜에 전혀 관여하지 못하도록 막아야 한다. (이것은 "설계한 후 상속을 위해 문서화하거나 그렇지 않으면 감추어라"[EJ Item 15]의 연속선상에 있다. 최소한, 상속을 위해 상태-종속적인 클래스를 설계할 때는 상태큐[15]들과 잠금장치를 노출시켜야 하며, 상태 서술자(condition predicates)와 동기화 정책에 대해 문서화를 해야 한다. 또한 기반하고 있는 상태 변수들도 노출시켜야 할지도 모른다(상태-의존

---

15 역자 주: 'condition queue'를 '조건큐'로 번역하기도 하지만, 문맥상 '상태큐'가 더 적합하다.

적인 클래스의 최악의 경우는 하위클래스에게 자신의 상태는 노출시키면서 대기와 알림 프로토콜에 대해서는 문서화하지 않는 것이다. 이것은 상태 변수들을 노출시키면서 그것의 불변성에 대해서는 문서화하지 않는 클래스와 유사하다).(395 쪽)

대기-알림(wait-notify) 프로토콜들은 적절하게 문서화되어야 한다. 현재 아직 이 목적을 위한 어떤 주석도 알려져 있지 않다.

당위성

동시 코드(concurrent code)에 대한 주석은 설계 의도를 문서화하는 데 도움이 되며, 경쟁 상태와[16] 데이터 경쟁을 자동으로 탐지하고 방지하는 데 사용될 수 있다.

참고 자료

[Bloch 2008]   Item 70, "Document Thread Safety"
[Goetz 2006]   *Java Concurrency in Practice*
[Long 2012]   TSM01-J. Do not let the `this` reference escape during object construction
[Sutherland 2010] "Composable Thread Coloring"

26. 메서드의 결과값에 대해 항상 피드백을 제공하라

메서드들은 개발자들이 객체의 현재 상태, 그리고/혹은 동작의 결과를 알 수 있는 값을 반환하도록 설계되어야 한다. *자바용 CERT 오라클 보안 코딩 표준*[Long 2012], "EXP00-J. 메서드의 반환값을 무시하지 말라"에서도 같은 충고를 한다. 반환값은 최종 상태를 표현해야 하며 개발자의 견해와 의도한 모델을 염두에 두고 선택되어야 한다.

표준 예외 객체나 `Exception` 클래스에서 유도된 맞춤형 예외 객체를 발생시켜서도 피드백을 제공할 수 있다. 이 방법을 통해서, 개발자는 여전히 메서드 결과에 대한 정확한 정보를 얻을 수 있고 필요한 동작을 계속할 수 있다. 그렇게 하려면, 예외가 비정상적인 상태에 대하여 적절한 추상 레벨로 상세한 이유를 제공해야 한다.

API는 이러한 방법들을 사용하여, 클라이언트가 올바른 결과와 그렇지 않은 결과를

---

16 역자 주: 'race condition'을 '경쟁 조건'이라고 번역하기도 하지만 '경쟁 상태'가 더 적절해 보인다.

구분할 수 있도록 하고 어떠한 올바르지 않은 결과도 신중하게 처리할 수 있도록 지원해야 한다. 오류값이 메서드의 유효한 반환 값으로 오해되지 않는 일반적인 값일 경우에는 오류 값이 반환되어야 하며, 그 외의 경우에서는 예외가 발생되어야 한다. 메서드는 유효한 반환 데이터를 의미할 수도 있고 오류 코드를 의미할 수도 있는 반환값을 반환해서는 안 된다. 더 자세한 것은 가이드라인 52, "인밴드 오류 지표를 삼가하라"를 참고하기 바란다.

또 다른 방법으로, 객체는 객체가 일관된 상태에 있는지를 점검하는 상태-검사 메서드를 제공할 수 있다[Bloch 2008]. 이 방법은 객체의 상태가 외부 쓰레드에 의해 변경될 수 없는 경우에만 유용하다. 이것은 객체의 상태-검사 메서드 호출과 객체의 상태에 기반한 메서드 호출간의 TOCTOU(time-of-check, time-of-use) 경쟁 상태를 방지한다. 이 기간 동안, 객체의 상태가 예상하지 못하게 변하거나 혹은 악성으로까지 변할 수 있다.

메서드의 반환값 그리고/혹은 오류 코드는 적절한 추상화 레벨에서 정확하게 객체의 상태를 명시해야 한다. 클라이언트가 그 값에 기반하여 중요 동작을 수행할 수 있어야 한다.

부적절한 코드 예

이 예의 updateNode() 메서드는 노드를 연결리스트에서 찾을 수 있으면 수정하고 찾을 수 없으면 아무 것도 하지 않는다.

```
public void updateNode(int id, int newValue) {
  Node current = root;
  while (current != null) {
    if (current.getId() == id) {
      current.setValue(newValue);
      break;
    }
    current = current.next;
  }
}
```

이 메서드는 자신이 어떤 노드를 수정했는지를 표시하지 못한다. 따라서, 호출자는 메서드가 성공했는지 실패했는지 판단할 수 없다.

적절한 솔루션(불리언)

이 솔루션은 노드를 수정하면 결과를 true로 반환하고 그렇지 않으면 false로 반환한다.

```
public boolean updateNode(int id, int newValue) {
  Node current = root;
  while (current != null) {
    if (current.getId() == id) {
      current.setValue(newValue);
      return true; // Node successfully updated
    }
    current = current.next;
  }
  return false;
}
```

적절한 솔루션(예외)

이 솔루션은 노드를 찾으면 수정된 Node를 반환하고, 리스트에 노드가 없으면 Node-NotFoundException을 발생시킨다.

```
public Node updateNode(int id, int newValue)
    throws NodeNotFoundException {
  Node current = root;
  while (current != null) {
    if (current.getId() == id) {
      current.setValue(newValue);
      return current;
    }
    current = current.next;
  }
  throw new NodeNotFoundException();
}
```

실패를 표시하기 위해 예외를 사용하는 것이 훌륭한 설계이긴 하지만, 예외를 발생시키는 것이 항상 적절한 것은 아니다. 일반적으로, 메서드의 성공을 예상했지만 복구불가능한 상황이 발생하거나, 상위 호출자의 메서드가 복구 작업을 시작할 것이라고 예상될 때만 예외를 발생시켜야 한다.

적절한 솔루션(널 반환값)

이 솔루션은 갱신된 Node를 반환하여, 개발자가 널 반환값을 검사함으로써 동작이 실패했는지 알아낼 수 있도록 한다.

```java
public Node updateNode(int id, int newValue) {
  Node current = root;
  while (current != null) {
    if (current.getId() == id) {
      current.setValue(newValue);
      return current;
    }
    current = current.next;
  }
  return null;
}
```

널일 수 있는 반환값은 인밴드(in-band) 표시자이며 가이드라인 52, "인밴드 오류 지표를 삼가하라"에서 전반적으로 좀 더 논의한다. 이 설계 방법이 허용되기는 하지만 이 가이드라인의 다른 적절한 솔루션들에서 사용한 설계 방법들에 비해 좋지 않다고 생각된다.

당위성

반환값, 오류 코드와 예외를 조합하여 적절한 피드백을 제공하지 못하면, 일관성 없는 객체 상태와 예기치 않은 프로그램 동작이 초래될 수 있다.

참고 자료

[Bloch 2008]	Item 59. Avoid unnecessary use of checked exceptions
[Long 2012]	EXP00-J. Do not ignore values returned by methods
[Ware 2008]	Writing Secure Java Code

27.   여러 가지 파일 속성을 이용하여 파일을 식별하라

많은 파일 관련 보안 취약점들은 프로그램이 의도하지 않은 파일 객체에 엑세스하기 때문에 일어난다. 이것은 종종 오직 파일명만이 파일 객체에 느슨하게 연결되어 있기 때문에 발생한다. 파일명은 파일 객체 자체의 고유 속성에 대해서는 아무 정보도 제공하지 못한다. 더군다나 파일 객체에 파일명을 바인딩하는 것은 파일명이 동작에 사용될 때마다 재평가된다. 이 재평가는 응용프로그램에 TOCTOU 경쟁 상태를 발생시킨다. java.io.File 타입과 java.nio.file.Path 타입의 객체들은 파일이 엑세스될 때만 운영체제에 의해 파일 객체로 바인딩된다.

java.io.File 생성자와 java.io.File 메서드인 renameTo()와 delete()는 오직 파일명과 파일 식별자에만 의존한다. Path 객체를 생성하는 java.nio.file.Path.get() 메서드와 java.nio.file.Files의 move()와 delete() 메서드들도 마찬가지이다. 이 메서드들을 신중하게 사용하길 바란다.

다행스럽게도, 종종 파일명 외에도 다른 속성을 가지고 파일들을 식별할 수 있다 – 예를 들어, 파일 생성시각이나 수정시각을 비교하여 식별할 수 있다. 생성되어 닫혔던 파일에 대한 정보는, 저장되었다가 다시 열어야 할 때 파일의 식별자를 검증하는데 사용될 수 있다. 여러 개의 파일 속성을 비교하면, 다시 여는 파일이 이전에 열었던 파일과 동일할 가능성을 높여준다.

파일의 소유자와 (어쩌면) 시스템 관리자에 의해서만 엑세스될 수 있는 안전한 디렉터리에서 파일을 유지하는 응용프로그램들에게는 파일 식별자가 덜 중요하다(*자바용 CERT 오라클 보안 코딩 표준*[Long 2012], "FIO00-J. 공유 디렉터리에 있는 파일에 작업하지 말라"를 참고하라).

부적절한 코드 예

이 예에서, 문자열 filename로 식별되는 파일을 열어서 처리하고 닫은 다음, 다시 읽기 위해 연다.

```
public void processFile(String filename){
  // Identify a file by its path
  Path file1 = Paths.get(filename);

  // Open the file for writing
  try (BufferedWriter bw = new BufferedWriter(new
        OutputStreamWriter(Files.newOutputStream(file1)))) {
    // Write to file...
  } catch (IOException e) {
    // Handle error
```

```
  }

  // Close the file

  /*
   * A race condition here allows an attacker to switch
   * out the file for another
   */

  // Reopen the file for reading
  Path file2 = Paths.get(filename);

  try (BufferedReader br = new BufferedReader(new
      InputStreamReader(Files.newInputStream(file2)))) {
    String line;
    while ((line = br.readLine()) != null) {
      System.out.println(line);
    }
  } catch (IOException e) {
    // Handle error
  }
}
```

BufferedReader가 생성될 때 파일명과 파일 객체와의 바인딩이 다시 수행되기 때문에, 이 코드는 읽기용으로 열었던 파일이 이전에 쓰기용으로 열었던 파일이라는 것을 보장하지 못한다. 공격자는 첫 번째 close() 호출과 이어지는 BufferedReader 생성 사이에서 (예를 들어, 심볼릭 링크를 이용하여) 원래의 파일을 다른 파일로 대체할지도 모른다.

부적절한 코드 예(Files.isSameFile())

이 예에서, 프로그래머는 Files.isSameFile()을 호출함으로써 읽기용으로 연 파일이 이전에 쓰기용으로 열었던 파일과 동일하다는 것을 확인하려고 한다.

```
public void processFile(String filename){
  // Identify a file by its path
  Path file1 = Paths.get(filename);

  // Open the file for writing
  try (BufferedWriter bw = new BufferedWriter(new
      OutputStreamWriter(Files.newOutputStream(file1)))) {
    // Write to file
```

```
  } catch (IOException e) {
    // Handle error
  }

  // ...
  // Reopen the file for reading
  Path file2 = Paths.get(filename);
  if (!Files.isSameFile(file1, file2)) {
    // File was tampered with, handle error
  }

  try (BufferedReader br = new BufferedReader(new
        InputStreamReader(Files.newInputStream(file2)))) {
    String line;
    while ((line = br.readLine()) != null) {
      System.out.println(line);
    }
  } catch (IOException e) {
    // Handle error
  }
}
```

불행하게도, 자바 API는 isSameFile() 메서드가 실제 파일들이 동일한지를 검사한다고 보장하지 못한다. isSameFie()에 대하여 자바 7 API[API 2013]는 다음과 같이 말한다.

> 만약 두 Path 객체가 같으면, 이 메서드는 파일이 존재하는지를 검사하지 않고 참을 반환한다.

즉, isSameFile()은 두 파일의 경로가 같은지만 검사하여, 그 경로에 있는 파일이 두 열기 동작 사이에서 다른 파일로 대체된다고 해도 탐지하지 못한다.

적절한 솔루션(여러 가지 속성들)

이 솔루션은 읽기용으로 연 파일이 쓰기용으로 열었던 파일과 같을 확률을 높이기 위해 파일들의 생성 시각과 최종 수정 시각을 검사한다.

```
public void processFile(String filename) throws IOException{
  // Identify a file by its path
  Path file1 = Paths.get(filename);
  BasicFileAttributes attr1 =
```

```
    Files.readAttributes(file1, BasicFileAttributes.class);
  FileTime creation1 = attr1.creationTime();
  FileTime modified1 = attr1.lastModifiedTime();

  // Open the file for writing
  try (BufferedWriter bw = new BufferedWriter(new
      OutputStreamWriter(Files.newOutputStream(file1)))) {
    // Write to file...
  } catch (IOException e) {
    // Handle error
  }

  // Reopen the file for reading
  Path file2 = Paths.get(filename);
  BasicFileAttributes attr2 =
    Files.readAttributes(file2, BasicFileAttributes.class);
  FileTime creation2 = attr2.creationTime();
  FileTime modified2 = attr2.lastModifiedTime();
  if ( (!creation1.equals(creation2)) ||
       (!modified1.equals(modified2)) ) {
    // File was tampered with, handle error
  }

  try (BufferedReader br = new BufferedReader(new
      InputStreamReader(Files.newInputStream(file2)))){
    String line;
    while ((line = br.readLine()) != null) {
      System.out.println(line);
    }
  } catch (IOException e) {
    // Handle error
  }
}
```

비록 이 솔루션이 상당히 안전하긴 하지만, 작정한 공격자는 원래 파일과 동일한 생성 시각과 최종 수정 시각을 가진 심볼릭 링크를 생성할 수도 있다. 또한, 파일의 속성들을 처음 읽는 동작과 그 파일을 처음 여는 동작 사이에 TOCTOU 경쟁 상태가 발생한다. 이와 유사하게, 두 번째 파일의 속성들을 읽는 동작과 그 파일을 다시 여는 동작 사이에도 다른 TOCTOU 경쟁 상태가 발생한다.

적절한 솔루션(POSIX fileKey 속성)

fileKey가 지원되는 환경에서의 좀 더 신뢰성 있는 방법은, 두 파일의 fileKey 속성이 동일한지 검사하는 것이다. 아래 솔루션에서 볼 수 있듯이 fileKey 속성은 "파일을 유일하게 식별"[API 2013]하는 객체이다.

```java
public void processFile(String filename) throws IOException{
  // Identify a file by its path
  Path file1 = Paths.get(filename);
  BasicFileAttributes attr1 =
    Files.readAttributes(file1, BasicFileAttributes.class);
  Object key1 = attr1.fileKey();
  // Open the file for writing
  try (BufferedWriter bw =
        new BufferedWriter(
         new OutputStreamWriter(Files.newOutputStream(file1)))) {
    // Write to file
  } catch (IOException e) {
    // Handle error
  }

  // Reopen the file for reading
  Path file2 = Paths.get(filename);
  BasicFileAttributes attr2 =
    Files.readAttributes(file2, BasicFileAttributes.class);
  Object key2 = attr2.fileKey();

  if ( !key1.equals(key2) ) {
    System.out.println("File tampered with");
    // File was tampered with, handle error
  }

  try (BufferedReader br =
        new BufferedReader(
          new InputStreamReader(Files.newInputStream(file2)))) {
    String line;
    while ((line = br.readLine()) != null) {
      System.out.println(line);
    }
  } catch (IOException e) {
    // Handle error
  }
}
```

이 방법은 모든 플랫폼에서 작동되지는 않는다. 예를 들어서, 윈도 7 엔터프라이즈 에디션에서 모든 fileKey는 널이다.

fileKey() 메서드에 의해 반환되는 파일키는 파일 시스템과 파일이 정적으로 남아 있을 때만 보장된다. 예를 들어서, 파일 시스템은 파일이 삭제된 후에 식별자를 재사용할 수도 있다. 앞의 솔루션에서와 유사하게, 파일의 속성들을 처음 읽는 동작과 그 파일을 처음 여는 동작 사이에 TOCTOU 경쟁 윈도우가 존재한다. 두 번째 속성들을 읽는 동작과 그 파일을 다시 여는 동작 사이에 또 다른 TOCTOU 상태가 발생한다.

적절한 솔루션(RamdomAccessFile)

더 좋은 접근방법은 파일을 다시 열지 않는 것이다. 다음 솔루션은 읽기와 쓰기용 모두를 위해 열 수 있는 RandomAccessFile을 이용한다. 파일은 자원동반-try 문장에 의해서만 자동적으로 닫히기 때문에 경쟁 상태는 발생하지 않는다. 이 솔루션과 다른 솔루션에서 예시를 위해 readLine() 메서드를 사용하지만 이 메서드의 가능한 취약점에 대한 좀 더 많은 정보를 위해서는 "MSC05-J. 힙 공간을 고갈시키지 말라"[Long 2012]를 참조하기 바란다.

```java
public void processFile(String filename) throws IOException{
  // Identify a file by its path
  try (RandomAccessFile file = new
RandomAccessFile(filename, "rw")) {

    // Write to file...

    // Go back to beginning and read contents
    file.seek(0);
    String line;
    while ((line = file.readLine()) != null) {
      System.out.println(line);
    }
  }
}
```

부적절한 코드 예(파일 크기)

이 예는 열고자 하는 파일이 정확히 1,024 바이트인지를 확인하고자 한다.

```java
static long goodSize = 1024;

public void doSomethingWithFile(String filename) {
  long size = new File(filename).length();
  if (size != goodSize) {
```

```
        System.out.println("File has wrong size!");
        return;
    }

    try (BufferedReader br = new BufferedReader(new
            InputStreamReader(new FileInputStream(filename)))) {
        // ... Work with file
    } catch (IOException e) {
        // Handle error
    }
}
```

이 코드는 파일 크기가 검사될 때와 파일이 열릴 때 사이에 TOCTOU 경쟁 상태에 놓일
수 있다. 만약 이 경쟁 윈도우 동안 공격자가 1,024 바이트 파일을 다른 파일로 대체한
다면, 공격자는 검사를 무력화시키고 이 프로그램이 어떤 파일도 열도록 할 수 있다.

적절한 솔루션(파일 크기)

이 솔루션은 파일 크기를 알아내기 위해 `FileChannel.size()` 메서드를 사용한다. 이
메서드는 파일이 열린 다음에만 `FileInputStream`에 적용될 수 있기 때문에, 이 솔루
션은 경쟁 윈도우를 없앤다.

```
static long goodSize = 1024;

public void doSomethingWithFile(String filename) {
    try (FileInputStream in = new FileInputStream(filename);
         BufferedReader br = new BufferedReader(
                                new InputStreamReader(in))) {
        long size = in.getChannel().size();
        if (size != goodSize) {
            System.out.println("File has wrong size!");
            return;
        }

        String line;
        while ((line = br.readLine()) != null) {
            System.out.println(line);
        }
    } catch (IOException e) {
        // Handle error
    }
}
```

당위성

공격자들은 프로그램이 의도하지 않은 파일에 엑세스하도록 종종 파일 관련 취약점을 침해한다. 이러한 침해를 방지하기 위해서는 적절한 파일 식별이 필요하다.

참고 자료

[API 2013]	Class `java.io.File`
	Interface `java.nio.file.Path`
	Class `java.nio.file.Files`
	Interface `java.nio.file.attribute.BasicFileAttributes`
[Long 2012]	FIO00-J. Do not operate on files in shared directories

28. enum에서 부여한 순서번호에 의미를 두지 말라

자바의 열거형(enum) 타입은 클래스 안에 선언된 각 열거 상수의 위치를 번호(순서번호, 서수)로 반환하는 `ordinal()`이라는 메서드를 가진다.

자바 API인 `Enum<E extends Enum<E>>`[API 2013]에 따르면, `public final int ordinal()`은,

> 열거 상수의 순서번호(열거형 선언에서 해당 상수의 위치, 첫 상수는 0)를 반환한다. 대부분의 프로그래머들은 이 메서드를 사용하지 않을 것이다. 이것은 `EnumSet`과 `EnumMap`과 같은 잘 정의된 열거형 기반의 자료구조에 사용하도록 설계되었다.

자바 언어 규격(JLS), §8.9, "열거형"[JLS 2013]은 프로그램에서 `ordinal()`을 사용하는 것에 대해 규정하지 않는다. 하지만 enum 상수의 `ordinal()` 값에 의미를 부여하면 오류를 발생시킬 수 있으므로 방어적 프로그래밍을 위해서는 피해야 한다.

부적절한 코드 예

이 예는 enum `Hydrocarbon`을 선언하고 `getNumberOfCarbons()` 메서드의 결과값을 제공하기 위해 `ordinal()`을 사용한다.

```
enum Hydrocarbon {
  METHANE, ETHANE, PROPANE, BUTANE, PENTANE,
  HEXANE, HEPTANE, OCTANE, NONANE, DECANE;
```

```
  public int getNumberOfCarbons() {
    return ordinal() + 1;
  }
}
```

비록 이 예가 예상하는 대로 동작할지라도 유지보수에는 문제의 소지가 있다. 만약 enum 상수들이 재정리된다면, getNumberOfCarbons() 메서드는 잘못된 값을 반환할 것이다. 더군다나, 저 모델에 BENZENE 상수를 추가하는 것은 getNumberOfCarbons()이 전제하고 있는 불변성을 깨뜨릴 것이다. 왜냐하면 벤젠(benzene)은 6개 탄소를 가지지만 순서번호 6은 이미 헥산(hexane)이 차지하고 있기 때문이다.

적절한 솔루션

이 예에서는 enum 상수를 각 화합물이 가진 탄소 수에 명시적으로 연결시켰다.

```
enum Hydrocarbon {
  METHANE(1), ETHANE(2), PROPANE(3), BUTANE(4), PENTANE(5),
  HEXANE(6), BENZENE(6), HEPTANE(7), OCTANE(8), NONANE(9),
  DECANE(10);

  private final int numberOfCarbons;

  Hydrocarbon(int carbons) { this.numberOfCarbons = carbons; }

  public int getNumberOfCarbons() {
    return numberOfCarbons;
  }
}
```

getNumberOfCarbons() 메서드는 각 값에 대한 탄소 원소 번호를 알아내기 위해 ordinal()을 사용하지 않는다. HEXANE과 BENZENE에서 보았듯이 다른 enum 상수들도 동일한 번호에 연결되어 있을지도 모른다. 더구나, 이 솔루션은 열거형의 순서번호에 의존하지 않는다. getNumberOfCarbons() 메서드는 열거목록이 재정리된다고 하더라도 바르게 동작할 것이다.

당위성

열거형 상수의 순서가 표준형이고 별도의 상수가 추가될 수 없을 때, 열거형 타입에 연결된 순서번호를 사용하는 것은 수용할만하다. 예를 들어서, 다음과 같은 열거형 타입에서는 순서번호가 허용된다.

```
public enum Day {SUNDAY, MONDAY, TUESDAY, WEDNESDAY,
                 THURSDAY, FRIDAY, SATURDAY}
```

일반적으로, 정수 값을 유도해 내기 위해 순서번호를 이용하는 것은 프로그램의 유지보수성을 감소시키고 프로그램의 오류를 초래할 수 있다.

참고 자료

[API 2013]	Class Enum<E extends Enum<E>>
[Bloch 2008]	Item 31, "Use Instance Fields Instead of Ordinals"
[JLS 2013]	§8.9, "Enums"

29. 숫자의 확대변환 동작을 주의하라

숫자의 확대변환(numeric promotion)은 산술 연산자의 피연산자들을 공통 타입으로 변환해서 연산이 수행될 수 있도록 하기 위한 것이다. 크기가 다른 피연산자들을 가지고 산술 연산을 할 때, 작은 피연산자가 큰 피연산자로 형변환이 일어난다.

확대변환 규칙

JLS, §5.6, "숫자의 확대변환" [JLS 2013]은 다음과 같이 숫자의 확대변환에 대해 기술한다.

1. 만약 피연산자들이 레퍼런스 타입이면, 언박싱(unboxing) 변환이 수행된다.
2. 만약 피연산자 중 하나라도 double이라면, 다른 하나도 double로 변환된다.
3. 그렇지 않을 경우, 만약 피연산자 중 하나라도 float 타입이면 다른 하나도 float으로 변환된다.
4. 그렇지 않을 경우, 만약 피연산자 중 하나라도 long 타입이면 다른 하나도 long으로 변환된다.
5. 그렇지 않을 경우, 두 피연산자 모두 int 타입으로 변환된다.

정수의 확대변환은 전반적으로 숫자의 크기를 유지한다. 그러나, 피연산자들이 int에서 float으로, 혹은 long에서 double로 변환되는 확대변환은 정확도를 떨어뜨릴 수 있다. 좀 더 자세한 정보를 위해서는 *자바용 CERT 오라클 보안 코딩 표준*[Long 2012], "NUM13-J. 기본형 정수를 부동소수로 변환할 때 정확도의 손실을 피하도록 하라"를 참고하라.

이러한 변환은 곱셈연산(%, *, /), 덧셈연산(+, -), 비교연산(<, >, <=, >=), 동등연산(==, !=), 그리고 비트연산(&, |, ^)을 사용할 때 발생할 수 있다.

예제

다음 예에서, + 연산을 적용하기 전에 a는 double로 확대변환된다.

```
int a = some_value;
double b = some_other_value;
double c = a + b;
```

다음 프로그램에서, b는 먼저 int로 변환되어 동일한 피연산자에 대한 +가 적용될 수 있도록 된다.

```
int a = some_value;
char b = some_character;

if ((a + b) > 1.1f) {
  // Do something
}
```

그런 다음 (a+b)의 결과는 float으로 변환되고 최종적으로 비교 연산자가 적용된다.

복합 연산자

혼합된 피연산자 타입을 가진 복합 수식이 사용되었을 때 강제적인 형변환이 발생할 수 있다. 복합 대입 연산자의 예는 =+, -=, *=, /=, &=, ^=, %=, <<=, >>=, >>>=, 그리고 |= 이다.

JLS §15.26.2, "복합 대입 연산자"[JLS 2013]에 따르면,

> E1 op= E2 형태의 복합 대입 수식은 E1 = (T)((E1) op (E2))와 같고 T는 E1의 타입이며 E1은 한번만 평가된다.

즉, 복합 대입 수식은 암묵적으로 계산결과를 연산자의 왼편 타입으로 변환(캐스트)한다.

피연산자들이 서로 다른 타입일 때 다중 변환이 일어날 수 있다. 예를 들어서, E1이 int이고 E2가 long이거나 float 혹은 double이면, ("op" 연산 전에) E1은 int에서 E2의 타입으로 확대된 후 ("op" 연산 후, 대입 이전에) E2 타입에서 축소변환되어 int 타입으로 되돌아간다.

부적절한 코드 예(곱셈)

이 예에서, int(big) 타입의 변수에 float(one) 타입의 값이 곱해진다.

```
int big = 1999999999;
float one = 1.0f;
// Binary operation, loses precision because of implicit cast
System.out.println(big * one);
```

이 경우에, 숫자 확대변환은 곱셈이 일어나기 전에 정확도의 손실을 일으키면서 big이 float로 변환되도록 한다. ("NUM13-J. 기본형 정수를 부동소수로 변환할 때 정확도의 손실을 피하도록 하라"[Long 2012]를 참고하라.) 이 코드는 1.999999999E9가 아니라 2.0E9를 출력한다.

적절한 솔루션(곱셈)

이 솔루션은 기본적으로 행해지는 정수 확대변환을 처리하는 데 있어서, 좀 더 안전한 방법으로 float대신 double 타입을 사용한다.

```
int big = 1999999999;
double one = 1.0d; // Double instead of float
System.out.println(big * one);
```

이 솔루션은 기댓값 1.999999999E9를 출력하는데, 이것은 int를 (암묵적 캐스트로) double에 대입했을 때 얻게 된다.

혼합된 정수와 실수 연산에 대한 좀 더 많은 정보는 가이드라인 60, "실수 연산을 위해서는 정수를 실수로 변환하라"를 참조하기 바란다.

부적절한 코드 예(좌측 쉬프트)

이 예는 비트 OR 연산으로 인한 정수 확대변환을 보여준다.

```
byte[] b = new byte[4];
int result = 0;
for (int i = 0; i < 4; i++) {
  result = (result << 8) | b[i];
}
```

바이트 배열의 각 원소는 피연산자로 사용되기 전에 32비트로 부호가 확장된다. 만약 원래 값이 0xff라면, 0xffffffff를 가지게 된다[FindBugs 2008]. 따라서 result는 4개의 배열 원소를 연결한 값과 다르다.

적절한 솔루션(좌측 쉬프트)

이 솔루션은 의도한 결과를 만들기 위해 바이트 배열 원소의 상위 24비트들을 없앤다.

```
byte[] b = new byte[4];
int result = 0;
for (int i = 0; i < 4; i++) {
  result = (result << 8) | (b[i] & 0xff);
}
```

부적절한 코드 예(복합 덧셈과 대입)

이 예는 복합 대입 연산을 수행한다.

```
int x = 2147483642; // 0x7ffffffa
x += 1.0f;          // x contains 2147483647 (0x7fffffff)
                    // after the computation
```

이 복합 연산자는 자바 float의 23비트 가수(mantissa)에 들어가기에는 너무 많은 중요 비트를 가진 int 값을 포함하고 있으며, int에서 float로의 확대변환이 일어나면서 정확도가 떨어진다. 종종 이 결과값은 예상할 수 없다.

적절한 솔루션(복합 덧셈과 대입)

방어적인 프로그래밍을 위해서는 byte, short 혹은 char 변수를 가지고 복합 대입 연산자를 사용하지 않는 것이 좋다. 또한 수식의 우변에 더 넓은 피연산자를 사용하지 말라. 이 솔루션에서 모든 피연산자는 자바의 double 타입이다.

```
double x = 2147483642; // 0x7ffffffa
x += 1.0; // x contains 2147483643.0 (0x7ffffffb.0) as expected
```

부적절한 코드 예(복합 비트-쉬프트와 대입)

이 예는 i의 값을 한 비트 쉬프트하기 위해 복합 우측-쉬프트 연산자를 사용한다.

```
short i = -1;
i >>>= 1;
```

불행하게도 i 값은 변하지 않는다. i 값은 먼저 int로 확대변환된다. 확대변환이기 때문에 데이터의 손실이 없다. short이기 때문에 -1은 0xffff로 표현된다. int로 변환되면 0xffffffff가 되며 1비트 우측-쉬프트한 연산 결과는 0x7fffffff가 된다. 이 값을 short 변수 i에 다시 저장하기 위해서 자바는 암묵적인 축소변환을 수행하며 상위 16비트를 버린다. 최종 결과는 0xffff 혹은 -1이다.

적절한 솔루션(복합 비트-쉬프트와 대입)

이 솔루션은 복합 대입 연산자를 int에 적용하는데, 이것은 확대변환과 이어지는 축소변환을 요구하지 않는다. 결과적으로 i는 0x7fffffff를 가진다.

```
int i = -1;
i >>>= 1;
```

당위성

실수와 정수 피연산자를 다룰 때 정수의 확대변환을 고려하지 못하면, 정확도의 손실을 가져온다.

참고 자료

[Bloch 2005]	Puzzle 9, "Tweedledum"
	Puzzle 31, "Ghost of Looper"
[Findbugs 2008]	"BIT: Bitwise OR of Signed Byte Value"
[JLS 2013]	§4.2.2, "Integer Operations"
	§5.6, "Numeric Promotions"
	§15.26.2, "Compound Assignment Operators"
[Long 2012]	NUM13-J. Avoid loss of precision when converting primitive integers to floating-point

30. 가변형 매개변수의 타입에 대해 컴파일 검사[17]를 시행하라

가변형(*varargs*라고 알려져 있음) 메서드는 매개변수 수가 가변인 메서드이다. 이 메서드는 최소한 하나의 고정된 매개변수를 포함한다. 가변형 메서드에 대한 호출을 처리할 때, 자바 컴파일러는 모든 매개변수의 타입을 검사하고 가변의 실제 매개변수가 가변의 형식 매개변수 타입과 일치하는지 검사한다. 그러나 `Objcet`나 제네릭 매개변수 타입이 사용될 경우에는 컴파일 때 타입을 검사하는 것은 비효율적이다[Bloch 2008]. 특정 타입들을 가지는 매개변수들이 맨 앞에 있는 것은 절적하지 못하다. 컴파일러는 `Object`나 제네릭 가변형 매개변수 타입을 검사하지 못하고 남겨둘 것이다. 메서드의 매개변수에 가장 가능성 있는 특정 타입을 사용함으로써, 컴파일 시에 가변형 메서드에 대한 강력한 타입 검사를 수행하도록 하라.

부적절한 코드 예(Object)

이 예는 가변형 변수 타입이 `Object`인 가변형 메서드를 이용하여 숫자들의 합을 구한다. 따라서, 이 메서드는 임의의 객체 타입이 혼합된 매개변수를 수용한다. 보통 정상적인 경우에는 거의 이렇게 선언하여 사용하지 않는다(하지만 이 가이드라인의 "당위성"을 참고하라).

```
double sum(Object... args) {
   double result = 0.0;
```

---

17 역자 주: 컴파일 시에 수행하는 검사를 의미한다.

```
   for (Object arg : args) {
     if (arg instanceof Byte) {
       result += ((Byte) arg).byteValue();
     } else if (arg instanceof Short) {
       result += ((Short) arg).shortValue();
     } else if (arg instanceof Integer) {
       result += ((Integer) arg).intValue();
     } else if (arg instanceof Long) {
       result += ((Long) arg).longValue();
     } else if (arg instanceof Float) {
       result += ((Float) arg).floatValue();
     } else if (arg instanceof Double) {
       result += ((Double) arg).doubleValue();
     } else {
       throw new ClassCastException();
     }
   }
   return result;
}
```

적절한 솔루션(숫자)

이 솔루션은 동일한 메서드를 정의하지만 Number 타입을 사용한다. 이 추상 클래스는 모든 숫자형 타입을 처리하기에 충분히 일반적이면서도 숫자가 아닌 타입을 배제하기에도 역시 충분히 구체적으로 정의되었다.

```
double sum(Number... args) {
  // ...
}
```

부적절한 코드 예(제네릭 타입)

이 예는 제네릭 매개변수를 사용하여 동일한 가변형 메서드를 선언한다. 이 메서드는 모두 동일한 객체 타입의 가변형 매개변수들을 수용한다. 하지만 그것은 임의의 객체 타입일 수 있다. 역시 보통 정상적인 경우에는 이러한 선언을 거의 사용하지 않는다.

```
<T> double sum(T... args) {
  // ...
}
```

적절한 솔루션(제네릭 타입)

이 솔루션은 Number 타입을 사용하여 동일한 제네릭 메서드를 정의한다.

```
<T extends Number> double sum(T... args) {
  // ...
}
```

매개변수 타입을 정의할 때는 가능한 한 구체화하라. 가변형 메서드에서 Object와 부정확한 제네릭 타입을 삼가라. 상수형 배열 매개변수를 가진 구형 메서드를 제네릭 타입의 가변형 매개변수로 개정하는 것이 항상 좋은 아이디어는 아니다. 예를 들어서, 특정 타입의 매개변수를 수용하지 않는 메서드인데 제네릭 가변형 매개변수로 바꾸어 버리면 컴파일 검사를 무의미하게 만들 수도 있다. 그것은 올바른 컴파일이라기 보다는 런타임 오류를 발생시키게 될 그저 깔끔한 컴파일이 될 것이다[Bloch 2008].

또한, 오토박싱(autoboxing)은 기본형과 그에 대응되는 래퍼 클래스들에 대한 강력한 컴파일 검사를 방해한다. 예를 들어서, 이 솔루션은 다음과 같은 경고를 생성하지만 예상대로 작동한다.

```
Java.java:10: warning: [unchecked] Possible heap pollution from
parameterized vararg type T
  <T extends Number> double sum(T... args) {
```

이 컴파일러 경고는 무시해도 안전하다.

당위성

가변형 매개변수 타입을 무분별하게 사용하면 컴파일 시의 강력한 타입 검사를 방해하고 모호하게 하며 가독성을 떨어뜨린다.

메서드의 몸체에 캐스트와 오토박싱이 없을 때는 Object와 불명확한 제네릭 타입을 이용한 가변형 시그너처를 수용할만 하며 오류없이 컴파일된다. 모든 객체 타입에 대해 올바르게 작동하고 성공적으로 타입-검사를 수행하는 다음 예를 살펴보자.

```
<T> Collection<T> assembleCollection(T... args) {
  return new HashSet<T>(Arrays.asList(args));
}
```

어떤 환경에서는, Object 타입의 가변형 매개변수를 사용하는 것이 필요하다. 좋은 예로서는 어떤 타입의 객체에 대해서도 형식화할 수 있는 java.util.Formatter.format(String format, Object... args) 메서드이다.

자동화된 탐지는 간단하게 이루어질 수 있다.

참고 자료

[Bloch 2008]	Item 42, "Use Varargs Judiciously"
[Steinberg 2008]	Using the Varargs Language Feature
[Oracle 2011b]	Varargs

31. 이후의 릴리즈에서 변경될 수 있는 상수에 public final을 사용하지 말라

final이라는 키워드는 상수 값을 지정하는 데 사용될 수 있다(즉, 프로그램 수행 동안 변할 수 없는 값). 하지만, 프로그램 생애주기 전체를 통해, 나중에 변할 수도 있는 상수는 public final로 선언되어서는 안 된다. JLS[JLS 2013]는 public final 필드를 읽는 어떤 컴파일 단위에서도 그 필드 값을 인라인으로 삽입하도록 허용한다. 결과적으로, 클래스 선언이 수정되어 새로운 버전에서 필드에 다른 값을 주게 된다고 해도, 그 public final 필드값을 읽는 컴파일 단위는 재컴파일 될 때까지 여전히 이전 값으로 인식하게 된다. 예를 들어서 이 문제는 제3의 라이브러리가 최신 버전으로 갱신되었지만 이를 참조하는 코드가 재컴파일 되지 않았을 때 발생할 수 있다.

가변적 객체에 대한 레퍼런스를 static final로 선언했을 때, 관련 오류가 발생할 수 있다. 부가적인 정보를 위해서는 가이드라인 73, "레퍼런스의 불변성과 참조되는 객체의 불변성을 절대 혼동하지 말라"를 참고하기 바란다.

부적절한 코드 예

이 예에서, Foo.java에 있는 Foo는 소프트웨어의 버전을 나타내는 필드를 선언한다.

```
class Foo {
  public static final int VERSION = 1;
  // ...
}
```

이 후에 이 필드는 별개의 컴파일 단위인(Bar.java) Bar 클래스에 의해 엑세스된다.

```
class Bar {
  public static void main(String[] args) {
    System.out.println("You are using version " + Foo.VERSION);
  }
}
```

컴파일되어 수행하면 소프트웨어는 다음과 같이 올바른 출력한다.

You are using version 1

그러나 개발자가 Foo.java를 수정하여 VERSION의 값을 2로 변경한 후 재컴파일하고, Bar.java를 재컴파일하지 않는다면 소프트웨어는 올바르지 못한 값을 출력한다.

You are using version 1

비록 Bar.java를 재컴파일하면 이 문제가 해결되기는 하지만, 좀 더 나은 해결책이 있다.

적절한 솔루션

JLS[JLS 2013]의 §13.4.9 "final 필드와 상수"에 따르면, 수학 상수가 아니라면 static과 final로 선언되는 클래스 변수를 사용하지 않도록 권고한다. 만약 읽기 전용의 final이 필요하면, private static 변수와 그 값을 가져오는 접근자 메서드를 선언하는 것이 더 좋은 선택이다.

이 솔루션에서 Foo.java에 있는 version이 private static 변수로 선언되었으며 getVersion() 메서드에 의해 엑세스된다.

```
class Foo {
  private static int version = 1;
  public static final int getVersion() {
    return version;
  }

  // ...
}
```

Bar.java의 Bar 클래스는 Foo.java로부터 version을 가져오기 위한 getVersion() 메서드를 호출하도록 수정된다.

```
class Bar {
  public static void main(String[] args) {
    System.out.println(
      "You are using version " + Foo.getVersion()
    );
  }
}
```

이 솔루션에서, private version 값은 컴파일될 때 Bar 클래스로 복사될 수 없기 때문에 버그가 방지된다. 대부분의 동적 코드 생성자[18]는 런타임 때 getVersion() 메서드를 바로 처리할 수 있기 때문에, 이 변형은 성능에 거의 혹은 전혀 영향을 미치지 않는다.

당위성

소프트웨어 생애주기 전체를 통해 나중에 변할 수 있는 변수를 final로 선언하는 것은 예기치 못한 결과를 초래할 수 있다.

JLS[JLS 2013]의 §9.3 "필드(상수) 선언"에 따르면 "인터페이스의 몸체에서 선언된 모든 필드는 암묵적으로 public, static 그리고 final이다. 그러한 필드에 대하여 일부 혹은 전체 수정자를 중복해서 명시할 수 있다." 그러므로 이 가이드라인은 인터페이스에서 정의한 필드들에 적용하지는 않는다. 명백하게, 인터페이스에 있는 필드의 값이 변하면 인터페이스를 구현하거나 사용하는 클래스는 재컴파일 되어야 한다. 좀 더 많은 정보를 위해서는 가이드라인 35, "릴리즈하기 전에 인터페이스를 신중하게 설계하라"를 참고하기 바란다.

enum 타입으로 선언된 상수는 이 가이드라인을 따르지 않아도 된다.

소프트웨어 전 생애주기 동안 절대 변하지 않는 상수들은 final로 선언될지도 모른다. 예로, JLS는 수학적 상수는 final로 선언하도록 권고한다.

---

18 역자 주: JIT(just-in-time). 프로그램 실행시점에 번역하는 컴파일 기법을 말한다.

참고 자료

[JLS 2013]   §4.12.4, "final Variables"
               §8.3.1.1, "static Fields"
               §9.3, "Field (Constant) Declarations"
               §13.4.9, "final Fields and Constants"

32.   패키지간의 순환적 종속성을 피하라

자바 프로그래밍 스타일의 원리[Allen 2000]와 JPL 자바 코딩 표준[Havelund 2009]은 패키지의 종속성 구조가 절대 싸이클을 포함하지 않도록 요구한다. 즉, 그것은 비순환적 방향성 그래프(DAG: Directed Acyclic Graph)로 표현될 수 있어야 한다.

패키지간의 싸이클을 제거하는 것은 여러 가지 장점을 가진다.

- *테스팅과 유지보수성.* 순환적 종속성은 소스코드의 변화와 패치의 영향 범위를 확대시킨다. 변화의 영향을 줄이면, 테스팅을 간단하게 해 주고 유지보수성을 증대시킨다. 많은 보안상의 취약점은 순환적 종속성 때문에 적절한 테스팅이 불가능하게 되는 것에서 시작된다.
- *재사용성.* 패키지간의 순환적 종속성은 패키지들이 보조를 맞춰 함께 릴리즈되고 업그레이드되도록 요구한다. 이 요구는 재사용성을 떨어뜨린다.
- *릴리즈와 빌드.* 싸이클을 피하면 개발자들이 모듈화 지향의 환경으로 나아가게 된다.
- *설치.* 패키지간의 순환적 종속성을 피하는 것은 패키지간의 결합을 완화시킨다. 느슨해진 결합은 ClassNotFoundError와 같은 런타임 오류의 빈도를 줄이고 설치를 단순화시킨다.

부적절한 코드 예

이 예는 각각 AccountHolder 클래스로 구성된 account 패키지와 UserDetails 클래스와 User 클래스로 구성된 user라는 패키지를 포함한다. 사용자(user)가 계좌 소유주(account holder)의 일종이기 때문에 UserDetails 클래스는 AccountHolder를 상속받는다. AccountHolder 클래스는 User 클래스에 정의되어 있는 비정적(non-static)

유틸리티 메서드에 종속된다. 마찬가지로, UserDetails는 AccountHolder를 상속하기 때문에 AccountHolder에 종속된다.

```
package account;
import user.User;
public class AccountHolder {

  private User user;
  public void setUser(User newUser) {user = newUser;}

  synchronized void depositFunds(String username,
                                 double amount) {
    // Use a utility method of User to check whether
    // username exists
    if (user.exists(username)) {
      // Deposit the amount
    }
  }

  protected double getBalance(String accountNumber) {
    // Return the account balance
    return 1.0;
  }
}
package user;
import account.AccountHolder;
public class UserDetails extends AccountHolder {
  public synchronized
  double getUserBalance(String accountNumber) {
    // Use a method of AccountHolder to get the account balance
    return getBalance(accountNumber);
  }
}

public class User {
  public boolean exists(String username) {
    // Check whether user exists
    return true; // Exists
  }
}
```

적절한 솔루션

세 번째 패키지인 bank 안에 있는 BankApplication이라는 인터페이스를 도입하여 두 패키지간의 단단한 결합을 완화시킬 수 있다. bank 패키지를 포함(import)시켜서

(인터페이스를 구현하는 것이 아니라) AccountHolder가 User에 종속되지 않고 인터페이스에 의존하도록 하므로 순환적인 패키지의 종속성을 제거할 수 있다.

그러한 기능은 depositFunds() 메서드에 인터페이스 타입의 매개변수인 BankApplication를 추가함으로써 구현된다. 이 솔루션은 AccountHolder를 bank에 잘 연결지어준다. 또한 UserDetails는 인터페이스를 구현(인터페이스 상속)하여 메서드들을 실제 구현하고 AccountHolder로부터 다른 메서드들을 상속받는다.

```java
package bank;
public interface BankApplication {
  void depositFunds(BankApplication ba, String username,
                    double amount);
  double getBalance(String accountNumber);
  double getUserBalance(String accountNumber);
  boolean exists(String username);
}
package account;
import bank.BankApplication;  // Import from a third package
class AccountHolder {
  private BankApplication ba;
  public void setBankApplication(BankApplication newBA) {
    ba = newBA;
  }

  public synchronized void depositFunds(BankApplication ba,
      String username, double amount) {
    // Use a utility method of UserDetails to
    // check whether username exists
    if (ba.exists(username)) {
      // Deposit the amount
    }
  }
  public double getBalance(String accountNumber) {
    // Return the account balance
    return 1.0;
  }
}

package user;
import account.AccountHolder; // One-way dependency
import bank.BankApplication;  // Import from a third package
public class UserDetails extends AccountHolder
      implements BankApplication {
  public synchronized double getUserBalance(
      String accountNumber) {
```

```
      // Use a method of AccountHolder to get the account balance
      return getBalance(accountNumber);
   }
   public boolean exists(String username) {
      // Check whether user exists
      return true;
   }
}
```

BankApplication 인터페이스는 depositFunds()와 getBalance() 등 너무 많은 메서드를 포함하는 것처럼 보인다. 하지만 이러한 메서드들이 있기 때문에 하위클래스들이 이 메서드들을 오버라이드 했을 때, 내부적으로 하위클래스의 메서드들을 다형적으로 호출하는 기능(예로, UserDetails의 오버라이드된 메서드에서 ba.getBalance()을 호출하는 것)이 유지된다. 이 솔루션에서 중요한 사항 중의 하나는 인터페이스에서 선언된 메서드들은 그들을 정의한 클래스에서 public으로 선언되어야 한다는 것이다.

당위성

패키지간의 순환적 종속성은 구조를 허약하게 만든다. 하나의 패키지에 있는 보안 취약점은 다른 패키지들에게 쉽게 영향을 미칠 수 있다.

참고 자료

[Allen 2000]   *The Elements of Java™ Style*
[Havelund 2009]   JPL Coding Standard, Version 1.1
[Knoernschild 2002] Chapter 1, "OO Principles and Patterns"

33.   일반적인 예외 타입 보다는 사용자-정의 예외를 사용하라

예외는 그 타입에 의해서 포착(catch)될 수 있기 때문에, 여러 가지 목적을 위한 일반적 예외 타입을 사용하는 것 보다는 특정한 목적의 예외를 정의하는 것이 낫다. 일반적인 예외 타입을 발생시키는 것은 코드를 이해하고 유지하기 어렵게 만들며, 자바의 예외-처리 메커니즘의 장점을 무산시킨다.

부적절한 코드 예

이 예는 예외 메시지를 검토함으로써 서로 다른 예외 동작을 구별하려고 한다.

만약 doSomething()이 Throwable 하위클래스 타입의 예외나 오류를 발생시키면, switch 문은 특정 case문을 선택하도록 한다. 예로, 만약 예외 메시지가 "file not found"라면, 예외-처리 코드에서 적절한 동작이 취해진다.

```
try {
  doSomething();
} catch (Throwable e) {
  String msg = e.getMessage();
  switch (msg) {
    case "file not found":
      // Handle error
      break;
    case "connection timeout":
      // Handle error
      break;
    case "security violation":
      // Handle error
      break;
    default: throw e;
  }
}
```

그러나, 관련된 예외 메시지에 어떤 변화라도 생기면 원래 의도된 대로 코드가 작동되지 못한다. 예를 들어서, 다음 코드가 수행된다고 가정해 보자.

```
throw new Exception("cannot find file");
```

이 예외는 첫 번째 case절에 의해 처리되어야하지만, 문자열이 어떤 case절과도 일치하지 않기 때문에 다시 예외가 발생된다.

심지어 어떤 메시지도 없이 예외가 발생되어 버린다.

이 예는 일반적인 예외들을 포착하기는 하지만 그 예외들을 다시 발생시키기 때문에, *자바용 CERT 오라클 보안 코딩 표준*의 ERR08-EX0[Long 2012], "ERR08-J. Null-PointerException과 그 상위 예외들을 포착하지 말라"의 범주에 든다.

적절한 솔루션

이 솔루션은 구체적인 예외 타입을 사용하고, 필요 시 특정 목적의 새로운 예외 타입을 정의한다.

```
public class TimeoutException extends Exception {
  TimeoutException () {
    super();
  }
  TimeoutException (String msg) {
    super(msg);
  }
}
// ...

try {
  doSomething();
} catch (FileNotFoundException e) {
  // Handle error
} catch (TimeoutException te) {
  // Handle error
} catch (SecurityException se) {
  // Handle error
}
```

당위성

예외적 상황을 처리하기 위해 예외들이 사용된다. 만약 예외가 포착되지 않으면 프로그램은 종료될 것이다. 부적절하게 예외를 포착하거나 잘못된 복구 레벨에서 예외를 포착하면 종종 부적절한 동작이 일어난다.

참고 자료

[JLS 2013]   Chapter 11, "Exceptions"
[Long 2012]   ERR08-J. Do not catch NullPointerException or any of its ancestors

34. 시스템 오류로부터 정상적으로 복구하도록 노력하라

JLS §11.1.1 "예외의 종류" [JLS 2013]에 따르면,

검사되지 않는 예외 클래스들은 RuntimeException과 그 하위클래스들 그리고 Error 클래스와 그 하위클래스들이다. 다른 모든 예외 클래스들은 예외 클래스들로 검사된다.

검사되지 않는 예외 클래스들은 컴파일 검사에 영향 받지 않는다. 왜냐하면, 모든 예외 상황들을 설명하는 것은 지루하기도 하고 종종 복구가 어렵거나 불가능하기 때문이다. 하지만, 복구가 불가능할 때라도 자바 가상 머신은 정상적으로 종료하고 최소한 오류를 기록할 기회를 준다. 이것은 Throwable을 포착하는 try-catch 블록을 사용하여 가능해진다. 또한 코드가 민감할 수도 있는 정보의 누출을 피해야 할 때, Throwable 포착이 허용된다. 다른 모든 경우에는 Throwable 포착을 권하지 않는다. 왜냐하면 그것은 구체적인 예외 처리를 어렵게 만들기 때문이다. 시스템 자원 반환과 같은 정리 작업이 수행될 수 있을 경우에, 자원을 반환하는 finally 블록을 사용하거나 자원 동반-try(try-with-resource)를 사용해야 한다.

일반적으로 *자바용 CERT 오라클 보안 코딩 표준*[Long 2012], "ERR08-J. NullPointerException과 그 상위 예외들을 포착하지 말라"는 Throwable 포착을 허용하지 않지만, 예외 규칙 ERR08-EX0은 예외 추적을 필터링할 때 Throwable 포착을 허용한다.

부적절한 코드 예

이 예는 무한 재귀의 결과로 StackOverflowError를 발생시킨다. 그것은 가용한 스택 공간을 고갈시키고 서비스 거부를 초래할지도 모른다.

```
public class StackOverflow {
  public static void main(String[] args) {
    infiniteRun();
    // ...
  }

  private static void infiniteRun() {
    infiniteRun();
  }
}
```

적절한 솔루션

이 솔수션은 java.lang.Error 혹은 java.lang.Throwable을 포착하는 데 사용될 수 있는 try-catch 블록을 보여준다. 이 지점에서 로그 엔트리가 만들어질 수 있으며, 그 다음 finally 블록에서 주요 시스템 자원을 반환할 것이다.

```
public class StackOverflow {
  public static void main(String[] args) {
    try {
      infiniteRun();
    } catch (Throwable t) {
      // Forward to handler
    } finally {
      // Free cache, release resources
    }
    // ...
  }

  private static void infiniteRun() {
    infiniteRun();
  }
}
```

`Forward to handler` 코드는 제한된 메모리 조건 하에서 동작해야 한다. 왜냐하면 스택이나 힙이 거의 고갈되었을지도 모르기 때문이다. 그러한 시나리오에서 프로그램에서 사용할 수 있는 유용한 한 가지 기술은 초기에 메모리-고갈 예외 처리기가 사용할 메모리를 특별히 준비해 놓는 것이다.

이 솔루션은 오류 처리를 할 때 `Throwable`을 포착하고 있는데, 그것은 "ERR08-J. `NullPointerException`과 그 상위 예외들을 포착하지 말라"[Long 2012]의 예외 사항인 ERR08-EX2에 해당된다.

당위성

시스템 오류가 발생했을 때 느닷없이 자바 프로그램을 종료하도록 허용하는 것은 서비스-거부 취약점을 만들어낼지도 모른다.

실제 메모리가 고갈되는 일이 발생하면, 어떤 프로그램 데이터가 일관성 없는 상태에 있게 될 확률이 높다. 따라서 프로세스를 재시작하는 것이 최선일 것이다. 시도해볼만한 한 가지 방법으로서 쓰레드의 수를 줄이는 것도 효과적인 대책일 것이다. 왜냐하면 쓰레드는 종종 메모리를 누출시키기도 하고, 계속 살아있게 되면 프로그램의 메모리 흔적을 증가시킬 것이기 때문이다.

`Thread.setUncaughtExceptionHandler()`와 `ThreadGroup.uncaughtException()` 메서드들은 쓰레드의 `OutOfMemoryError` 처리에 도움이 될 수 있다.

참고 자료

[JLS 2013]   §11.2, "Compile-Time Checking of Exceptions"
[Kalinovsky 2004] Chapter 16, "Intercepting Control Flow: Intercepting System Errors"
[Long 2012]   ERR08-J. Do not catch `NullPointerException` or any of its ancestors

35.   릴리즈하기 전에 인터페이스를 신중하게 설계하라

인터페이스들은 클래스가 공개하기로 한 모든 메서드를 그룹으로 묶는 데 사용된다. 클래스의 구현은 이러한 모든 메서드들에 대해 실제 구현을 제공하도록 되어 있다. 인터페이스들은 대부분의 공개 API들의 필수적인 요소이다. 일단 릴리즈되고 나면, 구형 버전을 구현한 코드들을 전혀 건드리지 않으면서 결함을 정정하기가 어렵다. 그 영향은 다음과 같다.

- 인터페이스를 정정하기 위해 변경하는 것은 클래스 구현 당시의 (인터페이스와 클래스 간의) 계약을 심각하게 위반하는 것이다. 예를 들어서, 관련이 없는데도 불구하고 클라이언트가 구현해야 하는 인터페이스를 수정하게 되면, 클라이언트의 이후 버전을 수정해야 할지도 모른다. 새로운 인터페이스는 클라이언트에게 부가적으로 구현해야한다는 부담을 주기 때문에, 클라이언트는 정정 사항을 구현하지 못할 수도 있다.

- 구현자들은 클라이언트들이 상속하도록 인터페이스 메서드의 디폴트나 골격을 제공할 수 있다. 하지만, 그러한 코드는 하위클래스의 동작에 악영향을 미칠 수 있다. 반대로 그러한 디폴트 구현이 없으면, 하위클래스들은 더미(dummy) 구현을 제공해야만 하고 "아무 동작도 안 하는 이 코드를 무시하시오."와 같은 코멘트를 계속하게 만든다. 그러한 코드는 전혀 검사조차 되지 않을 것이다.

- 만약 공개 API에 보안 약점이 있으면(예를 위해서는 *자바용 CERT 오라클 보안 코딩 표준*[Long 2012]의 `TheadGroup` 메서드에 대한 검토 문서인 "THI01-J. `ThreadGroups` 메서드들을 호출하지 말라"를 참고하라), 보안 약점이 완화된 이후에도 아마 응용프로그램이나 라이브러리들은 자신들이 갱신될 때까지는 계속 그 안전하지 않은 버전을 사용할 것이다.

부적절한 코드 예

이 예에서 User 인터페이스는 authenticate()와 subscribe()라는 2개의 메서드와 엮여있다. 추후 언젠가 제공자들은 인증을 필요로 하지 않는 무료 서비스[19]를 릴리즈할 것이다.

```
public interface User {
  boolean authenticate(String username, char[] password);
  void subscribe(int noOfDays);
  // Introduced after the class is publicly released
  void freeService();
}
```

freeService() 메서드의 추가는 불행하게도 이 인터페이스를 구현하는 모든 클라이언트 코드를 엉망으로 만든다. 더구나 freeService()만을 사용하고자 하는 구현자들은 앞에서 기술했던 이유 때문에 API를 헝클어뜨리는 다른 2가지 메서드도 제공해야 하는 부담에 직면한다.

부적절한 코드 예

또 다른 아이디어는 지속적으로 발전하는 변화를 다루기 위해 abstract를 이용하는 것이다. 하지만 인터페이스가 제공하는 융통성(클래스는 다수의 인터페이스를 구현할 수 있지만 오직 하나의 클래스만 상속받는다)에 대한 댓가를 지불해야 한다. 주목할 만한 방법은 제공자가 변화하는 인터페이스를 구현하는 abstract 골격 클래스를 배포하는 것이다. 골격 클래스는 몇몇 메서드를 선택적으로 구현할 수 있으며, 상속받은 하위클래스들이 그 외의 다른 메서드들을 실제 구현하도록 할 수 있다. 만약 새로운 메서드가 인터페이스에 추가되면, 골격 클래스는 하위클래스가 선택적으로 오버라이드할 수 있는 비-추상 디폴트 메서드 구현을 제공할 수 있다. 이 예는 그러한 골격 클래스를 보여준다.

```
public interface User {
  boolean authenticate(String username, char[] password);
  void subscribe(int noOfDays);
```

---

19 역자 주: 예의 마지막 메서드인 freeService()를 의미한다.

```
    void freeService(); // Introduced after API is
                           // publicly released
}

abstract class SkeletalUser implements User {
  public abstract boolean authenticate(String username,
                                                char[] password);
  public abstract void subscribe(int noOfDays);
  public void freeService() {
    // Added later, provide implementation and re-release class
  }
}

class Client extends SkeletalUser {
  // Implements authenticate() and subscribe(), not freeService()
}
```

비록 이 방법이 유용하기는 하지만 안전하지 않다. 왜냐하면, 하위클래스의 코드를 인지하지 못한 제공자가 클라이언트 API에서 보안상의 취약점을 야기시킬 수 있는 구현을 할지도 모르기 때문이다.

적절한 솔루션(모듈화)

더 나은 설계 전략은 서비스의 향후 발전을 예측하는 것이다. 핵심 기능은 User 인터페이스에서 구현되어야 한다. 이 경우에, 부가의 서비스만을 User 인터페이스로부터 확장해야 할 것이다. 새로운 무료 서비스를 사용하기 위해서 기존의 클래스는 새로운 인터페이스 FreeUser 구현을 선택하거나 혹은 단순히 그것을 무시할 것이다.

```
public interface User {
  boolean authenticate(String username, char[] password);
}

public interface PremiumUser extends User {
  void subscribe(int noOfDays);
}

public interface FreeUser {
  void freeService();
}
```

적절한 솔루션(새로운 메서드를 사용불가로 설정)

다른 솔루션은, 구현하는 하위클래스에서 새로 정의되는 `freeService()` 메서드가 예외를 발생시키는 것이다.

```
class Client implements User {
  public void freeService() {
    throw new AbstractMethodError();
  }
}
```

적절한 솔루션(하위클래스로 구현을 위임)

허용할만 하지만 좀 덜 융통성 있는 솔루션은, 클라이언트의 인터페이스를 구현하는 핵심 클래스의 하위클래스들이 메서드를 구현하도록 넘기는 것이다.

```
abstract class Client implements User  {
  public abstract void freeService();
  // Delegate implementation of new method to subclasses
  // Other concrete implementations
}
```

당위성

안정적이고 결함 없는 인터페이스를 퍼블리시하지 못하면, 구현 클래스와의 계약을 어기게 되고 클라이언트 API를 헝클어뜨리며 구현 클래스들의 보안 취약점을 초래할지도 모른다.

참고 자료

[Bloch 2008]   Item 18, "Prefer Interfaces to Abstract Classes"
[Long 2012]   THI01-J. Do not invoke ThreadGroup methods

36. 가비지 수집–친화적 코드를 작성하라

자바의 가비지-수집 특성은 비-가비지-수집 언어에까지 상당한 이익을 제공한다. 가비지 수집기(GC: Garbage Collector)는 자동적으로 도달할 수 없는 메모리를 회수하여 메모리 누출을 피하도록 설계되었다. 비록 GC가 이 일을 수행하기에 잘 숙련되어 있지만, 그럼에도 불구하고 악의적인 공격자는 비정상적으로 힙 메모리를 할당하거나 비정상적으로 오랜 동안 객체를 유지시켜서 GC에 서비스 거부 공격을 할 수 있다. 예를 들어서, GC의 일부 버전에서는 힙 관리 활동이 증대되도록 새로운 할당을 계속 요구하는 모든 쓰레드의 실행을 중단해야 한다. 이 경우, 시스템 처리량은 급격히 감소한다.

특히 실시간 시스템은 CPU 사이클 스틸링을 이용한 좀 더 교묘한 저속-힙-고갈 서비스거부 공격에 취약하다. 공격자는 `OutOfmemoryError`를 발생시키지 않으면서 자원(CPU, 배터리 파워, 메모리 등)의 소비를 증가시키도록 메모리 할당을 수행할 수 있다. 가비지 수집-친화적 코드를 작성하는 것은 많은 공격 방법들을 제한한다.

수명이 짧은 불변적(immutable) 객체를 사용하라

JDK 1.2부터 시작하여 세대형 GC는 많은 경우에 C나 C++보다 메모리 할당 비용이 적도록 절감해 왔다. 세대형 가비지 수집은 객체들을 세대별로 그룹화함으로써 수집 비용을 줄였다. *젊은-세대(younger generation)*는 단기수명의 객체로 구성된다. GC는 젊은-세대가 비활동 객체로 채워질 때 젊은-세대에 대해 마이너(minor) 수집[20]을 수행한다[Oracle 2010a]. 개선된 가비지 수집 알고리즘은 가비지 수집의 비용이 마지막 가비지 수집 이후에 할당된 객체 수가 아니라 활동 중인 젊은 세대의 객체 수에 그 비용이 비례하도록 줄였다.

젊은-세대 안에서 오랜 기간 동안 유지되는 객체는 종신권을 가지며, *종신-세대(ten-ured generation)*로 이동된다. 젊은-세대 객체들은 다음 가비지 수집 사이클 이후까지 거의 살아남지 않으며, 살아남은 나머지는 다음 수집 사이클에서 수집된다[Oracle 2010a].

일반적으로 세대형 GC를 이용하여 수명이 짧은 불변적 객체를 사용하는 것은 객체 풀(pool)과 같이 수명이 긴 가변적 객체를 사용하는 것보다 좀 더 효율적이다. 객체 풀의 사용을 자제하면 GC의 효율성이 증대된다. 객체 풀은 부가적인 비용과 위험을 가져온

---

20 역자 주: 젊은-세대 영역에서 사용되지 않는 객체들을 반환하는 작업을 말한다.

다. 개체 풀은 동기화 문제를 발생시킬 수 있고 명시적인 반환을 요구할 수 있으며, 이 것은 허상(dangling) 포인터[21] 문제를 발생시킨다. 또한, 특히 핵심 코드에 필요한 객체 풀의 메모리 양을 정확하게 결정하기 어려울 수 있다. 수명이 긴 가변적 객체는 객체 할당 비용이 매우 고가일 때 사용하는 것이 적절하다(예로, 데이터베이스 간의 다중 조인을 수행할 때). 이와 유사하게, 객체가 쓰레드 풀과 데이터베이스 커넥션과 같은 귀한 자원을 나타내는 경우에 객체 풀을 사용하는 것은 적절하다.

덩치 큰 객체를 피하라

객체 필드의 초기화 비용은 객체의 크기에 비례하기 때문에 덩치가 큰 객체를 할당하는 것은 비교적 고가의 비용이 든다. 또한, 서로 다른 크기의 덩치 큰 객체를 자주 할당하는 것은 단편화 문제나 압축 수집[22]을 유발시킨다.

명시적으로 가비지 수집기를 호출하지 말라

GC는 System.gc() 메서드 호출에 의해 명시적으로 호출된다. 비록 문서에서는 그것이 "가비지 수집기를 수행시킨다"고 하지만, GC가 언제 수행될지 혹은 실제 수행될 지 확신할 수 없다. 사실상, 그 호출은 단순히 GC가 이후에 수행되어야 한다고 *제안*하는 것이다. JVM은 이 제안을 무시할 수 있다.

이 특성을 무분별하게 사용하면, 프로그램 수행을 심각하게 방해하지 않으면서 안전하게 가비지 수집을 수행할 수 있을 때까지 기다리지 않고 부적절한 시기에 가비지 수집을 동작시킴으로써 *시스템 성능을 심각하게 저하시킬 수 있다.*

자바 Hotspot VM에서(JDK 1.2부터 디폴트), System.gc()는 명시적으로 가비지 수집을 수행하게 한다. 그러한 호출은 라이브러리 안에 깊이 감추어져 있을 수 있어 추적하기가 어려울지도 모른다. 그러한 경우에 호출을 무시하기 위해서는 -XX:+Disable-ExplicitGC 플래그를 사용하라. 풀 가비지 수집(full GC)을 하는 동안 오래 정지[23] 되

---

21 역자 주: 이미 반환된 메모리를 참조하는 포인터를 말한다. 해당 메모리를 참조하는 포인터가 존재하는데도 불구하고 프로그램에서 명시적으로 메모리를 반환할 경우 허상 포인터 문제가 발생할 수 있다.

22 역자 주: compacting. GC 과정에서 살아있는 객체들을 연속된 영역으로 모아 정돈하는 작업이다.

23 역자 주: JVM은 GC가 수행되는 동안 다른 쓰레드들의 작업을 정지시킨다.

지 않도록 XX:+ExplicitGCInvokedConcurrent[24]를 지정하면 동시 사이클 요구[25]를 덜 호출하게 될 것이다.

당위성

가비지 수집 유틸리티를 잘 사용하지 못하면, 심각한 성능 저하가 일어날 수 있으며 서비스 거부 공격을 하도록 침해될 수 있다. 2009년 3월에 보고된 아파치 제로니모 (Apache Geronimo)와 톰캣(Tomcat) 취약점 GERONIMO-4574는, PolicyContext 처리기의 데이터 객체가 쓰레드 안에 설정되어 절대 반환되지 않고 필요이상으로 메모리 안에 남아 있게 됨으로써 발생하였다. 응용프로그램이 초기화 단계와 준비 단계와 같은 여러 단계를 거칠 때, 응용프로그램이 단계 사이에 힙 압축을 하도록 요구할 수 있다. 그러한 경우에 System.gc() 메서드가 호출 되어 단계들 사이에서 이벤트가 많이 발생하지 않는 적절한 기간에 제공될지도 모른다.

참고 자료

[API 2013]	Class System
[Bloch 2008]	Item 6, "Eliminate Obsolete Object References"
[Coomes 2007]	"Garbage Collection Concepts and Programming Tips"
[Goetz 2004]	Java Theory and Practice: Garbage Collection and Performance
[Lo 2005]	"Security Issues in Garbage Collection"
[Long 2012]	OBJ05-J. Defensively copy private mutable class members before returning their references
	OBJ06-J. Defensively copy mutable inputs and mutable internal components
[Oracle 2010a]	Java SE 6 HotSpot™ Virtual Machine Garbage Collection Tuning

---

24 역자 주: XX:+ExplicitGCInvokesConcurrent의 오기로 보인다.

25 역자 주: 풀 가비지 수집 시에는 순차 수집을 수행하여 정지 시간이 길어진다. 동시 수집을 수행하도록 하면 정지 시간을 줄일 수 있다.

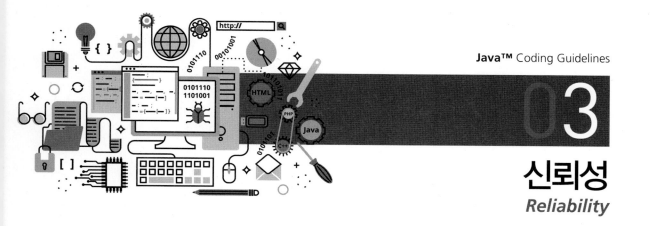

신뢰성
Reliability

ISO/IEC/IEEE 24765:2010, 시스템과 소프트웨어 엔지니어링-용어(*Systems and software engineering-vocabulary*)에서 신뢰성이란, 지정된 기간 동안 기술된 조건 하에서 요구되는 기능을 수행하기 위한 시스템이나 컴포넌트의 능력이라고 정의한다[ISO/IEC/IEEE 24765:2010]. 이와 유사하게 ISO/IEC 9126-1:2001, 소프트웨어 엔지니어링-제품의 품질-파트 1: 품질 모델(*Software engineering—Product quality—Part 1: Quality model*)에서도 신뢰성이란, 지정된 조건 하에서 사용될 때 지정된 수준으로 성능을 유지하기 위한 소프트웨어의 능력이라고 정의한다[ISO/IEC 9126-1:2001].

소프트웨어의 신뢰성은 시스템 신뢰성에 영향을 미치는 중요한 요소이다. 소프트웨어 신뢰성은 제조의 완벽함 보다는 설계의 완벽함을 반영한다는 점에서 하드웨어 신뢰성과 다르다. 소프트웨어는 낡거나 노화되지 않는다. 신뢰성에 있어서 한계점들은 요구사항, 설계 그리고 구현에서의 과실로부터 발생한다. 이러한 과실 때문에 발생하는 장애는 소프트웨어가 낡아서가 아니라 소프트웨어 제품을 사용한 방법과 선택한 프로그램 옵션 때문이다.

ISO/IEC/IEEE 24765:2010에서 소프트웨어 신뢰성이란, 소프트웨어가 지정된 조건 하에서 지정된 시간동안 시스템 장애가 발생하지 않을 확률로 정의한다[ISO/IEC/IEEE 24765:2010]. 확률은 시스템으로의 입력과 사용뿐만 아니라 소프트웨어 안에 있는 과실의 존재에 따라 계산되는 함수이다. 시스템 입력에 따라 (존재한다면) 존재하는 과실을 만나게 될지 결정된다. 소프트웨어의 높은 복잡성은 소프트웨어 신뢰성 문제에 영향을 미치는 주요 요소이다.

이 가이드라인은 부주의함으로 인해 쉽게 오용될 수 있는 자바 언어의 특성을 다룬다.

자바 언어는 매우 유연성 있게 사용될 수 있지만, 일부 이런 사용방법은 이해와 유지보수가 어려운 기법과 코드를 만들어낸다. 다음 가이드라인을 준수하면, 프로그래머들은 버그와 런타임 장애를 덜 일으킬 수 있는 코드를 만들게 될 것이다.

이 장은 다음과 같은 가이드라인을 포함한다.

1. 오류를 줄여서 신뢰성 있는 자바 코드를 개발하도록 하는 데 중요한 도움말
2. 소프트웨어 신뢰성을 개선하기 위한 구체적인 자바 코딩 추천사항

37. 부분영역의 식별자들을 섀도잉하거나 차폐하지 말라

부분영역(subscopes)에서 식별자 이름을 재사용하면 차폐(obscuration)나 섀도잉(shadowing) 현상이 발생한다. 현재의 영역에서 식별자를 재사용하면, 다른 영역에서 정의된 식별자에 접근할 수 없게 된다. 비록 자바 언어 규격(JLS)이[JLS 2013] 섀도잉이나 차폐 현상때문에 생기는 문법적 모호함을 명백하게 해결했다고 하더라도, 특히 선언한 개체와 접근이 불가능한 개체 모두에 대한 엑세스가 필요할 때, 그러한 모호성은 소스 코드 유지보수자와 감사자에게 부담을 준다. 재사용된 이름이 다른 패키지에서 정의되었을 때 문제는 더 악화된다.

JLS의 §6.4.2, "차폐 현상"[JLS 2013]에 따르면,

> 단순 이름(simple name)[26]이 변수, 타입 혹은 패키지 이름으로 해석될 수도 있는 문맥이 발생할지도 모른다. 이러한 상황에서 §6.5의 규칙은 타입보다는 변수가 선택되고 패키지 보다는 타입이 선택된다고 기술한다.

이것은 변수가 타입이나 패키지를 *차폐*할 수 있으며 타입은 패키지 이름을 차폐할 수 있다는 것을 암시한다. 한편 *섀도잉*은 해당 영역에서 다른 변수를 접근불가로 만드는 변수를 말한다. 하나의 타입은 다른 타입을 섀도잉할 수 있다.

어떤 식별자도 그것을 포함하고 있는 영역에서 다른 식별자를 차폐하거나 섀도잉해서는 안된다. 예를 들어서, 지역 변수는 클래스 필드나 메서드 이름, 클래스 이름과 패키

---

26 역자 주: Math.PI와 같이 변수 이름 앞에 클래스 이름과 같은 한정자가 붙지 않고 이름만 사용하는 경우를 말한다.

지 이름을 재사용해서는 안 된다. 이와 유사하게, 내부 클래스 이름은 외부 클래스나 패키지 이름을 재사용해서는 안된다.

오버라이딩과 섀도잉은 은폐(*hiding*)와 다르다. 은폐는 하위클래스가 상속받아야 하는 접근가능한 멤버(보통 non-private)가 이름은 같지만 메서드 시그너처가 달라 양립할 수 없는 하위클래스의 로컬 멤버로 대체되는 것이다.

부적절한 코드 예(필드 섀도잉)

이 예는 인스턴스 메서드의 영역 내에서 인스턴스 필드 val의 이름을 재사용한다.

```
class MyVector {
  private int val = 1;
  private void doLogic() {
    int val;
    //...
  }
}
```

그 결과는 섀도잉으로 분류될 수 있다. 메서드 영역 내에서 메서드 변수는 클래스 변수에 접근할 수 없다. 예를 들어서, 메서드 영역 내에서 this.val에 값을 할당해도 클래스 변수 값에 영향을 미치지 않는다.

적절한 솔루션(필드 섀도잉)

이 솔루션은 메서드 영역에서 정의된 변수의 이름을 val에서 newValue로 변경하여 섀도잉을 제거한다.

```
class MyVector {
  private int val = 1;
  private void doLogic() {
    int newValue;
    //...
  }
}
```

부적절한 코드 예(변수 섀도잉)

이 예는 두 번째 for 루프 블록 영역에서 정의된 변수 i가 MyVector 클래스에서 정의된 인스턴스 변수 i를 섀도잉하기 때문에 적절하지 못하다.

```
class MyVector {
  private int i = 0;
  private void doLogic() {
    for (i = 0; i < 10; i++) {/* ... */}
    for (int i = 0; i < 20; i++) {/* ... */}
  }
}
```

적절한 솔루션(변수 섀도잉)

이 솔루션에서, 루프 카운터 i가 각 for 루프 블럭 안에서만 정의된다.

```
class MyVector {
  private void doLogic() {
    for (int i = 0; i < 10; i++) {/* ... */}
    for (int i = 0; i < 20; i++) {/* ... */}
  }
}
```

당위성

이름의 재사용은 코드를 읽기 어렵고 유지보수하기 어렵게 만든다. 이것은 보안상의 약점을 초래할 수 있다. 자동화된 툴은 해당 영역 내에서 재사용되는 식별자를 쉽게 찾아낼 수 있다.

참고 자료

[Bloch 2005]	Puzzle 67, "All Strung Out"
[Bloch 2008]	Item 16, "Prefer Interfaces to Abstract Classes"
[Conventions 2009]	§6.3, "Placement"
[FindBugs 2008]	DLS, "Dead store to local variable that shadows field"
[JLS 2013]	§6.4.1, "Shadowing"
	§6.4.2, "Obscuring"
	§7.5.2, "Type-Import-on-Demand Declarations"

38. 하나의 선언문에 두개 이상의 변수를 선언하지 말라

하나의 선언문에서 여러 변수를 선언하는 것은 변수들의 타입과 초기값을 혼동하게 한다. 특히 하나의 선언문에서 다음과 같은 선언은 삼가하라.

- 다른 타입의 변수들
- 초기화된 변수와 초기화되지 않은 변수의 혼합

일반적으로, 변수의 역할을 설명하는 주석문과 함께 각 변수를 하나의 라인에서 선언해야 한다. 이 가이드라인에 포함시키지는 않았지만, 이 관례는 자바 프로그래밍 언어를 위한 코드 관례의 §6.1, "한 라인당 갯수" [Conventions 2009]에서도 권고되고 있다.

이 가이드라인은 다음에 적용된다.

- 지역 변수 선언문[JLS 2013, §14.4]
- 필드 선언문[JLS 2013, §8.3]
- 필드(상수) 선언문[JLS 2013, §9.3]

부적절한 코드 예(초기화)

이 예는 프로그래머나 검토자로 하여금 i와 j가 1로 초기화 되었다고 오해하도록 유도한다. 사실 j만 초기화 되고 i는 초기화되지 않고 남아 있다.

```
int i, j = 1;
```

적절한 솔루션(초기화)

이 솔루션에서, i와 j가 명백하게 1로 초기화되었다.

```
int i = 1;  // Purpose of i...
int j = 1;  // Purpose of j...
```

적절한 솔루션(초기화)

이 솔루션에서, i와 j가 명백하게 1로 초기화되었다.

```
int i = 1, j = 1;
```

각 변수를 분리된 라인에서 선언하는 것이 바람직하다. 그러나 배열 색인과 같은 단순한 임시 변수들일 때는 한 줄에 여러 변수를 선언하는 것이 수용할만 하다.

부적절한 코드 예(서로 다른 타입)

이 예에서, 프로그래머는 배열을 포함하여 여러 개의 변수들을 하나의 라인에 선언했다. T 타입의 모든 인스턴스들은 Object 클래스의 메서드들에 엑세스할 수 있다. 그러나 이들 중 일부 메서드들이 오버라이드 되었을 때, 배열은 특별히 다루어져야 한다는 사실을 잊기 쉽다.

```
public class Example<T> {
  private T a, b, c[], d;

  public Example(T in) {
    a = in;
    b = in;
    c = (T[]) new Object[10];
    d = in;
  }
}
```

toString()과 같은 Object 메서드가 오버라이드될 때, 프로그래머는 c가 T 타입의 객체에 대한 레퍼런스가 아닌 T의 배열이라는 것을 생각하지 못하고 잘못 구현할 수 있다.

```
public String toString() {
  return a.toString() + b.toString() +
         c.toString() + d.toString();
}
```

하지만 프로그래머의 의도는 배열 c의 각 원소들에 대해 toString()을 호출하도록 하는 것이다.

```
// Correct functional implementation
public String toString() {
  String s = a.toString() + b.toString();
  for (int i = 0; i < c.length; i++){
```

```
      s += c[i].toString();
    }
    s += d.toString();
    return s;
}
```

적절한 솔루션(서로 다른 타입)

이 솔루션은 각각의 라인에 선언되어 있으며 배열 선언에 바람직한 표기법을 사용하고 있다.

```
public class Example<T> {
  private T a;    // Purpose of a...
  private T b;    // Purpose of b...
  private T[] c;  // Purpose of c[]...
  private T d;    // Purpose of d...
  public Example(T in){
    a = in;
    b = in;
    c = (T[]) new Object[10];
    d = in;
  }
}
```

당위성

한 라인에 여러 변수를 선언하는 것은 코드의 가독성을 감소시킬 수 있으며 프로그래머를 혼란스럽게 할 수 있다.

하나의 선언문에 2개 이상의 변수가 선언될 때, 타입과 각 변수의 초기값이 모두 명확하도록 보장해야 한다.

비록 변수 선언문에 그 변수 목적에 대한 주석을 달지 못하게 되더라도, 루프 색인의 선언은 for 문장 안에 포함되어야 한다.

```
public class Example {
  void function() {
    int mx = 100; // Some max value

    for (int i = 0; i < mx; ++i ) {
```

```
        /* ... */
    }

  }
}
```

그러한 선언문은 별도의 라인에 해야 할 필요가 없으며, 설명하는 주석도 생략될 수 있다.

참고 문헌

[Conventions 2009]   §6.1, "Number Per Line"
[ESA 2005]   Rule 9, Put Single Variable Definitions in Separate Lines
[JLS 2013]   §4.3.2, "The class Object"
                      §6.1, "Declarations"
                      §8.3, "Field Declarations"
                      §9.3, "Field (Constant) Declarations"
                      §14.4, "Local Variable Declaration Statements"

39.   프로그램에서 리터럴을 표현할 때 의미있는 심볼릭 상수를 사용하라

자바는 정수(5, 2), 실수(2.5, 6.022e+23), 문자('a', ''), 불리언(true, false), 문자열("Hello")과 같은 다양한 리터럴 타입을 사용한다. 프로그램 안에서 확장적인 리터럴을 사용하면 2가지 문제를 일으킬 수 있다. 첫째, 리터럴의 의미가 문맥에서 종종 모호하거나 불분명해진다. 둘째, 자주 사용되는 리터럴을 변경시키면 프로그램 소스 전체에서 그 리터럴을 검색해야 하고, 변경되어야 하는 경우와 변경되지 않고 남아 있어야 하는 경우들을 구분해야 한다.

클래스 변수들을 의미있는 이름을 가진 상수로 선언하고 그 값들을 바람직한 리터럴로 설정하여, 프로그램에서 리터럴 대신 상수를 참조하도록 함으로써 이러한 문제를 피하라. 이러한 접근방법은 각 리터럴의 의미와 의도된 사용을 명백하게 보여준다. 또한, 상수의 수정이 필요하면 선언문만 변경하면 된다. 코드 검색은 불필요하다.

상수는 static 그리고 final로 선언되어야 한다. 그러나, 상수가 변경될 수도 있다면 public과 final로 선언되어서는 안 된다(좀 더 상세한 것은 가이드라인 31, "이후의

릴리즈에서 변경될 수 있는 상수에 `public final`을 사용하지 말라"를 참고하라). 예를 들어서,

```
private static final int SIZE = 25;
```

비록 `final`이 불변의 상수를 지정하기 위해 사용될 수는 있지만, 복합적 객체를 다룰 때는 제약 사항이 있다. 좀 더 상세한 것은 가이드라인 73, "레퍼런스의 불변성과 참조되는 객체의 불변성을 절대 혼동하지 말라"를 참고하라.

부적절한 코드 예

이 예는 주어진 반지름을 가지고 원의 면적, 구의 부피, 원의 둘레 근사치를 계산한다.

```
double area(double radius) {
  return 3.14 * radius * radius;
}

double volume(double radius) {
  return 4.19 * radius * radius * radius;
}

double greatCircleCircumference(double radius) {
  return 6.28 * radius;
}
```

이 메서드는 이 계산에 사용되는 다양한 계수를 위해 임의의 리터럴로 보이는 3.14, 4.19와 6.28을 사용한다. 이 코드를 읽는 개발자 혹은 유지보수자는 그들이 어떻게 생성되었는지 혹은 무엇을 의미하는지에 대해 거의 알지 못하며, 그렇기 때문에 이 코드의 기능을 이해하지 못할 것이다.

부적절한 코드 예

이 예는 필요한 상수를 명시적으로 계산함으로써 문제를 피하려고 시도한다.

```
double area(double radius) {
  return 3.14 * radius * radius;
}

double volume(double radius) {
```

```
  return 4.0 / 3.0 * 3.14 * radius * radius * radius;
}

double greatCircleCircumference(double radius) {
  return 2 * 3.14 * radius;
}
```

이 코드는 π값을 표현하기 위해 리터럴 3.14를 사용하였다. 비록 리터럴의 일부 모호성을 제거하였지만 코드의 유지보수성을 복잡하게 만든다. 만약 프로그래머가 좀 더 정확한 π값이 필요하다고 결정할 경우, 코드 안에 있는 모든 3.14를 찾아 대체해야 한다.

적절한 솔루션(상수)

이 솔루션에서, 상수 PI가 선언되고 3.14로 초기화되었다. 이후부터 코드에서 π값이 필요할 때마다 참조된다.

```
private static final double PI = 3.14;

double area(double radius) {
  return PI * radius * radius;
}

double volume(double radius) {
  return 4.0/3.0 * PI * radius * radius * radius;
}

double greatCircleCircumference(double radius) {
  return 2 * PI * radius;
}
```

이 기술은 혼란을 줄이고 유지보수성을 높인다. 만약 좀 더 정확한 π의 근사값이 요구되면, 프로그래머는 간단하게 상수값을 재정의할 수 있다. 리터럴 4.0, 3.0 그리고 2는 가이드라인을 위배하지 않는다. 그 이유는 이 가이드라인의 "당위성"에서 설명된다.

적절한 솔루션(미리 정의된 상수)

가능하다면 미리 정의된 상수를 사용하라. `java.lang.Math` 클래스는 PI와 지수 상수인 E를 포함하여 많은 숫자 상수들을 정의한다.

```
double area(double radius) {
  return Math.PI * radius * radius;
}

double volume(double radius) {
  return 4.0/3.0 * Math.PI * radius * radius * radius;
}

double greatCircleCircumference(double radius) {
  return 2 * Math.PI * radius;
}
```

부적절한 코드 예

이 예는 상수 BUFSIZE를 정의하지만, 이후의 계산식에서 BUFSIZE를 특정 값으로 가정함으로써 상수로 정의된 BUFSIZE의 목적을 무용지물로 만들었다.

```
private static final int BUFSIZE = 512;

// ...

public void shiftBlock() {
  int nblocks = 1 + ((nbytes - 1) >> 9);  // BUFSIZE = 512 = 2^9
  // ...
}
```

프로그래머는 BUFSIZE를 512로 가정하고 9비트 우측으로 쉬프트하는 것이 512로 나누는 것과 같다고(양수에 대하여) 가정하였다. 그러나 만약 BUFSIZE가 나중에 1024로 변경되면, 수정은 어려울 것이며 오류를 내기 쉽다.

이 코드는 *자바용 CERT 오라클 보안 코딩 표준*[Long 2012], "NUM01-J. 동일한 데이터에 비트 연산과 산술 연산을 수행하지 말라"를 준수하지 못한다. 나누기 연산을 우측 쉬프트로 대체하는 것은 서투른 최적화이다. 보통, 언제 이 최적화가 수행되어야할지는 컴파일러가 더 잘 결정할 것이다.

적절한 솔루션

이 솔루션은 계산식에서 상수값에 할당된 식별자를 사용한다.

```
private static final int BUFSIZE = 512;

// ...

public void shiftBlock(int nbytes) {
  int nblocks = 1 + (nbytes - 1) / BUFSIZE;
  // ...
}
```

당위성

숫자 리터럴을 사용하는 것은 코드를 읽고 이해하고 수정하는 것을 더욱 어렵게 만든다.

심볼릭 상수를 사용하는 것은 그것이 코드의 가독성과 유지보수성을 개선하는 경우에만 사용되어야 한다. 리터럴의 의도가 분명하거나 리터럴이 변경되지 않을 것 같은 경우에는 심볼릭 상수를 사용하는 것이 코드의 가독성을 떨어뜨린다. 다음 코드 예는 너무 많은 심볼릭 상수를 사용하여 코드의 의미를 모호하게 한다.

```
private static final double FOUR = 4.0;
private static final double THREE = 3.0;

double volume(double radius) {
  return FOUR / THREE * Math.PI * radius * radius * radius;
}
```

부피 계산에 사용되는 4.0과 3.0은 구의 부피에 사용되는 명백한 계수이며 변경되지 않으므로(π값과 달리) 정확하게 표현될 수 있다. 그들을 심볼릭 상수로 대체하면 실제로 코드의 가독성을 떨어뜨리기 때문에 정확도를 높이기 위해 그것들을 변경시킬 이유가 없다.

참고 자료

[Core Java 2003]

[Long 2012]   NUM01-J. Do not perform bitwise and arithmetic operations on the same data

40. 상수 정의에서 관계를 적절히 인코딩하라

상수 값들이 서로 연관되어 있을 때, 상수에 대한 정의가 *정확하게* 연관되어야 한다.

부적절한 코드 예

이 예에서 OUT_STR_LEN은 IN_STR_LEN 보다 정확히 2만큼 커야 한다. 이 정의는 이 요구사항을 반영하지 못한다.

```
public static final int IN_STR_LEN = 18;
public static final int OUT_STR_LEN = 20;
```

적절한 솔루션

이 솔루션에서, 두 값들의 관계가 정의에 표현되어 있다.

```
public static final int IN_STR_LEN = 18;
public static final int OUT_STR_LEN = IN_STR_LEN + 2;
```

부적절한 코드 예

이 예에서, 두 상수간에 실제 존재하지 않는 관계가 있는 것처럼 표현되었다.

```
public static final int VOTING_AGE = 18;
public static final int ALCOHOL_AGE = VOTING_AGE + 3;
```

일상적인 유지보수를 수행하는 프로그래머가 VOTING_AGE를 수정할지도 모른다. 하지만 그것이 ALCOHOL_AGE의 정의도 변경한다는 것을 인지하지 못한다.

적절한 솔루션

이 솔루션의 정의는 두 상수의 독립성을 반영한다.

```
public static final int VOTING_AGE = 18;
public static final int ALCOHOL_AGE = 21;
```

참고 자료

[JLS 2013]   §4.12.4, "final Variables"

41.   배열이나 컬렉션을 반환하는 메서드에서 널 값 대신 빈 배열이나 컬렉션을 반환하라

일부 API들은 인스턴스가 유효하지 않음을 보이기 위해 의도적으로 널 참조값을 반환한다. 클라이언트 코드가 널 반환값을 명시적으로 처리하지 못할 경우에는 서비스-거부 취약점을 초래할 수 있다. 널 반환값은 인밴드 오류 지표의 예이며, 가이드라인 52, "인밴드 오류 지표를 삼가하라"에서 그 사용을 제한하고 있다. 배열이나 컬렉션을 이용하여 여러 값들을 반환하는 메서드에서, 널값을 반환하는 것보다 빈 배열이나 컬렉션을 반환하는 것이 훌륭한 방안이다. 대부분의 호출자는 널 값보다 빈 집합을 잘 다루도록 준비되어 있다.

부적절한 코드 예

이 예는 ArrayList의 크기가 0일 때 널 ArrayList를 반환한다. Inventory 클래스는 0개의 재고를 가진 품목의 목록을 만들어서 호출자에게 목록을 반환하는 getStock() 메서드를 가지고 있다.

```java
class Inventory {
  private final Hashtable<String, Integer> items;
  public Inventory() {
    items = new Hashtable<String, Integer>();
  }

  public List<String> getStock() {
    List<String> stock = new ArrayList<String>();
    Enumeration itemKeys = items.keys();
    while (itemKeys.hasMoreElements()) {
      Object value = itemKeys.nextElement();
      if ((items.get(value)) == 0) {
        stock.add((String)value);
      }
    }

    if (items.size() == 0) {
      return null;
```

```
    } else {
      return stock;
    }
  }
}

public class Client {
  public static void main(String[] args) {
    Inventory inv = new Inventory();
    List<String> items = inv.getStock();
    System.out.println(items.size());
  }
}
```

이 목록의 크기가 0일 때, 클라이언트가 필요한 검사를 할 것이라는 가정 하에 널 값을
반환한다. 이 예에서 클라이언트는 어떠한 널 값 검사도 하지 않으며 런타임 때 Null-
PointerException을 발생시킨다.

적절한 솔루션

이 솔루션은 비록 List가 빈 경우라고 하더라도 널 값을 반환하는 대신 단순히 List를
반환한다.

```
class Inventory {
  private final Hashtable<String, Integer> items;
  public Inventory() {
    items = new Hashtable<String, Integer>();
  }

  public List<String> getStock() {
    List<String> stock = new ArrayList<String>();
    Integer noOfItems; // Number of items left in the inventory
    Enumeration itemKeys = items.keys();
    while (itemKeys.hasMoreElements()) {
      Object value = itemKeys.nextElement();

      if ((noOfItems = items.get(value)) == 0) {
        stock.add((String)value);
      }
    }
    return stock; // Return list (possibly zero-length)
  }
}
```

```
public class Client {
  public static void main(String[] args) {
    Inventory inv = new Inventory();
    List<String> items = inv.getStock();
    System.out.println(items.size());
  }
}
```

클라이언트는 런타임 예외로 인해 중단되지 않고 효과적으로 이 상황을 처리할 수 있다. 컬렉션이 아닌 배열을 반환할 때, 클라이언트가 길이가 0인 배열의 원소에 엑세스하지 않도록 보장하라. 이것은 ArrayIndexOutOfBoundsException이 발생하는 것을 방지한다.

```
public List<String> getStock() {
  List<String> stock = new ArrayList<String>();
  Integer noOfItems; // Number of items left in the inventory
  Enumeration itemKeys = items.keys();
  while (itemKeys.hasMoreElements()) {
    Object value = itemKeys.nextElement();

    if ((noOfItems = items.get(value)) == 0) {
      stock.add((String)value);
    }
  }

  if (l.isEmpty()) {
    return Collections.EMPTY_LIST; // Always zero-length
  } else {
    return stock; // Return list
  }
}

// Class Client ...
```

당위성

길이가 0인 배열이나 컬렉션이 아닌 널 값을 반환하면, 클라이언트가 널 값을 적절히 처리하지 못할 경우 서비스-거부 취약점을 초래할지도 모른다.

자동적 탐지는 간단하지만 문제 해결을 위해서는 프로그래머가 관여해야 한다.

참고 자료

[Bloch 2008]   Item 43, "Return Empty Arrays or Collections, Not Nulls"

42.   예외적 상황에 대해서만 예외를 사용하라

예외는 예외적인 상황을 나타내기 위해서만 사용되어야 한다. 그것은 통상의 제어 흐름 목적으로 사용되어서는 안된다. Throwable과 같은 제네릭 객체의 포착(catch)은 예기치 못한 오류를 포착할 확률이 높다. 예를 위해서는, *자바용 CERT 오라클 보안 코딩 표준*[Long 2012] ERR08-J, "NullPointerException과 그 상위 예외를 포착하지 말라"를 참고하라. 프로그램이 특정 타입의 예외를 포착할 때, 그 예외가 어디서 발생되었는지 항상 알지는 못한다. 멀리 떨어진 곳에서 발생한 예외를 처리하기 위해 catch 절을 사용하는 것은 부실한 솔루션이다. 가능하다면 오류가 발생하자마자 처리하거나 방지하는 것이 좋다.

throw와 대응되는 catch의 비국부성은 예외 처리를 이용하여 코드를 개선하는 최적화기에 방해가 된다. 제어 흐름을 위해 예외를 포착하는 것은 디버깅도 복잡하게 한다. 왜냐하면 예외는 throw문장에서 catch절로 제어 흐름이 점프한다는 것을 나타내기 때문이다. 결국 예외는 예외적 상황에서만 발생한다고 가정되기 때문에, 예외를 고도로 최적화할 필요가 없다. 예외를 발생시키고 포착하는 방법은 다른 메커니즘으로 오류를 처리하는 것보다 종종 성능이 나쁘다.

부적절한 코드 예

이 예는 strings 배열의 처리된 원소들을 연결하려고 한다.

```java
public String processSingleString(String string) {
  // ...
  return string;
}
public String processStrings(String[] strings) {
  String result = "";
  int i = 0;
  try {
    while (true) {
      result = result.concat(processSingleString(strings[i]));
      i++;
```

```
      }
   } catch (ArrayIndexOutOfBoundsException e) {
      // Ignore, we're done
   }
   return result;
}
```

이 코드는 배열의 끝을 탐지하기 위해 ArrayIndexOutOfBoundsException을 사용한다. 불행하게도, ArrayIndexOutOfBoundsException이 RuntimeException이기 때문에 throws절에서 이를 선언하지 않아도 processSingleString()에서 발생된다. 따라서, processStrings()는 모든 문자열을 처리하기 전에 어설프게 종료해 버린다.

적절한 솔루션

이 솔루션은 문자열을 연결하기 위해 표준 for 루프를 사용한다.

```
public String processStrings(String[] strings) {
   String result = "";
   for (int i = 0; i < strings.length; i++) {
      result = result.concat(processSingleString(strings[i]));
   }
   return result;
}
```

ArrayIndexOutOfBoundsException이 런타임 예외이기 때문에 이 코드는 ArrayIndexOutOfBoundsException을 포착할 필요가 없으며, 그러한 예외는 프로그래머가 문제점을 고침으로써 해결할 수 있는 오류이다.

당위성

예외적 상황을 탐지하고 처리하기 위한 것이 아닌 다른 목적으로 예외를 사용하는 것은 프로그램 분석과 디버깅을 복잡하게 하고 성능을 저하시키며 유지보수 비용을 증가시킨다.

참고 자료

[Bloch 2001]   Item 39, "Use Exceptions Only for Exceptional Conditions"
[JLS 2013]   Chapter 11, "Exceptions"

[Long 2012]   ERR08-J. Do not catch `NullPointerException` or any of its ancestors

43.   닫을 수 있는 자원을 안전하게 처리하기 위해서는 자원동반-try 문장을 사용하라

자바 개발 키트 1.7(JDK 1.7)은 자원동반-try(try-with-resource) 문장을 도입했는데(JLS, §14.20.3, "자원동반-try" [JLS 2013]), 이것은 `java.io.Closable` 인터페이스를 포함하여 `java.lang.AutoClosable` 인터페이스를 구현하는 자원을 간단한 방법으로 올바르게 사용할 수 있도록 한다.

자원동반-try 문장은 다른 자원의 닫기 때문에 발생한 예외로 인해 자원 닫기에 실패하는 것이나 자원이 닫힐 때 중요 예외가 차폐되는 등 고유의 `try-catch-finally` 블록을 사용하여 자원을 닫을 때 발생할 수 있는 문제들을 방지한다.

자바용 CERT 오라클 보안 코딩 표준[Long 2012], "ERR05-J. 검사된 예외가 `finally` 블록을 빠져나오지 못하도록 하라", "FIO03-J. 종료하기 전에 임시 파일들을 제거하라" 그리고 "FIO04-J. 필요 없어진 자원은 닫아라"에 자원동반-try 문장에 대한 사용 예가 기술되어 있다.

부적절한 코드 예

이 예는 두 개의 자원을 닫으려고 할 때 고유의 `try-catch-finally` 블록을 사용한다.

```java
public void processFile(String inPath, String outPath)
    throws IOException{
  BufferedReader br = null;
  BufferedWriter bw = null;
  try {
    br = new BufferedReader(new FileReader(inPath));
    bw = new BufferedWriter(new FileWriter(outPath));
    // Process the input and produce the output
  } finally {
    try {
      if (br != null) {
        br.close();
      }
      if (bw != null) {
```

```
      bw.close();
    }
  } catch (IOException x) {
    // Handle error
  }
 }
}
```

그러나 BufferedReader br을 닫을 때 예외가 발생하면 BufferedWriter bw는 닫히지 않는다.

적절한 솔루션(두 번째 finally 블록)

이 솔루션은 br이 닫히는 동안 예외가 발생하더라도 bw가 적절하게 닫히도록 보장하기 위해 두 번째 finally 블록을 사용한다.

```
public void processFile(String inPath, String outPath)
    throws IOException {
  BufferedReader br = null;
  BufferedWriter bw = null;
  try {
    br = new BufferedReader(new FileReader(inPath));
    bw = new BufferedWriter(new FileWriter(outPath));
    // Process the input and produce the output
  } finally {
    if (br != null) {
      try {
        br.close();
      } catch (IOException x) {
        // Handle error
      } finally {
        if (bw != null) {
          try {
            bw.close();
          } catch (IOException x) {
            // Handle error
          }
        }
      }
    }
  }
}
```

적절한 솔루션(자원동반-try)

이 솔루션은 br과 bw 모두 다룰 수 있도록 자원동반-try 문장을 사용한다.

```
public void processFile(String inPath, String outPath)
    throws IOException{
  try (BufferedReader br =
       new BufferedReader(new FileReader(inPath));
       BufferedWriter bw =
       new BufferedWriter(new FileWriter(outPath));) {
    // Process the input and produce the output
  } catch (IOException ex) {
    // Print out all exceptions, including suppressed ones
    System.err.println("thrown exception: " + ex.toString());
    Throwable[] suppressed = ex.getSuppressed();
    for (int i = 0; i < suppressed.length; i++) {
      System.err.println("suppressed exception: " +
        suppressed[i].toString());
    }
  }
}
```

이 솔루션은 예외 발생과 상관없이, br과 bw의 적절한 닫기를 보장하면서도 입력 처리 동안 발생하는 어떠한 예외도 유지된다. 끝으로, 이 코드는 자원동반-try 블록에서 발생할 수 있는 모든 예외에 대해 어떻게 접근하는지를 보여준다.

만약 파일의 열기, 처리, 혹은 닫기 작업 도중에 하나의 예외만 발생하면, "thrown exception:" 다음에 예외가 출력될 것이다. 만약 처리 중에 첫 번째 예외가 발생한 다음, 둘 중 어떤 파일을 닫으려고 하는 동안 두 번째 예외가 발생하면 "thrown exception:" 다음에 두 번째 예외가 출력되고, 첫 번째 예외는 "suppressed exception:" 다음에 출력될 것이다.

당위성

닫을 수 있는 자원을 가지고 작업할 때 모든 실패의 경우를 올바르게 다루지 못하면, 일부 자원이 닫히지 못하거나 중요한 예외가 차폐될 수 있으며 서비스 거부를 초래할 수 있다. 자원동반-try 문장을 사용하지 못했다고 해서 보안 취약점으로 간주될 수는 없다. 왜냐하면 사용 중인 자원을 보호하도록 구조적으로 올바르게 중첩된 try-catch-finally 블록을 작성할 수 있기 때문이다("ERR05-J. 검사된 예외가 finally 블록을 빠져나오지 못하도록 하라" [Long 2012] 참조). 그것은 그러한 오류의 경우들을 올바르게 다루지 못하면 취약점의 원인이 된다고 말한다. 자원동반-try 문장은 그러한 자원이 올바르게 다루어지고 예외가 절대로 차폐되지 않도록 보장함으로써 문제를 완화시킨다.

참고 자료

[JLS 2013]	§14.20.3, "try-with-resources"
[Long 2012]	ERR05-J. Do not let checked exceptions escape from a finally block FIO03-J. Remove temporary files before termination FIO04-J. Close resources when they are no longer needed
[Tutorials 2013]	The try-with-resources Statement

44. 런타임 오류가 없음을 검증하는 용도로 가정검증을 사용하지 말라

진단 테스트는 assert 문장[27]을 이용하여 프로그램 안으로 통합될 수 있다. 가정검증(assertion)은 기본적으로 디버깅하는 동안 사용하기 위한 것이며 -disableassertions (혹은 -da) 자바 런타임 스위치를 이용하여 코드가 설치되기 전에 비활성화 되기도 한다. 결과적으로, 가정검증은 런타임 오류 점검을 위해서가 아니라 부적절한 프로그래머의 가정을 방지하기 위해 사용되어야 한다.

가정검증은 절대 다음과 같은 (로직이 아닌) 런타임 오류가 없음을 증명하기 위해 사용되어서는 안된다.

- 허용되지 않은 사용자 입력(커맨드-라인 매개변수와 환경 변수를 포함)
- 파일 오류(예로, 파일 열기, 읽기, 쓰기 오류들)
- 네트워크 오류(네트워크 프로토콜 오류들 포함)
- 메모리 부족 상태(자바 가상 머신이 새로운 객체 생성을 위한 공간 할당을 할 수 없고, 가비지 수집기가 충분한 가용 공간을 생성하지 못할 때)
- 시스템 자원 고갈(예로, 파일 디스크립터, 프로세스, 쓰레드의 고갈)

---

27 역자 주: 불리언 연산식으로서, 프로그래머가 참이라고 간주(가정)하는 식이다. 이 식이 참이면 프로그램이 수행되고 그렇지 않으면 오류가 발생된다. 예: assert age > 0;

- 시스템 호출 오류(예로, 파일 실행이나 뮤텍스의 잠금과 해제)
- 허용되지 않는 퍼미션(예로, 파일, 메모리, 사용자)

입출력 오류 등을 방지하기 위한 코드는 가정검증으로 구현될 수 없다. 왜냐하면 그것은 *반드시* 설치된 실행파일에 있어야 하기 때문이다.

일반적으로 가정검증은 설치 중인 서버 프로그램이나 임베디드 시스템에는 적절하지 않다. 악의적인 사용자가 실패한 가정검증을 이용하여 서비스 거부 공격을 발생시킬 수 있다. 그러한 상황에서는 로그 파일에 기록하는 것과 같은 준 장애 모드가 좀 더 적절하다.

부적절한 코드 예

이 예는 입력의 가용성을 증명하기 위해 가정검증을 사용하였다.

```
BufferedReader br;
// Set up the BufferedReader br
String line;
// ...
line = br.readLine();
assert line != null;
```

입력의 가용성은 사용자에게 달렸으며 프로그램 실행 중 언제든 입력이 소진될 수 있기 때문에, 강건한 프로그램은 입력의 가용성을 유연하게 다루고 복구할 수 있도록 준비되어 있어야 한다. 하지만, assert 문장은 서비스 거부 공격을 초래하는 프로세스의 갑작스런 종료로 이어질 수 있기 때문에, 중요 입력이 가용함을 증명하기 위해 이것을 사용하는 것은 적절하지 않다.

적절한 솔루션

이 솔루션은 입력이 가용성하지 않음을 탐지하고 처리하기 위한 추천 방법을 보여준다.

```
BufferedReader br;

// Set up the BufferedReader br

String line;

// ...

line = br.readLine();

if (line == null) {
  // Handle error
}
```

당위성

가정검증은 취약점이 될 수 있는 소프트웨어의 결점을 찾고 제거하기 위해 가치 있는 진단 툴이다. 하지만 가정검증이 없다고 해서 코드에 버그가 없다는 것은 아니다.

일반적으로, 로직 오류 점검이 아니라 런타임 점검을 위해 assert 문장을 잘못 사용한 경우를 자동적으로 탐지할 수는 없다.

참고 자료

[JLS 2013]   §14.10, "The assert Statement"

45. 조건식에서 두 번째와 세 번째 피연산자의 타입을 동일하게 사용하라

조건 연산자 ?: 는 다른 두 연산식 중 어느 것이 계산될 것인지를 결정하기 위해 첫 번째 피연산자의 boolean 값을 사용한다(JLS [JLS 2013]의 §15.25, "조건 연산자 ? :"을 참고하라).

자바의 조건 연산식의 일반적 형식은 operand1 ? operand2 : operand3 이다.

- 만약 첫 번째 피연산자(operand1)의 값이 참이면, 두 번째 피연산자식(operand2)이 선택된다.
- 첫 번째 피연산자의 값이 거짓이면, 세 번째 피연산자식(operand3)이 선택된다.

조건 연산자는 구문론적으로 우결합이다. 예로, a?b:c?d:e?f:g는 a?b:(c?d:(e?f:g))

와 같다.

조건 연산식 결과의 타입을 결정하는 JLS 규칙은(표 3-1 참조) 복잡하다. 프로그래머들은 자신들이 작성한 연산식에 대한 타입 변환을 보고 놀랄 것이다.

결과의 타입 결정은 테이블의 맨 위에서부터 시작한다. 컴파일러는 첫 번째로 일치하는 것을 적용한다. 피연산자 2열과 피연산자 3열은 (이전 정의에서) 각각 operand2와 operand3을 말한다. 표에서, `constant int`는 int 타입의 상수 연산식을 말한다('0'이나 `final`로 선언된 변수 등).

표 3-1 조건 연산식의 결과 타입 결정

규칙	피연산자 2	피연산자 3	결과 타입
1	Type T	Type T	Type T
2	boolean	Boolean	boolean
3	Boolean	boolean	boolean
4	null	reference	reference
5	reference	null	reference
6	byte 혹은 Byte	short 혹은 Short	short
7	short 혹은 Short	byte 혹은 Byte	short
8	byte, short, char, Byte, Short, Character	constant int	int 값이 출력가능하면 byte, short, char
9	constant int	byte, short, char, Byte, Short, Character	byte, short, int 값이 출력가능하면 char
10	다른 숫자형	다른 숫자형	두 번째와 세 번째 피연산자의 확대 형변환된 타입[28]
11	T1 = 박싱 변환(S1)	T2 = 박싱 변환(S2)	T1과 T2의 최소 상한값으로 캡쳐 변환[29] 적용

부적절한 코드 예

이 예에서 프로그래머는 두 출력 문장이 모두 alpha의 값을 char 타입으로 출력할

---

28 역자 주: 서로 다른 타입의 피연산자들로 인한 자동 형변환은 개념적으로 정확도가 높고 길이가 긴 타입으로 변환이 일어난다.

29 역자 주: 타입 매개변수 전달에 의해 제네릭 타입이 생성될 때의 타입 변환이다.

것으로 기대한다.

```
public class Expr {
  public static void main(String[] args) {
    char alpha = 'A';
    int i = 0;
    // Other code. Value of i may change
    boolean trueExp = true; // Expression that evaluates to true
    System.out.print(trueExp ? alpha : 0); // Prints A
    System.out.print(trueExp ? alpha : i); // Prints 65
  }
}
```

컴파일러가 표 3-1에서 두 번째와 세 번째 조건식이 char 타입이거나 혹은 char 타입으로 변환되는 경우인 8번째 규칙을 적용하기 때문에, 첫 번째 출력문은 A를 출력한다. 하지만 두 번째 출력문은 alpha의 정수값인 65를 출력한다. 표에서 첫 번째로 일치되는 것이 10번째 규칙이므로 컴파일러는 alpha의 값을 int 타입으로 확대 형변환시킨다.

적절한 솔루션

이 솔루션은 각 조건 연산식의 두 번째와 세 번째 피연산자의 타입을 동일하게 사용한다. 명시적인 형변환은 프로그래머가 기대하는 타입으로 지정한다.

```
public class Expr {
  public static void main(String[] args) {
    char alpha = 'A';
    int i = 0;
    boolean trueExp = true; // Expression that evaluates to true
    System.out.print(trueExp ? alpha : 0); // Prints A
    // Deliberate narrowing cast of i; possible truncation OK
    System.out.print(trueExp ? alpha : ((char) i)); // Prints A
  }
}
```

두 번째 조건 연산식의 i의 값이 char로 표현될 수 있는 범위를 벗어날 때, 명시적 형변환은 벗어나는 값을 잘라버릴 것이다. 이것은 *자바용 CERT 오라클 보안 코딩 표준*의 NUM12-J의 NUM12-EX0 "숫자 타입의 축소 형변환으로 인해 결과가 손실되거나 잘못 해석되지 않도록 보장하라"[Long 2012]를 따른 것이다.

부적절한 코드 예

이 예는 HashSet의 크기를 예상 결과(0~50 사이값)가 아닌 100으로 출력한다.

```
public class ShortSet {
  public static void main(String[] args) {
    HashSet<Short> s = new HashSet<Short>();
    for (short i = 0; i < 100; i++) {
      s.add(i);
      // Cast of i-1 is safe,
      // because value is always representable
      Short workingVal = (short) (i-1);
      // ... Other code may update workingVal
      s.remove(((i % 2) == 1) ? i-1 : workingVal);
    }
    System.out.println(s.size());
  }
}
```

조건 연산식의 두 번째 매개변수(i-1)에서 short와 int의 혼합은, 정수의 형변환 규칙에 따라 결과값의 타입을 int로 만든다. 결과적으로, 세 번째 매개변수 Short 객체는 short로 언박싱된[30] 후 int로 확대 형변환된다. 그런 다음, 조건 연산식의 결과는 자동적으로 Integer 타입의 객체로 박싱된다. HashSet은 Short 타입의 값만을 가질 수 있기 때문에 HashSet.remove() 호출은 아무 효과가 없다.

적절한 솔루션

이 솔루션은 두 번째 피연산자를 short 타입으로 형변환한 다음, 값이 i-1인 Short 인스턴스를 생성하기 위해 명시적으로 Short.valueOf() 메서드를 호출한다.

```
public class ShortSet {
  public static void main(String[] args) {
    HashSet<Short> s = new HashSet<Short>();
    for (short i = 0; i < 100; i++) {
      s.add(i);
      // Cast of i-1 is safe, because the
      // resulting value is always representable
```

---

30 역자 주: int, dobule 등과 같은 기본형 변수를 그에 대응되는 Integer, Double형 객체로 변환하는 것을 박싱(boxing)이라고 한다. 반대 방향으로의 변환을 언박싱(unboxing)이라고 한다.

```
      Short workingVal = (short) (i-1);
      // ... other code may update workingVal

      // Cast of i-1 is safe, because the
      // resulting value is always representable
      s.remove(((i % 2) == 1) ? Short.valueOf((short) (i-1)) :
        workingVal);
    }
    System.out.println(s.size());
  }
}
```

형변환의 결과로 조건 연산식의 두 번째와 세 번째 피연산자 모두 Short 타입을 가지며, remove() 호출은 예상된 결과를 산출한다.

두 번째와 세 번째 피연산자 모두 short 타입이므로 조건 연산식 ((i % 2) == 1) ? (short) (i-1)) : workingVal은 이 가이드라인을 준수한다. 그러나, 이 방법은 루프의 매 짝수번째 반복마다 workingVal을 언박싱하도록 하고 루프의 매 반복마다 조건 연산식의 결과를 (short에서 Short로) 자동박싱하도록 하기 때문에 덜 효율적이다.

당위성

조건 연산식의 두 번째와 세 번째 피연산자가 서로 다른 타입을 가질 때, 예상하지 못한 타입 변환 규칙을 따를 수 있다.

두 번째와 세 번째 피연산자가 서로 다른 타입을 가지는 조건 연산식을 자동적으로 탐지하는 것은 간단하다.

참고 자료

[Bloch 2005]	Puzzle 8, "Dos Equis"
[Findbugs 2008]	"Bx: Primitive Value Is Unboxed and Coerced for Ternary Operator"
[JLS 2013]	§15.25, "Conditional Operator ? :"
[Long 2012]	NUM12-J. Ensure conversions of numeric types to narrower do not result in lost or misinterpreted data

46. 다이렉트 핸들을 시스템 자원으로 직렬화하지 마라

직렬화된 객체는 봉인과 서명 메커니즘을 이용하여 보호하지 않는 한, 자바 프로그램 영역 밖에서 변형될 수 있다(*자바용 CERT 오라클 보안 코딩 표준*[Long 2012]의 "ENV01-J. 모든 보안에 민감한 코드는 하나의 JAR로 만들어서 서명하고 봉인하라"를 참고하라.) 만약 시스템 자원을 참조하는 객체가 직렬화되고 공격자가 직렬화된 형태의 객체를 변경할 수 있으면, 직렬화된 핸들이 참조하는 시스템 자원을 변경할 수 있다. 예를 들어서, 공격자가 시스템에 있는 임의의 파일을 참조하는 직렬화된 파일 핸들을 변경할지도 모른다. 보안 관리자가 없는 경우에 파일 핸들을 사용하는 모든 작업은 공격자가 제공하는 파일 경로와 파일명을 가지고 수행될 것이다.

부적절한 코드 예

이 예는 Ser 클래스 안에 있는 직렬화된 File 객체를 선언한다.

```
final class Ser implements Serializable {
  File f;
  public Ser() throws FileNotFoundException {
    f = new File("c:\\filepath\\filename");
  }
}
```

객체의 직렬화된 형태가 파일 경로를 노출하고 있으며 그 경로는 변경될 수 있다. 객체가 비직렬화될 때, 변경된 경로를 가지고 수행되어 잘못된 파일을 읽거나 수정할 수 있도록 한다.

적절한 솔루션(Serializable을 구현하지 않음)

이 솔루션은 java.io.Serializable을 구현하지 않는 final 클래스를 보여준다. 따라서 File 객체는 직렬화될 수 없다.

```
final class Ser {
  File f;
  public Ser() throws FileNotFoundException {
    f = new File("c:\\filepath\\filename");
  }
}
```

적절한 솔루션(transient로 지정된 객체)

이 솔루션은 File 객체를 transient로 선언한다. 파일 경로가 클래스의 나머지 부분과 함께 직렬화되지 않으며 결과적으로 공격자에게 노출되지 않는다.

```
final class Ser implements Serializable {
  transient File f;
  public Ser() throws FileNotFoundException {
    f = new File("c:\\filepath\\filename");
  }
}
```

당위성

다이렉트 핸들들을 시스템 자원으로 직렬화하는[31] 것은 참조되는 자원이 변경되도록 허용할 수 있다.

참고 자료

[Long 2012]   ENV01-J. Place all security-sensitive code in a single JAR and sign and seal it

[Oracle 2013c]   Java Platform Standard Edition 7 Documentation

47. 열거형보다는 반복자를 사용하라

자바 API 인터페이스 Enumeration<E> 문서 [API 2013]에 따르면,

> Enumeration 인터페이스를 구현하는 객체는 원소를 한 번에 하나씩 만들어서 시리즈를 생성한다. 연속된 nextElement 메서드 호출은 시리즈의 다음 원소들을 반환한다.

예로서, 다음 코드는 Vector의 내용을 출력하기 위해 Enumeration을 사용한다.

```
for (Enumeration e = vector.elements(); e.hasMoreElements();) {
  System.out.println(e.nextElement());
}
```

---

31 역자 주: 원서에는 "deserializing"라고 되어 있으나, serializing의 오기로 보인다.

자바 API[API 2013]은 "새로 구현할 때는 Enumeration 보다는 Iterator의 사용을 고려해야 한다"라고 권고한다. 반복자(iterator)가 더 간단한 메서드 이름을 사용하고 있으며 열거형과 달리 의미 정의가 잘 되어 있기 때문에, 컬렉션에 대해 반복적으로 원소를 제거할 때 열거형 보다 반복자가 우수하다. 따라서, 반복될 수 있는 컬렉션을 조사할 때는 열거형보다는 반복자를 사용해야 한다.

부적절한 코드 예

이 예는 removeAccounts() 메서드를 가진 BankOperations 클래스를 구현한다. removeAccounts()는 이름으로 식별되는 계좌의 소유주에 대하여 그가 가진 모든 계좌를 해지시킨다. 만약 한 사람이 여러 계좌를 가지고 있다면 벡터 안에 이름이 반복될 수 있다. remove() 메서드는 모든 벡터 원소와 "Harry"라는 이름을 반복적으로 비교한다.

```
class BankOperations {
  private static void removeAccounts(Vector v, String name) {
    Enumeration e = v.elements();

    while (e.hasMoreElements()) {
      String s = (String) e.nextElement();
      if (s.equals(name)) {
        v.remove(name); // Second Harry is not removed
      }
    }

    // Display current account holders
    System.out.println("The names are:");
    e = v.elements();
    while (e.hasMoreElements()) {
      // Prints Dick, Harry, Tom
      System.out.println(e.nextElement());
    }
  }

  public static void main(String args[]) {
    // List contains a sorted array of account holder names
    // Repeats are admissible
    List list = new ArrayList(Arrays.asList(
      new String[] {"Dick", "Harry", "Harry", "Tom"}));
    Vector v = new Vector(list);
    removeAccount(v, "Harry");
  }
}
```

첫 "Harry"를 만나면, 해당 엔트리를 성공적으로 제거하고 벡터의 크기를 3 감소시킨다. 하지만, Enumeration의 색인은 변하지 않고 남아 있는 상태이기 때문에 프로그램은 다음으로(이제 마지막인) "Tom"과 비교한다. 결과적으로 두 번째 "Harry"는 벡터 안에서 두 번째 위치로 이동되었기 때문에 삭제되지 않고 벡터 안에 그대로 남아 있게 된다.

적절한 솔루션

자바 API 인터페이스 Iterator<E> 문서[API 2013]에 따르면,

> Iterator는 자바의 컬렉션 프레임워크의 Enumeration을 대신한다. 반복자는 2가지 면에서 열거형과 다르다.
>
> ■ 반복자는 호출자가 잘 정의된 의미론에 기반하여 컬렉션에서 반복적으로 원소들을 제거할 수 있도록 해준다.
>
> ■ 메서드 이름이 개선되었다.

이 솔루션은 앞에서 기술한 부적절한 코드를 수정하고 Enumeration에 비한 Iterator의 장점을 보여준다.

```
class BankOperations {
  private static void removeAccounts(Vector v, String name) {
    Iterator i = v.iterator();

    while (i.hasNext()) {
      String s = (String) i.next();
      if (s.equals(name)) {
        i.remove(); // Correctly removes all instances
                    // of the name Harry
      }
    }

    // Display current account holders
    System.out.println("The names are:");
    i = v.iterator();
    while (i.hasNext()) {
      System.out.println(i.next()); // Prints Dick, Tom only
    }
  }
}
```

```
public static void main(String args[]) {
  List list = new ArrayList(Arrays.asList(
    new String[] {"Dick", "Harry", "Harry", "Tom"}));
  Vector v = new Vector(list);
  remove(v, "Harry");
}
}
```

당위성

반복적인 Collection에서 제거 동작들을 수행할 때 Enumeration을 사용하는 것은
예기치 못한 프로그램 동작을 야기시킬 수도 있다.

참고 자료

[API 2013]   Interface Enumeration<E>
                    Interface Iterator<E>
[Daconta 2003]   Item 21, "Use Iteration over Enumeration"

48. 수명이 짧고 사용빈도가 낮은 객체용으로 다이렉트 버퍼를 사용하지 말라

java.nio에 있는 새로운 I/O(NIO) 클래스들은 다이렉트 버퍼를 생성하고 사용할 수
있게 해준다. 이러한 버퍼들은 반복되는 I/O 활동을 위해 처리량을 엄청나게 증가시
킨다. 하지만, 그들을 생성하고 재사용하는 것은 힙-기반의 비-다이렉트 버퍼를 생성
하고 재사용하는 것보다 비용이 더 많이 든다. 왜냐하면 다이렉트 버퍼들은 OS-특정
의 네이티브 코드에 의해 관리되기 때문이다. 이러한 부가적인 관리 비용 때문에 일회
용 사용이나 간헐적 사용을 위해 다이렉트 버퍼를 사용하는 것은 좋지 않다. 또한 다
이렉트 버퍼는 자바의 가비지 수집 대상에서 제외된다. 따라서, 다이렉트 버퍼의 무분
별한 사용은 메모리 누출을 야기시킨다. 마지막으로, 커다란 다이렉트 버퍼의 할당은
OutOfMemoryError를 발생시킬 수 있다.

부적절한 코드 예

이 예는 단기간 사용하는 로컬 객체인 rarelyUsedBuffer와 장기간 동안 빈번하게 사

용하는 객체인 heavilyUsedBuffer 모두를 사용한다. 둘 다 비-힙 메모리에 할당되며 가비지 수집되지 않는다.

```
ByteBuffer rarelyUsedBuffer = ByteBuffer.allocateDirect(8192);
// Use rarelyUsedBuffer once

ByteBuffer heavilyUsedBuffer = ByteBuffer.allocateDirect(8192);
// Use heavilyUsedBuffer many times
```

적절한 솔루션

이 솔루션은 단기간 동안 간헐적으로 사용되는 객체에 비-다이렉트 버퍼를 사용한다. 빈번하게 사용되는 버퍼는 힙이 아닌 그리고 가비지 수집되지 않는 다이렉트 버퍼를 계속 사용한다.

```
ByteBuffer rarelyUsedBuffer = ByteBuffer.allocate(8192);
// Use rarelyUsedBuffer once

ByteBuffer heavilyUsedBuffer = ByteBuffer.allocateDirect(8192);
// Use heavilyUsedBuffer many times
```

당위성

다이렉트 버퍼는 자바의 가비지 수집 대상에서 벗어나며, 무분별하게 사용할 경우 메모리 누출을 야기시킬 수 있다. 일반적으로, 다이렉트 버퍼는 그것을 사용했을 때 성능면에서 큰 이득이 있을 때만 할당되어야 한다.

참고 자료

[API 2013]   Class ByteBuffer

49. 장기 컨테이너 객체로부터 단기 객체를 삭제하라

작업이 종료되었을 때, 항상 수명이 긴(장기) 컨테이너로부터 수명이 짧은(단기) 객체를 삭제하라. 예를 들어서, java.nio.channels.SelectionKey 객체에 결부된 객체들은 더 이상 필요하지 않을 때 제거되어야 한다. 이와 유사하게, ArrayList와 같은 배열 기반의 자료구조일 경우에는, ArrayList의 각 배열 원소를 null로 설정함으로써 원소가 없음을 명시해야 한다.

이 가이드라인은 특히 컨테이너에서 참조하는 객체에 대해 설명한다. 예로, 객체를 null로 설정하는 것은 가비지 수집에 도움을 주지 않는다. 가이드라인 75, "가비지 수집기를 위해 지역 레퍼런스 변수에 null을 설정하려고 하지 말라"를 참고하라.

부적절한 코드 예(단기 객체의 삭제)

이 코드 예에서, 장기 ArrayList 컨테이너는 장기와 단기 원소들에 대한 레퍼런스를 모두 포함하고 있다. 프로그래머는 객체에 "dead" 플래그를 설정함으로써 원소들을 무의미하게 만든다.

```
class DataElement {
   private boolean dead = false;
   // Other fields

   public boolean isDead() { return dead; }
   public void killMe() { dead = true; }
}

// ... Elsewhere

List<DataElement> longLivedList = new ArrayList<DataElement>();

// Processing that renders an element irrelevant

// Kill the element that is now irrelevant
longLivedList.get(someIndex).killMe();
```

가비지 수집기는 DataElement 객체가 더 이상 참조되지 않을 때까지 무의미한(dead로 설정된) DataElement를 수집하지 못한다. DataElement 클래스의 객체들을 가지고 작업하는 모든 메서드들은 사용 중인 인스턴스가 무의미한 것인지 검사해야만 한다는 것에 주목하라.

적절한 솔루션(레퍼런스를 null로 설정)

이 솔루션에서는 dead 플래그를 사용하기 보다는 프로그래머가 무의미하게 된 Array-List 원소에 null을 할당한다.

```
class DataElement {
    // Dead flag removed
    // Other fields
}

// Elsewhere
List<DataElement> longLivedList = new ArrayList<DataElement>();

// Processing that renders an element irrelevant

// Set the reference to the irrelevant DataElement to null
longLivedList.set(someIndex, null);
```

longLivedList에 동작하는 모든 코드는 리스트의 원소가 널인지 점검해야 한다는 사실에 주목하라.

적절한 솔루션(null 객체 패턴 사용)

이 솔루션은 원소가 하나인 감시(sentinel) 객체를 사용하여 일부러 널을 참조하는 문제를 방지한다. 이 기법은 널 객체 패턴(*Null Object Pattern*) (감시 패턴으로도 알려짐)이라고 알려져 있다.

```
class DataElement {
  public static final DataElement NULL = createSentinel();
      // Dead flag removed
      // Other fields

  private static final DataElement createSentinel() {
      // Allocate a sentinel object, setting all its fields
      // to carefully chosen "do nothing" values
  }
}

// Elsewhere
List<DataElement> longLivedList = new ArrayList<DataElement>();

// Processing that renders an element irrelevant
// Set the reference to the irrelevant DataElement to
// the NULL object
```

가능하다면, 프로그래머는 가이드라인 41 "배열이나 컬렉션을 반환하는 메서드에서 널 값 대신 빈 배열이나 컬렉션을 반환하라"에서 기술된 바와 같이 명시적인 널 참조 값보다는 이 설계 방식을 사용해야 한다.

이 방식을 사용할 때, 널 객체는 오직 하나의 final 객체 원소를 가져야 한다. 그것은 DataElement 클래스의 전반적인 설계에 따라 public 이거나 private일 수 있다. 널 객체는 생성된 후에는 불변적이어야 한다. 불변성은 final 필드나 DataElement 클래스의 메서드 내에서 명시적 코드로 줄 수 있다. 이 설계 방식에 대한 부가적 정보는 *자바의 패턴 제1권 2차 개정판*의 8장 "행동 패턴, 널 객체"[Grand 2002]와 *자바용 CERT 오라클 보안 코딩 표준* [Long 2012]의 "ERR08-J. "NullPointerException과 그 상위 예외들을 포착하지 마라"를 참고하라.

당위성

단기 객체를 장기 컨테이너 객체 안에 남겨두면 가비지 수집기가 복구할 수 없는 메모리를 소모시키며, 메모리 고갈과 서비스 거부 공격을 야기시킬 수 있다.

참고 자료

[Grand 2002]   Chapter 8, "Behavioral Patterns, the Null Object"
[Long 2012]   ERR08-J. Do not catch NullPointerException or any of its ancestors

Java™ Coding Guidelines

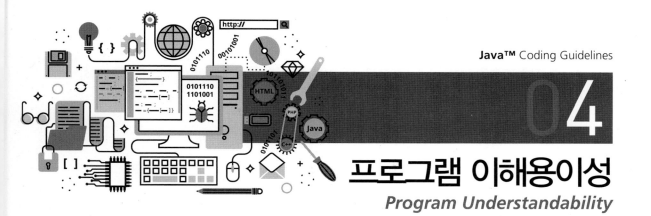

프로그램 이해용이성
Program Understandability

프로그램 *이해용이성*은 프로그램이 쉽게 이해될 수 있음을 말한다. 즉 소스 코드와 관련 문서를 읽고 프로그램이 무엇을 하는가와 어떻게 작동하는가를 결정짓게 하는 능력이다[Grubb 2003]. 명백하고 이해하기 쉬운 코드에는 소프트웨어 유지보수자가 문제를 이입시킬 가능성이 낮아지기 때문에, 이해하기 쉬운 코드를 관리하는 것이 더 쉽다. 이해용이성은 감사자에게 결점과 취약점을 찾아내기 쉽도록 하기 때문에, 소스코드에 대한 수동 분석에 도움이 된다.

이 장의 몇몇 가이드라인들은 사실상 스타일의 문제이다. 그것들은 자바 프로그래머가 명백하고 좀 더 가독성 있는 코드를 작성할 수 있도록 도와줄 것이다. 이 가이드라인을 준수하지 못하면 모호한 코드와 설계 결점이라는 결과를 낳을 것이다.

50. 시각적으로 오해의 소지가 있는 식별자와 리터럴 사용에 주의하라

코드를 개발하고 검토하는 동안 시각적으로 다른 식별자들을 오독할 가능성은 낮다. 사용된 폰트에 따라 특정 문자들은 시각적으로 비슷하거나 동일하게 보여서 잘못 해석될 수 있다. 표 4-1에 있는 예들을 참고하라.

자바 언어 규격(JLS, Java Language Specification)은 유니코드 문자 인코딩을[Unicode 2013] 사용하여 프로그램 소스 코드를 작성하도록 요구한다. 일부 서로 다른 유니코드 문자들이 여러 폰트에서 동일한 모양의 문자로 출력된다. 예를 들어서, 그리스와 콥트 문자들(유니코드 범위 0370-03FF)은 수학적 알파뉴메릭 심볼들(유니코드 범위 1D400-1D7FF)의 일부 그리스 문자와 구분이 불가능하다.

표 4-1 오인되는 문자들

의도된 문자	상호 오인될 수 있는 문자
0 (영)	O (대문자 *o*) D (대문자 *d*)
1 (일)	I (대문자 *i*) l (소문자 *L*)
2 (이)	Z (대문자 *z*)
5 (오)	S (대문자 *s*)
8 (팔)	B (대문자 *b*)
n (소문자 *N*)	h (소문자 *H*)
rn (소문자 *R*, 소문자 *N*)	m (소문자 *M*)

식별자가 여러 문자 집합에서 사용되는 모양을 가진 유니코드 문자를 포함하지 않도록 하라. 간단한 방법 중의 하나는 식별자에 ASCII나 Latin-1 문자들만 사용하는 것이다.

여러 식별자들이 서로 한 개의 문자만 다르고 나머지는 같은 문자나 비슷한 문자들로 구성되도록 하지 말라. 또한, 인식에 도움 되도록 긴 식별자의 시작 부분을 다르게 하라.

JLS §3.10.1, "정수 리터럴" [JLS 2013]에 따르면,

> 접미사가 ASCII 문자 L 혹은 1(엘)이라면, 정수 리터럴은 long 타입이다. 그렇지 않으면 int 형이다. 문자 1(엘)은 종종 1(일)과 구분되기 어렵기 때문에 접미사 L이 선호된다.

따라서, 정수 리터럴이 long 타입임을 보이고자 할 때 프로그래머의 의도를 명확하게 하기 위해서는 l이 아닌 L을 사용하라.

실제로 0으로 시작하는 정수 리터럴은 10진수가 아니라 8진수를 나타낸다. §3.10.1, "정수 리터럴" [JLS 2013]에 따르면,

> 8진수는 ASCII 숫자 0으로 시작해서 밑줄로 연결되는[32] 하나 이상의 0과 7사이의 AS-CII 숫자로 구성되며, 양수, 0, 음수 정수를 표현할 수 있다.

---

32 역자 주: JLS 7부터는 긴 정수 리터럴의 가독성을 높이기 위해 '_'을 사용할 수 있도록 하였다. 예로, 편의에 따라 16진수를 16비트씩 구분하여 0x12d4_063f 와 같이 표기할 수 있다.

이것을 제대로 이해하지 못하면 프로그래밍 오류로 이어지며, 여러 개의 상수를 선언하면서 0으로 채워서 형식을 맞추려고 할 때 발생하기 쉽다.

부적절한 코드 예

이 예는 동일한 영역 안에서 쉽게 혼동될 수 있으며 서로 잘못 바꾸어 쓸 수 있는 두 개의 변수 stem과 stern를 가지고 있다.

```
int stem;  // Position near the front of the boat
/* ... */
int stern; // Position near the back of the boat
```

적절한 솔루션

이 예는 변수들에게 가시적으로 다른 식별자를 사용함으로써 혼란을 제거했다.

```
int bow;    // Position near the front of the boat
/* ... */
int stern; // Position near the back of the boat
```

부적절한 코드 예

이 예는 두 개의 정수(11111)가 합산되는 것처럼 보이지만 int와 long 값의 합을 출력한다.

```
public class Visual {
  public static void main(String[] args) {
    System.out.println(11111 + 1111l);
  }
}
```

적절한 솔루션

이 솔루션은 두 번째 정수를 명확하게 인식할 수 있도록 소문자 l 대신 대문자 L(long)을 사용한다. 이것은 부적절한 코드 예에서의 동작과 같지만 프로그래머의 의도가 명백하게 드러난다.

```
public class Visual {
  public static void main(String[] args) {
    System.out.println(11111 + 1111L);
  }
}
```

부적절한 코드 예

이 예는 배열에 저장할 때 10진수와 8진수를 섞어 쓴다.

```
int[] array = new int[3];

void exampleFunction() {
  array[0] = 2719;
  array[1] = 4435;
  array[2] = 0042;
  // ...
}
```

array의 세 번째 원소는 10진수 값 42를 가지도록 의도한 것으로 보이나, 10진수 24(8진수 42에 대응되는)가 할당되었다.

적절한 솔루션

정수 리터럴이 10진수 값을 표현하도록 하고자 할 때 시작부분을 0으로 패딩하지 말라. 대신, 숫자의 정렬을 위해서는 공백으로 패딩하는 등 다른 방법을 사용하라.

```
int[] array = new int[3];

void exampleFunction() {
  array[0] = 2719;
  array[1] = 4435;
  array[2] =   42;
  // ...
}
```

당위성

가시적으로 구분할 수 없는 식별자들을 사용하면, 잘못된 식별자를 사용하게 하고 예기치 못한 프로그램 동작을 야기시킬 수 있다.

비슷하게 보이는 이름을 가진 식별자들을 경험적으로 찾아내는 것은 간단하다. 정수가 long 값임을 나타낼 때 소문자 l을 숫자 1과 혼동하는 것은 잘못된 계산 결과를 낳을 수 있다. 자동적 탐지는 쉽게 이루어질 수 있다.

10진수와 8진수를 혼용하면 부적절하게 초기화되거나 할당될 수 있다.

0으로 시작하는 정수 리터럴의 탐지는 쉽다. 그러나 프로그래머의 의도가 8진수 리터럴인지 10진수 리터럴인지를 결정하는 것은 불가능하다. 따라서, 확실한 자동화된 탐지는 불가능하고 경험적 검사가 유용할 것이다.

참고 자료

[Bloch 2005]	Puzzle 4, "It's Elementary"
[JLS 2013]	§3.10.1, "Integer Literals"
[Seacord 2009]	DCL02-C. Use visually distinct identifiers
[Unicode 2013]	

51. 가변형 메서드의 모호한 오버로딩을 삼가하라

*가변형(variable arity(varargs))*이라는 특성은 가변적인 매개변수 개수를 지원하기 위해 JDK v1.5.0에서 도입되었다.

자바 SE 6 문서[Oracle 2011b]에 따르면,

> API 설계자는 [가변형 메서드]의 장점을 확실하게 사용해야 할 때만 사용해야 하고, 자주 사용해서는 안된다. 일반적으로 가변형 메서드를 오버로드해서는 안된다. 그렇지 않다면 프로그래머는 오버로드된 어떤 메서드가 호출될지 파악하기 어렵게 될 것이다.

부적절한 코드 예

이 예에서, 오버로드된 가변형 메서드는 어떤 `displayBooleans()`가 호출될지 모호하게 만든다.

```
class Varargs {
  private static void displayBooleans(boolean... bool) {
```

```
        System.out.print("Number of arguments: "
                          + bool.length + ", Contents: ");

        for (boolean b : bool) {
            System.out.print("[" + b + "]");
        }
    }
    private static void displayBooleans(boolean bool1,
                                        boolean bool2) {
        System.out.println("Overloaded method invoked");
    }
    public static void main(String[] args) {
        displayBooleans(true, false);
    }
}
```

매개변수의 수가 가변적이지 않은 메서드 정의가 더 구체적이기 때문에, 따라서 호출하는 매개변수에 더 잘 맞기 때문에 이 프로그램은 다음과 같이 출력한다. 그러나 이렇게 복잡하게 해서는 절대 안된다.

```
Overloaded method invoked
```

적절한 솔루션

매개변수가 가변인 오버로드된 메서드를 사용하지 않도록, 반드시 의도한 메서드가 호출될 수 있도록 다음 솔루션에서와 같이 서로 다른 메서드 이름을 사용하라.

```
class Varargs {
    private static void displayManyBooleans(boolean... bool) {
        System.out.print("Number of arguments: "
                          + bool.length + ", Contents: ");

        for (boolean b : bool) {
            System.out.print("[" + b + "]");
        }
    }
    private static void displayTwoBooleans(boolean bool1,
                                           boolean bool2) {
        System.out.println("Overloaded method invoked");
        System.out.println("Contents: ["
                           + bool1 + "], [" + bool2 + "]");
    }
    public static void main(String[] args) {
```

```
        displayManyBooleans(true, false);
    }
}
```

당위성

오버로드된 가변형 메서드는 모호성을 유발시키며 코드의 가독성을 약화시킨다.

이 규칙을 어기는 경우가 있다면 성능을 위한 경우일 것이다. 그러한 이유들 중의 하나는 메서드 호출 때마다 배열 인스턴스를 생성하고 초기화하는 비용을 줄이기 위한 경우이다[Bloch 2008].

```
public void foo() { }
public void foo(int a1) { }
public void foo(int a1, int a2, int... rest) { }
```

가변형 메서드를 오버로드할 때, 어떤 메서드가 호출되어야 하는지 모호하지 않도록 하는 것이 중요하다. 앞에서 소개한 코드는 모호하지 않은 메서드 시그너처를 사용함으로써 잘못된 메서드가 선택될 수 있는 가능성을 피했다.

자동화된 탐지는 간단하다.

참고 자료

[Bloch 2008]	Item 42, "Use Varargs Judiciously"
[Steinberg 2008]	Using the Varargs Language Feature
[Oracle 2011b]	Varargs

52.   인밴드 오류 지표를 삼가하라

인밴드 오류 지표란 메서드가 반환하는 값으로서, 정상적인 반환값인지 오류를 나타내는 비정상적인 반환값인지를 나타낸다. 일반적인 인밴드 오류 지표 예는 다음과 같다.

- 유효한 객체 혹은 널 레퍼런스
- 양의 정수 혹은 오류 발생을 의미하는 정수 - 1
- 유효한 객체 배열 혹은 유효한 객체가 없음을 나타내는 널 레퍼런스 (이 주제는 가

이드라인 41, "배열이나 컬렉션을 반환하는 메서드에서 널 값 대신 빈 배열이나 컬렉션을 반환하라"에서 설명된다)

인밴드 오류 지표는 호출자가 오류를 검사하기를 의도하는 것이지만, 종종 이 검사가 간과된다. 그러한 오류 상태를 검사하지 못하면, *자바용 CERT 오라클 보안 코딩 표준* [Long 2012], "EXP00-J. 메서드의 반환값을 무시하지 말라"를 위배한 것일 뿐만 아니라, 추후 프로그램 수행 시 유효하지 않은 값을 유효한 것으로 처리하도록 하는 불행한 효과로 확대될 것이다.

인밴드 오류 지표를 삼가하라. 자바 코드 라이브러리에서는 다른 프로그래밍 언어보다 인밴드 오류 지표가 일반적이지 않다. 그럼에도 불구하고, java.io에 있는 read(byte[] b, int off, int len)와 read(char[] cbuf, int off, int len) 메서드 패밀리에서 사용된다.

자바에서, 예외적 상황을 나타내는 가장 좋은 방법은 오류 코드를 반환하기 보다는 예외를 발생시키는 것이다. 예외는 영역을 넘어 전파되며 오류 코드처럼 무시될 수 없다. 예외를 사용할 때 오류-탐지와 오류-처리 코드는 메인 제어 흐름과는 별개로 유지된다.

부적절한 코드 예

이 예는 문자 배열로 값을 읽어들이고 버퍼의 입력된 문자 바로 뒤에 별도의 문자를 추가한다.

```
static final int MAX = 21;
static final int MAX_READ = MAX - 1;
static final char TERMINATOR = '\\';
int read;
char [] chBuff = new char[MAX];
BufferedReader buffRdr;

// Set up buffRdr

read = buffRdr.read(chBuff, 0, MAX_READ);
chBuff[read] = TERMINATOR;
```

하지만 만약 입력 버퍼가 초기에 파일-끝(end-of-file)으로 초기화되어 있다면, read()

메서드는 −1을 반환할 것이고 경계 문자를 저장하려고하면 ArrayIndexOutOfBound-sException을 발생시킬 것이다.

적절한 솔루션(래핑)

이 솔루션은 원래의 read() 메서드를 래핑(wrapping)하고 파일-끝이 탐지되면 예외를 발생시키는 readSafe() 메서드를 정의한다.

```
public static int readSafe(BufferedReader buffer, char[] cbuf,
                    int off, int len) throws IOException {
  int read = buffer.read(cbuf, off, len);
  if (read == -1) {
    throw new EOFException();
  } else {
    return read;
  }
}

// ...

BufferedReader buffRdr;

// Set up buffRdr

try {
   read = readSafe(buffRdr, chBuff, 0, MAX_READ);
   chBuff[read] = TERMINATOR;
} catch (EOFException eof) {
   chBuff[0] = TERMINATOR;
}
```

당위성

인밴드 오류 지표는 프로그래머로 하여금 상태 코드를 검사하지 못하게 하거나 잘못된 반환값을 사용하게 하여 예기치 못한 동작을 유도하게 될 것이다.

자바에서 비교적 간헐적으로 발생하는 인밴드 오류 지표에 대해, 그것을 사용하는 모든 표준 라이브러리 메서드 목록을 만들고 그 사용을 자동적으로 탐지하는 것이 가능할지도 모른다. 하지만, 인밴드 오류 지표를 안전하게 사용하는지를 탐지하는 것은 일반적으로 가능하지 않다.

실패할 경우에 널을 반환하고 성공할 경우에 유효한 객체를 반환하는 것은 인밴드 오류 지표의 일반적 예이다. 비록 종종 더 나은 설계가 가능하더라도, 일부 환경에서는 널 객체를 반환하는 것이 괜찮을 수 있다. 예로서 가이드라인 26, "메서드의 결과값에 대해 항상 피드백을 제공하라"를 참고하기 바란다.

참고 자료

[API 2013]	Class Reader
[JLS 2013]	Chapter 11, "Exceptions"
[Long 2012]	EXP00-J. Do not ignore values returned by methods

53. 조건식에서 대입문을 실행하지 말라

조건식에서 대입(할당) 연산자를 사용하는 것은 종종 프로그래머의 오류로 인한 것이며, 예기치 못한 동작을 낳을 수 있다. 대입 연산자는 다음과 같은 문맥에서 사용되어서는 안된다.

- `if` (제어 산술식)
- `while` (제어 산술식)
- `do ... while` (제어 산술식)
- `for` (두 번째 피연산자)
- `switch` (제어 산술식)
- `?:` (첫 번째 피연산자)
- `&&` (임의의 피연산자)
- `||` (임의의 피연산자)
- 삼항 연산식이 사용된 경우, `?:` (두 번째 혹은 세 번째 피연산자)

부적절한 코드 예

이 예에서, `if` 문장의 제어 연산식이 대입 연산식이다.

```
public void f(boolean a, boolean b) {
  if (a = b) {
    /* ... */
```

```
  }
}
```

비록 프로그래머의 의도가 b를 a에 대입하고 결과값을 테스트하는 것일 수도 있으나, 프로그래머가 실수로 동등 연산자 == 대신에 대입 연산자를 잘못 쓴 경우가 많다.

적절한 솔루션

이 솔루션에서 조건부 블록은 a가 b와 동일할 때만 수행한다.

```
public void f(boolean a, boolean b) {
  if (a == b) {
    /* ... */
  }
}
```

의도되지 않은 b의 대입은 발생할 수 없다.

적절한 솔루션

대입하려고 한 경우일 때, 이 솔루션은 프로그래머의 의도를 명확하게 한다.

```
public void f(boolean a, boolean b) {
  if ((a = b) == true) {
    /* ... */
  }
}
```

적절한 솔루션

명시적인 대입 이후에 if 조건문을 두는 것이 로직 표현을 더 명확하게 한다.

```
public void f(boolean a, boolean b) {
  a = b;
  if (a) {
    /* ... */
  }
}
```

부적절한 코드 예

이 예에서, 대입 연산식은 **&&**의 피연산자처럼 보인다.

```
public void f(boolean a, boolean b, boolean flag) {
  while ( (a = b) && flag ) {
    /* ... */
  }
}
```

&&가 비교 연산자가 아니기 때문에 대입문은 적절하지 않은 피연산자이다. 이것 역시 프로그래머가 실수로 동등 연산자 == 대신에 대입 연산자 =를 사용하는 경우이다.

적절한 솔루션

a에 b를 대입하려는 것이 아닌 경우에, a가 b와 같고 `flag`가 `true`일 때만 조건부 블록이 수행된다.

```
public void f(boolean a, boolean b, boolean flag) {
  while ( (a == b) && flag ) {
    /* ... */
  }
}
```

당위성

조건 연산식을 제어하는 데 있어서, 대입 연산자를 사용하는 것은 종종 프로그래머 오류일 경우가 많으며 예기치 못한 동작으로 이어진다.

```
public void assignNocontrol(BufferedReader reader)
    throws IOException {
  String line;
  while ((line = reader.readLine()) != null) {
    // ... Work with line
  }
}
```

참고 자료

[Hatton 1995]   §2.7.2, "Errors of Omission and Addition"

54.   if, for, while 문의 몸체에 중괄호를 사용하라

if, for 그리고 while 문의 몸체가 한 문장일 경우에도 중괄호를 열고 닫아라. 중괄호는 코드의 일관성과 가독성을 높인다.

더 중요한 것은, 하나의 문장으로 이루어진 몸에체 문장을 추가할 때 중괄호 넣는 것을 잊어버리기 쉽다는 것이다. 왜냐하면 보통 프로그램에서 사용하는 들여쓰기는 구조를 파악하게 하는 강력한 (그러나 잘못된 결과를 만드는) 지침이 되기 때문이다.

부적절한 코드 예

이 코드 예는 중괄호 없는 if 문장으로 사용자를 인증한다.

```
int login;

if (invalid_login())
  login = 0;
else
  login = 1;
```

이 프로그램은 예상대로 동작한다. 하지만, 이후에 유지보수자가 디버깅 문장이나 로직을 추가하면서 중괄호 추가를 잊어버릴 수 있다.

```
int login;

if (invalid_login())
  login = 0;
else
  // Debug line added below
  System.out.println("Login is valid\n");
  // The next line is always executed
  login = 1;
```

코드의 들여쓰기는 프로그램의 기능을 오인하게 하고 보안 취약점을 내재시킨다.

적절한 솔루션

이 솔루션은 비록 if 문의 if와 else 몸체가 한 문장일지라도 중괄호를 사용한다.

```
int login;

if (invalid_login()) {
  login = 0;
} else {
  login = 1;
}
```

부적절한 코드 예

이 예는 if와 else 몸체에 중괄호를 사용하지 않고 if 문 안에 다른 if 문을 내포시킨다.

```
int privileges;

if (invalid_login())
  if (allow_guests())
    privileges = GUEST;
else
  privileges = ADMINISTRATOR;
```

들여쓰기는 프로그래머로 하여금 사용자가 로그인이 허용될 때에만 관리자 권한을 승인받는다고 믿게 한다.

```
int privileges;

if (invalid_login())
  if (allow_guests())
    privileges = GUEST;
  else
    privileges = ADMINISTRATOR;
```

결과적으로 이 결함으로 인해 권한 없는 사용자에게 관리자 권한을 허용한다.

적절한 솔루션

이 솔루션은 모호성을 제거하기 위해 중괄호를 사용하였고 결과적으로 권한이 올바르게 지정된다.

```
int privileges;
```

```
if (invalid_login()) {
  if (allow_guests()) {
    privileges = GUEST;
  }
} else {
  privileges = ADMINISTRATOR;
}
```

당위성

if, for 혹은 while 문의 몸체를 괄호로 묶지 않으면 오류가 나기 쉬운 코드로 만들며 유지보수 비용을 증가시킨다.

참고 자료

[GNU 2013]   §5.3, "Clean Use of C Constructs"

55.   if, for, while 조건식 직후에 세미콜론을 입력하지 말라

if, for 혹은 while 조건식 다음의 세미콜론은 전형적인 프로그래머 오류이며 예기치 못한 동작으로 이어질 수 있기 때문에, 조건식 후에 세미콜론을 사용하지 말아야 한다.

부적절한 코드 예

이 예에서, if 조건식 바로 뒤에 세미콜론이 사용되었다.

```
if (a == b); {
  /* ... */
}
```

명백히 if 문의 몸체로 보이는 문장들이 조건 산술식의 결과와 무관하게 항상 수행된다.

적절한 솔루션

이 솔루션은 세미콜론을 제거하여 조건 산술식이 참일 때만 if 문의 몸체가 수행된다는 것을 보장한다.

```
if (a == b) {
  /* ... */
}
```

당위성

if, for 혹은 while 조건식 직후의 세미콜론은 예기치 못한 동작으로 이어질 수 있다.

참고 자료

[Hatton 1995] §2.7.2, "Errors of Omission and Addition"

56.   case 레이블에 연계된 모든 문장은 break 문으로 마무리하라

switch 블록은 여러 개의 case문과 선택사항이긴 하지만 강력히 권장하는 default 문으로 구성된다. 각 case문 이후의 문장들은 break 문장으로 끝나야 하는데, 이것은 switch 블록의 마지막으로 제어를 이동시킨다. 생략될 경우에, 이후 case 문장들이 수행된다. break 문장이 선택사항이기 때문에, 생략해도 컴파일러 경고가 나오지 않는다. 이 동작이 의도된 것이 아닐 때는 예상하지 않은 제어 흐름을 야기시킬 수 있다.

부적절한 코드 예

이 예에서, card가 11인 경우에 break 문장이 없다. 결과적으로 card=12일 경우에 대한 문장으로 수행이 이어진다.

```
int card = 11;

switch (card) {
  /* ... */
  case 11:
    System.out.println("Jack");
  case 12:
    System.out.println("Queen");
    break;
  case 13:
    System.out.println("King");
    break;
  default:
    System.out.println("Invalid Card");
    break;
}
```

적절한 솔루션

이 솔루션은 각 경우를 break 문장으로 마무리했다.

```
int card = 11;

switch (card) {
  /* ... */
  case 11:
    System.out.println("Jack");
    break;
  case 12:
    System.out.println("Queen");
    break;
  case 13:
    System.out.println("King");
    break;
  default:
    System.out.println("Invalid Card");
    break;
}
```

당위성

break 문장을 포함하지 않으면 예상하지 못한 제어 흐름을 야기시킬 수 있다.

switch 문의 마지막 경우에 대해서는 break 문장이 생략될 수 있다. 보통 이것은 default 문이다. break 문장은 switch 블록의 마지막으로 제어를 옮기도록 한다. 일치되는 경우가 없을 때에도 제어는 switch 블록의 끝에 도달한다. 결과적으로 break 문장의 존재 여부와 상관없이 switch 블록 다음 문장으로 제어가 이동한다. 그럼에도 불구하고, 좋은 프로그래밍 스타일을 따라[Allen 2000] switch 문의 마지막 경우에도 break 문으로 마무리해야만 한다.

예외적으로, 여러 경우들에 대해 동일한 코드를 수행해야 할 때, 마지막 경우를 제외하고는 break 문을 생략할 수 있다. 이와 유사하게, 한 경우에 대한 처리가 하나 혹은 그 이상의 경우에 대한 선처리라면, 선처리 경우에 대해서는 break 문장을 생략할 수 있다. 이것은 주석으로 명확하게 나타내야 한다. 다음은 그 예이다.

```
int card = 11;
int value;
```

```
// Cases 11,12,13 fall through to the same case
switch (card) {
  // Processing for this case requires a prefix
  // of the actions for the following three
  case 10:
    do_something(card);
    // Intentional fall-through
    // These three cases are treated identically
  case 11:            // Break not required
  case 12:            // Break not required
  case 13:
    value = 10;
    break;            // Break required
  default:
    // Handle error condition
}
```

또한, return 혹은 throw 문장으로 마무리하거나 System.exit()와 같이 복귀하지 않는 메서드로 마무리하는 경우에는 break 문장을 생략할 수 있다.

참고 자료

[JLS 2013]   §14.11, "The switch Statement"

57.   반복문 카운터의 부주의한 순환을 피하라

적절하게 코딩되지 않으면, while이나 for 반복문은 영원히 수행되거나 카운터가 순환[33]되다가 최종값에 도달할 때까지 수행될 것이다. (*자바용 CERT 오라클 보안 코딩 표준*[Long 2012], "NUM00-J. 정수 오버플로우를 탐지하거나 방지하라"를 참고하라.) 이 문제는 반복문 카운터를 1보다 큰 값씩 증가하거나 감소시키면서 반복문을 종료시키기 위해 제시된 값과 같은지 검사하도록 하는 데서 발생한다. 이 경우에, 반복문 카운터가 제시된 값을 건너뛰어서 영원히 수행되거나 순환되다가 최종값에 도달할 수도 있다. 이 문제는 안일한 한계값 검사 때문에 발생한다. 예로서, 카운터가 Inte-

---

33 역자 주: 정수의 음수 표현 체계(2의 보수)로 인해 최대 정수 값에 1을 더하면 최소 음수 값이 되거나 최소 음수 값에 1을 빼면 최대 정수 값이 되어 발생하는 현상을 말한다.

ger.MAX_VALUE 이하이거나 Integer.MIN_VALUE 이상인 동안 반복하는 경우를 들 수 있다.

부적절한 코드 예

이 예는 다섯 번 수행될 것처럼 보인다.

```
for (i = 1; i != 10; i += 2) {
  // ...
}
```

그러나, 반복문은 절대 종료되지 않는다. i의 연속된 값은 1, 3, 5, 7, 9, 11 등이다. 10과의 비교는 절대 true가 되지 않는다. 그 값은 표현될 수 있는 최대 양의 정수(Integer.MAX_VALUE)에 도달하여, 두 번째로 작은 음수(Integer.MIN_VALUE+1)로 되돌아간다. 그런 다음 계속해서 −1로 진행되고, 다시 1로 진행되어 앞에서 기술된 것처럼 반복한다.

부적절한 코드 예

이 코드 예는 종료하지만 예상보다 여러 번 수행된다.

```
for (i = 1; i != 10; i += 5) {
  // ...
}
```

i의 값은 1, 6, 그리고 10을 건너뛰고 11이 된다. i값은 최대 양수 값 근처에서 최소 음수 값 근처로 되돌아가서 0으로 진행한다. 그런 다음 2, 7, 그리고 다시 10을 건너뛰고 12가 될 것이다. 값이 매우 큰 양수 값에서 음수 값 방향으로 세 번째 되돌아 간 다음, 드디어 0, 5 그리고 10에 도달하여 반복문을 종료한다.

적절한 솔루션

하나의 간단한 솔루션은 부주의로 순환되기 전에 반복문의 종료 조건에 도달하도록 보장하는 것이다.

```
for (i = 1; i != 11; i += 2)³⁴ {
  // ...
}
```

반복에 영향을 미치는 하나 혹은 두 개 이상의 조건들이 변경되어야만 할 때 이것은 적절한 솔루션이 아닐 수 있다. 더 나은 솔루션은 반복문 종료를 위해 숫자의 비교 연산자(즉, 〈, 〈=, 〉 혹은 〉=)를 사용하는 것이다.

```
for (i = 1; i <= 10; i += 2) {
  // ...
}
```

반복 조건이 변경되는 경우에도 후자의 솔루션이 좀 더 강건할 수 있다. 그러나 이 방법은 원래 의도된 반복 회수와 실제 반복 회수에 대해 신중하게 고려한 것은 못된다.

부적절한 코드 예

카운터가 Integer.MAX_VALUE 이하인지 혹은 Integer.MIN_VALUE 이상인지를 검사하는 반복문은 절대 종료되지 않을 것이다. 왜냐하면 그 연산식은 항상 true로 평가될 것이기 때문이다. 예로, 다음 반복문에서 i가 절대 Integer.MAX_VALUE보다 커질 수 없기 때문에 반복문은 절대 종료되지 않을 것이다.

```
for (i = 1; i <= Integer.MAX_VALUE; i++) {
  // ...
}
```

적절한 솔루션

이 솔루션의 반복문은 i가 Integer.MAX_VALUE와 같을 때 종료한다.

```
for (i = 1; i < Integer.MAX_VALUE; i++) {
  // ...
}
```

---

34 역자 주: 원서에서 for 문의 조건식 'i == 11'은 'i != 11'의 오기로 추정된다.

만약 Integer.MAX_VALUE를 포함하여 0보다 큰 모든 i값에 대해 반복하는 것을 의미한다면, 다음과 같이 구현될 수 있다.

```
i = 0;
do {
  i++
  // ...
} while (i != Integer.MAX_VALUE);
```

부적절한 코드 예

이 예는 반복문 카운터 i를 0으로 초기화한 다음, 기본적으로 모든 양의 짝수를 열거하면서 각 반복마다 2씩 증가시킨다. 이 반복문은 i가 Integer.MAX_VALUE-1 보다 큰 짝수일 때 종료될 것으로 기대되지만, 카운터가 Integer.MAX_VALUE-1 보다 커지기 전에 순환되기 때문에 반복문은 종료되지 않는다.

```
for (i = 0; i <= Integer.MAX_VALUE - 1; i += 2) {
  // ...
}
```

적절한 솔루션

이 솔루션의 반복문은 i가 종료 조건인 Integer.MAX_VALUE에서 증가값을 뺀 것보다 클 때 종료한다.

```
for (i = 0; i <= Integer.MAX_VALUE - 2; i += 2) {
  // ...
}
```

당위성

반복문의 올바르지 못한 종료는 무한 반복, 부실한 성능, 올바르지 않은 결과 그리고 다른 문제들을 초래한다. 만약 반복문 종료에 사용되는 어떤 조건이 다른 공격자에 의해 영향을 받을 수 있으면, 이 오류는 서비스 거부 공격이나 다른 공격을 발생시키는 데 이용될 수 있다.

참고 자료

[JLS 2013]   §15.20.1, "Numerical Comparison Operators ⟨, ⟨=, ⟩, and ⟩="
[Long 2012]   NUM00-J. Detect or prevent integer overflow

58.   연산의 우선순위를 위해 괄호를 사용하라

&, |, ^, <<와 >>가 생각보다 낮은 우선순위를 갖기 때문에 프로그래머들은 종종 연산자의 우선순위에 대한 오류를 범한다. 적절히 괄호를 사용함으로써 우선순위에 대한 실수를 피하라. 이것은 코드의 가독성을 증가시킨다. 연산의 우선순위는 자바 튜토리얼[Tutorials 2013]에 기술되어 있다.

비록 계산 순서를 명시하기 위해 괄호를 사용하라고 조언하지만, *자바용 CERT 오라클 보안 코딩 표준*[Long 2012], "EXP05-J. 하나의 연산식에서 동일한 변수에 두 번 이상 쓰지 말라"는 연산식이 부수적인 다른 작용을 포함하고 있을 때만 적용한다.

부적절한 코드 예

이 예에 있는 연산식의 의도는 x와 MASK간의 비트 논리곱 연산 결과에 변수 OFFSET을 더하는 것이다.

```
public static final int MASK = 1337;
public static final int OFFSET = -1337;

public static int computeCode(int x) {
  return x & MASK + OFFSET;
}
```

연산자 우선순위 가이드라인에 따르면, 해당 연산식은 다음과 같이 해석된다.

```
x & (MASK + OFFSET)
```

이 연산식은 다음과 같이 평가되어 결과는 0이 된다.

```
x & (1337 - 1337)
```

적절한 솔루션

이 솔루션은 연산식이 의도대로 계산되도록 보장하기 위해 괄호를 사용한다.

```
public static final int MASK = 1337;
public static final int OFFSET = -1337;

public static int computeCode(int x) {
  return (x & MASK) + OFFSET;
}
```

부적절한 코드 예

이 예에서, 의도는 "value="라는 문자열 뒤에 "0"이나 "1"을 덧붙이는 것이다.

```
public class PrintValue {
  public static void main(String[] args) {
    String s = null;
    // Prints "1"
    System.out.println("value=" + s == null ? 0 : 1);
  }
}
```

그러나 우선순위 규칙은 출력될 연산식을 ("value=" + s) == null ? 0 : 1로 해석한다.

적절한 솔루션

이 솔루션은 연산식이 의도된 대로 계산되도록 괄호를 사용한다.

```
public class PrintValue {
  public static void main(String[] args) {
    String s = null;
    // Prints "value=0" as expected
    System.out.println("value=" + (s == null ? 0 : 1));
  }
}
```

당위성

우선순위에 관련된 실수는 연산식이 의도하지 않은 방법으로 계산되도록 할 수 있으며, 이것은 예상되지 않은 그리고 비정상적인 프로그램 동작을 초래할 수 있다.

대수학적 우선순위 규칙을 따르는 수학 연산식에서 괄호는 생략될 수 있다. 예로 다음

연산식을 생각해 보자.

```
x + y * z
```

수학적 관례에 따라 곱셈은 덧셈 이전에 수행된다. 이 경우에 괄호는 군더더기이다.

```
x + (y * z)
```

괄호를 사용하지 않고 낮은 우선순위의 연산자를 사용하는 모든 연산식을 찾아내는 것은 간단하다. 비록 경험을 바탕으로 하여 경고를 할 수는 있지만, 그러한 사용을 올바르게 수정하는 것은 일반적으로 불가능하다.

참고 자료

[ESA 2005]	Rule 65, Use parentheses to explicitly indicate the order of execution of numerical operators
[Long 2012]	EXP05-J. Do not write more than once to the same variable within an expression
[Tutorials 2013]	Expressions, Statements, and Blocks

59. 파일 생성에 관하여 가정하지 말라

비록 일반적으로 파일 생성이 하나의 메서드 호출에 의해 이루어지지만, 이 하나의 동작이 보안과 관련된 여러 의문점을 만든다. 만약 파일이 생성될 수 없을 때 어떻게 처리해야 하는가? 만약 파일이 이미 존재한다면 어떻게 처리해야 하는가? 퍼미션과 같은 파일의 초기 속성은 무엇이어야 하는가?

자바는 파일처리를 위한 여러 가지 생성 방법을 제공한다. 기본적인 파일 처리를 포함하여 본래의 입력/출력 기능은 java.io 패키지 안에 포함되어 있다. 더 많은 기능들은 JDK 1.4의 새로운 입출력 패키지인 java.nio에 포함되어 있다(새로운 I/O APIs[Oracle 2010b]를 참고하라). 좀 더 많은 기능들은 JDK 1.7의 두 번째 새로운 입출력 패키지인 package.java.nio.file에 포함되어 있다. 두 패키지 모두 파일 생성에 대한 섬세한 제어를 위해 여러 가지 메서드를 도입하였다.

자바용 CERT 오라클 보안 코딩 표준[Long 2012], "FIO01-J. 파일 생성 시 적절한 퍼미션을 지정하라"는 새로 생성되는 파일의 퍼미션을 어떻게 지정하는지 설명한다.

부적절한 코드 예

이 예는 쓰기용 파일을 열려고 시도한다.

```
public void createFile(String filename)
    throws FileNotFoundException{
  OutputStream out = new FileOutputStream(filename);
  // Work with file
}
```

만약 열기 전에 파일이 존재하고 있다면, 프로그램이 제공하는 내용이 이전의 내용에 겹쳐 쓰여질 것이다.

부적절한 코드 예(TOCTOU)

이 예는 java.io.File.createNewFile()을 이용하여 빈 파일을 생성함으로써 기존 파일을 변경하지 않도록 노력한다. 만약 주어진 이름의 파일이 존재한다면, createNew-File()은 해당 이름을 가진 파일의 내용을 망가뜨리지 않고 false를 반환할 것이다.

```
public void createFile(String filename)
    throws FileNotFoundException{
  OutputStream out = new FileOutputStream(filename, true);
  if (!new File(filename).createNewFile()) {
    // File cannot be created...handle error
  } else {
    out = new FileOutputStream(filename);
    // Work with file
  }
}
```

불행하게도, 이 솔루션은 TOCTOU 경쟁 상태를 발생시킨다. 공격자는 빈 파일이 생성되었으나 아직 열리기 전에 파일 시스템을 수정하여, 생성된 파일과 열린 파일이 서로 다르도록 할 수 있다.

적절한 솔루션(Files)

이 솔루션은 자동적으로 파일을 생성하기 위해 java.nio.file.Files.newOutput-Stream() 메서드를 사용하고, 파일이 이미 존재할 경우에는 예외를 발생시킨다.

```
public void createFile(String filename)
    throws FileNotFoundException{
  try (OutputStream out = new BufferedOutputStream(
  Files.newOutputStream(Paths.get(filename),
                        StandardOpenOption.CREATE_NEW))) {
    // Work with out
  } catch (IOException x) {
      // File not writable...Handle error
  }
}
```

당위성

기존 파일이 열렸는지 혹은 새로운 파일이 생성되었는지를 결정할 수 있으면, 오직 의도한 파일만이 열리거나 겹쳐쓰여질 수 있으며 다른 파일들은 영향 받지 않고 남아 있도록 더욱 더 잘 보장하게 된다.

참고 자료

[API 2013]   Class java.io.File
                  Class java.nio.file.Files
[Long 2012]   FIO01-J. Create files with appropriate access permissions
[Oracle 2010b]   New I/O APIs

60. 실수 연산을 위해서는 정수를 실수로 변환하라

실수 변수에 할당할 값을 계산할 때, 부주의하게 정수 연산을 사용하면 정보의 손실을 초래할 수 있다. 예를 들어서, 정수 연산은 나머지에 대한 정보를 버리고 언제나 정수 결과를 생성한다. 더구나, 정수를 실수 값으로 변환할 때 정확도를 잃을 수 있다. 부가적인 정보를 위해서는 *자바용 CERT 오라클 보안 코딩 표준*[Long 2012], "NUM13-J. 기본형 정수를 실수로 변환할 때 정확도의 손실을 피하도록 하라"[Long 2012]를 참고하기 바란다. 정수와 실수가 혼합된 연산식을 올바르게 프로그래밍하기 위해서는 신중한 고려가 필요하다.

정수 오버플로우나 나머지 손실로 인해 피해를 입을 수 있는 연산은 정수보다는 실수로 수행되어야 한다.

부적절한 코드 예

이 예에서, 나눗셈과 곱셈은 정수 값을 가지고 수행된다. 그런 다음 이 연산들의 결과는 실수로 변환된다.

```
short a = 533;
int b = 6789;
long c = 4664382371590123456L;

float d = a / 7;    // d is 76.0 (truncated)
double e = b / 30;  // e is 226.0 (truncated)
double f = c * 2;   // f is -9.1179793305293046E18
                    // because of integer overflow
```

전체 연산의 결과는 근사 정수로 잘림이 일어날 것이며 오버플로우를 발생시킬 수 있다. 결과적으로, 실수로 변환되기 전에 잘림과 오버플로우가 발생하기 때문에 실수 변수 d, e와 f는 부적절하게 초기화된다.

c에 대한 연산 또한 "NUM00-J. 정수 오버플로우를 탐지하거나 방지하라"[Long 2012]를 위반한다는 것을 주지하라.

적절한 솔루션(실수 리터럴)

다음 솔루션은 위의 예에서 나타난 잘림과 오버플로우가 일어나지 않도록 실수 곱셈과 나눗셈 연산을 수행한다. 모든 연산에서 최소한 하나의 연산자가 실수 타입이 되도록 함으로써, 실수 곱셈과 나눗셈이 수행되도록 하고 잘림과 오버플로우를 피한다.

```
short a = 533;
int b = 6789;
long c = 4664382371590123456L;

float d = a / 7.0f;       // d is 76.14286
double e = b / 30.;       // e is 226.3
double f = (double)c * 2; // f is 9.328764743180247E18
```

다른 또 하나의 적절한 솔루션으로서, 산술 연산을 수행하기 전에 정수 값들을 실수 변수들에 저장함으로써 잘림과 오버플로우 오류를 제거한다.

```
short a = 533;
int b = 6789;
long c = 4664382371590123456L;

float d = a;
double e = b;
double f = c;

d /= 7;  // d is 76.14286
e /= 30; // e is 226.3
f *= 2;  // f is 9.328764743180247E18
```

앞의 솔루션에서와 같이 각 연산에서 최소한 하나의 피연산자는 실수가 되도록 보장하는 것이다. 따라서, 연산들은 실수 값들을 가지고 수행된다.

두 적절한 솔루션에서, double로는 원래의 c값을 정확하게 표현할 수 없다. double 표현은 오직 48 가수 비트만을 가지지만, c의 정확한 표현은 56 가수 비트를 필요로 한다. 결과적으로, c값은 double로 표현될 수 있는 가장 가까운 값으로 반올림되며 f의 계산 결과 값(9.328764743180247E18)은 정확한 수학적 결과(9328564743180246912)와 다르다. 이 정확도의 손실은, 정수와 실수 연산을 섞어 쓰도록 프로그래밍하는 것을 신중하게 고려해야 하는 많은 이유 중의 하나이다. 정수-실수 변환에 대한 좀 더 상세한 정보를 위해서는 "NUM13-J. 기본형 정수를 실수로 변환할 때 정확도의 손실을 피하라"[Long 2012]를 참고하라. 하지만 이 정확도의 손실에도 불구하고 f의 계산된 값은 부적절한 코드 예에서 생성된 값보다는 매우 정확하다.

부적절한 코드 예

이 예는 두 정수의 비율보다 큰 최소 정수를 계산하고자 한다. 계산의 결과는 의도한 2.0이 아니라 1.0이다.

```
int a = 60070;
int b = 57750;

double value = Math.ceil(a/b);
```

자바의 형변환 규칙에 따라 나눗셈은 결과가 1로 잘리는 *정수 나눗셈*으로 실행되며, 그런 다음 그 결과가 Math.ceil() 메서드로 전달되기 전에 double로 확대 형변환된다.

적절한 솔루션

이 솔루션은 나눗셈 이전에 피연산자 중의 하나를 double로 캐스트한다.

```
int a = 60070;
int b = 57750;

double value = Math.ceil(a/((double) b));
```

캐스트 결과로, 다른 피연산자는 자동적으로 double로 확대 형변환된다. 나눗셈 연산
은 배정도 실수 나눗셈이 되고, value에는 올바른 결과 값인 2.0이 저장된다. 이전의
적절한 솔루션과 마찬가지로 각 연산마다 최소 한 개의 피연산자가 실수가 되도록 보
장하는 것이다.

당위성

정수와 실수간의 부적절한 변환은 특히 정확도의 손실과 같은 예상하지 못한 결과를
낳을 수 있다. 몇몇의 경우에, 이러한 예상하지 못한 결과는 오버플로우나 다른 예외
적 상태를 포함할 수 있다. 실수로 변환하기 전에 정수 연산의 성질을 신중하게 활용한
다면, 정수와 실수 값의 혼합 연산은 수용할 만하다. 예를 들어서, 정수 연산을 사용하
면 floor() 메서드 사용은 불필요하다. 추후 유지보수자가 이러한 의도된 동작을 이
해할 수 있도록 그러한 모든 코드는 *반드시* 명백하게 문서화되어야 한다.

참고 자료

[JLS 2013]   §5.1.2, "Widening Primitive Conversion"
[Long 2012]   NUM13-J. Avoid loss of precision when converting primitive inte-
               gers to floating-point
               NUM00-J. Detect or prevent integer overflow

61. clone() 메서드가 super.clone()을 호출하도록 보장하라

final이 아닌 어떤 클래스의 clone() 메서드가 super.clone()을 호출하지 못하도록
정의된다면, 그 클래스의 하위클래스를 복제하는 것은 잘못된 클래스의 객체를 생성할
것이다.

clone() 메서드에 대하여 자바 API[API 2013]는 다음과 같이 말한다.

> 관례적으로, 반환되는 객체는 super.clone() 호출에 의해 얻어진 객체여야 한다. 만약 한 클래스와 그 하위 클래스(Object 제외)가 이 관례를 따른다면, x.clone().get-Class() == x.getClass()가 될 것이다.

부적절한 코드 예

이 예에서 Base 클래스의 clone() 메서드는 super.clone()을 호출하지 않는다.

```java
class Base implements Cloneable {
  public Object clone() throws CloneNotSupportedException {
    return new Base();
  }
  protected void doLogic() {
    System.out.println("Superclass doLogic");
  }
}

class Derived extends Base {
  public Object clone() throws CloneNotSupportedException {
    return super.clone();
  }
  protected void doLogic() {
    System.out.println("Subclass doLogic");
  }
  public static void main(String[] args) {
    Derived dev = new Derived();
    try {
      Base devClone = (Base)dev.clone(); // Has type Base
                                         // instead of Derived
      devClone.doLogic();   // Prints "Superclass doLogic"
                            // instead of "Subclass doLogic"
    } catch (CloneNotSupportedException e) { /* ... */ }
  }
}
```

따라서, devClone 객체는 Derived 대신 Base 타입으로 마감되어 doLogic() 메서드가 부적절하게 적용된다.

적절한 솔루션

이 솔루션에서는 Base 클래스의 clone() 메서드가 super.clone()을 올바르게 호출한다.

```
class Base implements Cloneable {
  public Object clone() throws CloneNotSupportedException {
    return super.clone();
  }
  protected void doLogic() {
    System.out.println("Superclass doLogic");
  }
}

class Derived extends Base {
  public Object clone() throws CloneNotSupportedException {
    return super.clone();
  }
  protected void doLogic() {
    System.out.println("Subclass doLogic");
  }
  public static void main(String[] args) {
    Derived dev = new Derived();
    try {
      // Has type Derived, as expected
      Base devClone = (Base)dev.clone();
      devClone.doLogic();  // Prints "Subclass doLogic"
                           // as expected
    } catch (CloneNotSupportedException e) { /* ... */ }
  }
}
```

당위성

super.clone()을 호출하지 못하면 복제된 객체는 잘못된 타입을 갖게 된다.

참고 자료

[API 2013]   Class Object

62.   가독성 있고 일관된 주석을 사용하라

전통적인 혹은 블록 주석(/*로 시작하여 */로 끝나는)과 라인 주석(//부터 라인의 끝 까지)을 혼합하여 사용하는 것은 오해를 불러일으키며 코드를 혼동스럽게 하여 오류를 만들 수 있다.

부적절한 코드 예

다음은 잘못 이해될 수 있는 혼합된 주석의 예를 보여준다.

```
// */                        /* Comment, not syntax error */

f = g/**//h;                 /* Equivalent to f = g / h; */

/*//*/ l();                  /* Equivalent to l(); */

m = n//**/o
+ p;                         /* Equivalent to m = n + p; */

a = b //*divisor:*/c
+ d;                         /* Equivalent to a = b + d; */
```

적절한 솔루션

일관된 주석 스타일을 사용하라.

```
// Nice simple comment

int i; // Counter
```

부적절한 코드 예

해서는 안 될 잘못된 주석의 또 다른 사용 예가 있다. 이 예는 주석의 시작을 위해 /*를 사용하지만 주석의 마지막에 */을 사용하는 것을 잊었다. 결과적으로 보안에 중요한 메서드가 호출되지 않는다. 이 페이지를 검사하는 리뷰어는 코드가 수행된다고 잘못된 가정을 할 수 있다.

```
/* Comment with end comment marker unintentionally omitted
security_critical_method();
/* Some other comment */
```

문법을 강조해 주는 편집기나 주석 마침 구분자(*/)의 누락과 같은 문제를 식별하도록 코드를 형식화하는 편집기를 사용하면, 본의 아니게 주석 마침 구분자를 생략한 경우를 탐지하는 데 도움을 줄 수 있다.

마침 구분자는 종종 실수로 누락하기가 쉬우며 누락 시 오류를 낼 가능성이 높이 때문에, 블록 주석 방법을 추천하지 않는다.

적절한 솔루션

이 솔루션은 "데드(dead)" 코드를 표시하는 데 권고할 방법을 보여준다. 또한 도달할 수 없는 (데드)코드를 제거하는 컴파일러의 우수한 기능을 활용한다. if 블록 안에 있는 코드는 문법적으로 올바르게 작성되어야만 한다. 만약 나중에 프로그램의 다른 부분이 문법 오류가 발생되도록 변경된다면, 그 문제를 해결하기 위해 수행되지 않는 코드가 수정되어야만 한다. 그런 다음, 나중에 다시 필요하게 될 때 프로그래머가 그것을 둘러싸고 있는 if 문장과 NOTREACHED 주석을 제거하기만 하면 된다.

NOTREACHED 주석은 몇몇 컴파일러에게 정보를 제공할 수 있으며, 정적 분석 툴도 이 도달 불가능한 코드는 문제 삼지 않는다. 그것은 문서처럼 제공된다.

```
if (false) {   /* Use of critical security method no
               * longer necessary, for now */
  /* NOTREACHED */
  security_critical_method();
  /* Some other comment */
}
```

이것은 가이드라인 63 "과도한 코드와 값을 찾아 제거하라"에서 설명한 예외적 상황에 대한 예이다.

당위성

어떤 명령어가 수행되는지에 대한 혼동은 서비스 거부, 비정상적 프로그램 종료, 데이터 무결성 위반과 같은 심각한 프로그래밍 오류와 취약점을 초래하지는 않는다. 이 문제는 주석과 코드를 구분하기 위한 폰트, 색 혹은 기타의 메커니즘을 사용하는 대화형 개발 환경(IDEs: Interactive Development Environments)과 편집기에 의해 완화된다. 하지만 예를 들어서, 흑백 프린터로 소스 코드를 출력하여 점검할 때 이 문제는 여전히 명백하게 드러난다.

중첩된 블록 주석과 일관성 없는 주석의 사용은 적절한 정적 분석 툴에 의해 탐지될 수 있다.

[JLS 2013]   §3.7, "Comments"

63.   과도한 코드와 값을 찾아 제거하라

과도한 코드와 값들은 데드 코드, 효과 없는 코드 그리고 프로그램 논리 상 사용되지 않는 변수들의 형태로 나타날 수 있다.

절대 수행되지 않는 코드는 *데드 코드(dead code)*라고 알려져 있다. 전형적으로, 데드 코드가 있다는 것은 프로그램이나 프로그램 환경의 변화 때문에 생긴 논리 오류가 있다는 것을 말한다. 데드 코드는 종종 컴파일 동안 최적화 되기도 한다. 하지만, 가독성을 개선하고 논리 오류가 없음을 보장하기 위해서, 데드 코드는 식별되어 이해되고 제거되어야 한다.

실행은 되지만 어떤 작업도 수행하지 못하는 코드나 의도하지 않은 효과를 내는 코드는 코딩 오류로부터 유도되었을 가능성이 높으며 예상하지 못한 동작을 일으킬 수 있다. 아무 효과 없는 문장과 산술식은 코드에서 식별되고 제거되어야 한다. 대부분의 현대 컴파일러는 아무 효과 없는 코드에 대해 경고를 줄 수 있다.

코드 중 사용되지 않는 값이 있다는 것은 중요한 논리 오류가 있다는 것을 나타낼지도 모른다. 그러한 오류를 방지하기 위해서 사용되지 않는 값은 코드에서 식별되고 제거되어야 한다.

부적절한 코드 예(데드 코드)

이 예는 어떻게 데드 코드가 프로그램에 도입될 수 있는지를 보여준다[Fortify 2013].

```
public int func(boolean condition) {
  int x = 0;
  if (condition) {
    x = foo();
    /* Process x */
    return x;
  }
  /* ... */
  if (x != 0) {
    /* This code is never executed */
```

```
  }
  return x;
}
```

두 번째 if 문장에 있는 조건(x != 0)은 절대 true가 되지 않을 것이다. 왜냐하면 x에
0이 아닌 값이 할당될 수 있는 유일한 경로는 return문으로 종료되기 때문이다.

적절한 솔루션

데드 코드를 정정하기 위해서 프로그래머는 왜 코드가 수행되지 않는지 뿐만 아니라
코드가 수행되어야만 하는지를 판단한 다음 적절하게 상황을 해결하여야 한다. 이 솔
루션은 데드 코드가 수행되어야 하며, 따라서 첫 번째 조건문의 몸체가 더 이상 re-
turn으로 종료되지 않아야 한다고 가정한다.

```
int func(boolean condition) {
  int x = 0;
  if (condition) {
    x = foo();
    /* Process x */
  }
  /* ... */
  if (x != 0) {
    /* This code is now executed */
  }
  return 0;
}
```

부적절한 코드 예(데드 코드)

이 예에서 string_loop() 함수의 반복 회수를 제한하기 위해 length() 함수가 사용
된다. 현재의 색인이 str의 길이일 때 반복문 안에 있는 if 문장의 조건문은 true로
평가된다. 하지만, i는 항상 str.length() 보다 작으며 절대 str.length()와 같아
질 수 없다.

```
public int string_loop(String str) {
  for (int i=0; i < str.length(); i++) {
    /* ... */
    if (i == str.length()) {
```

```
        /* This code is never executed */
    }
  }
  return 0;
}
```

적절한 솔루션

데드 코드를 적절하게 정정하는 것은 프로그래머의 의도에 따라 다르다. 프로그램의
의도가 str의 마지막 문자를 가지고 특별한 무엇인가를 수행하려는 것이라고 가정하
고, i가 str의 마지막 문자의 색인과 같은지를 검사하도록 조건 문장을 수정한다.

```
public int string_loop(String str) {
  for (int i=0; i < str.length(); i++) {
    /* ... */
    if (i == str.length()-1) {
      /* This code is now executed */
    }
  }
  return 0;
}
```

부적절한 코드 예(효과 없는 코드)

이 예에서, s와 t의 비교는 아무 효과가 없다.

```
String s;
String t;

// ...

s.equals(t);
```

이 오류는 프로그래머가 비교를 통해 무엇인가를 수행하려고 의도했지만 코드를 완성
하지 못해서 생겨난 것일 것이다.

적절한 솔루션

이 솔루션에서 비교 결과가 출력된다.

```
String s;
String t;

// ...

if (s.equals(t)) {
  System.out.println("Strings equal");
} else {
  System.out.println("Strings unequal");
}
```

부적절한 코드 예(사용되지 않는 값들)

이 예에서 p2에는 bar()의 반환값이 할당되지만 절대 사용되지 않는다.

```
int p1 = foo();
int p2 = bar();

if (baz()) {
  return p1;
} else {
  p2 = p1;
}
return p2;
```

적절한 솔루션

이 예는 프로그래머의 의도에 따라 여러 가지 다른 방법으로 정정될 수 있다. 이 솔루션에서 p2는 불필요한 것으로 판명되었다. 만약 bar()와 baz()의 호출이 어떤 다른 부수적인 효과를 내지 않는다면 제거될 수 있다.

```
int p1 = foo();

bar(); /* Removable if bar() lacks side effects */
baz(); /* Removable if baz() lacks side effects */

return p1;
```

당위성

데드 코드가 있다는 것은 의도하지 않은 프로그램 동작을 유도할 수 있는 논리 오류를 반영하는 것일지도 모른다. 데드 코드가 프로그램 안에 도입되는 방법과 그것을 제거하는데 필요한 노력은 복잡할 수 있다. 결과적으로 데드 코드를 해결하는 것은 상당한 분석을 요구하는 심도 있는 처리과정일 수 있다.

예외적인 상황에서, 데드 코드는 향후 변경에 대한 탄력적인 소프트웨어로 만들어 줄지도 모른다. 비록 switch 문에 모든 가능한 경우(case)가 기술되었다고 해도 default 문을 두는 것이 하나의 예이다(이것의 예시를 위해서는 가이드라인 64, "논리적 완벽을 추구하라"를 참고하기 바란다).

또한 나중에 필요할지도 모를 데드 코드를 일시적으로 잔존시키는 것은 허용할 만하다. 그런 경우에는 적절한 주석으로 명백하게 표시해야 한다.

효과 없는 코드가 있다는 것은 예상하지 못한 동작과 취약점을 발생시킬 수 있는 논 오류를 나타내는 것일 수 있다. 코드 안에서 사용되지 않는 값들은 중대한 논리 오류를 나타낼지도 모른다.

효과 없는 코드와 값은 적절한 정적 분석을 통해 탐지될 수 있다.

참고 자료

[Fortify 2013]   Code Quality: Dead Code
[Coverity 2007]   Coverity Prevent™ User's Manual (3.3.0)

64.   논리적 완벽을 추구하라

프로그래머가 모든 가능한 데이터 상태를 고려하지 못할 때 소프트웨어 취약점이 발생할 수 있다.

부적절한 코드 예(if 체인)

이 예는 a가 b도 아니고 c도 아닌 경우를 검사하지 못한다. 이 경우에는 올바르게 동작할지도 모르지만, a가 예상하지 못한 다른 값을 가지게 된다면 a의 모든 값에 대해 고려하지 못한 것은 논리 오류를 초래할 수 있다.

```
if (a == b) {
  /* ... */
}
else if (a == c) {
  /* ... */
}
```

적절한 솔루션(if 체인)

이 솔루션은 예상하지 못한 상태에 대해 명시적으로 점검하고 적절하게 처리한다.

```
if (a == b) {
  /* ... */
}
else if (a == c) {
  /* ... */
}
else {
  /* Handle error condition */
}
```

부적절한 코드 예(switch)

이 예에서 x가 하나의 비트(0 혹은 1)라고 가정될지라도, 일부 이전의 오류들은 x가 다른 값을 가질 수 있도록 허용할지도 모른다. 일관되지 않은 상태를 탐지하고 처리해 두면, 조만간 혹은 나중에 오류를 찾기 쉽게 만든다.

```
switch (x) {
  case 0: foo(); break;
  case 1: bar(); break;
}
```

적절한 솔루션(switch)

이 솔루션은 int 타입의 모든 가능한 값을 처리하기 위해 default를 제공한다.

```
switch (x) {
  case 0: foo(); break;
  case 1: bar(); break;
```

```
    default: /* Handle error */ break;
}
```

부적절한 코드 예(Zune 30)

이 예는 2008년 12월 30일 자정(태평양 표준시)에 많은 재생기들을 동작 불능 상태로 만들었던 Zune 30 미디어 재생기의 C코드로부터 만들었다.

```
final static int ORIGIN_YEAR = 1980;
/* Number of days since January 1, 1980 */
public void convertDays(long days){
  int year = ORIGIN_YEAR;
  /* ... */
  while (days > 365) {
    if (IsLeapYear(year)) {
      if (days > 366) {
        days -= 366;
        year += 1;
      }
    } else {
        days -= 365;
        year += 1;
    }
  }
}
```

MC13783 PMIC RTC[35]의 실시간 시계(RTC: Real-Time Clock) 루틴 안에 있는 원래의 C 함수 ConvertDays()는 1980년 1월 1일로부터 날을 세어서 올바른 연도와 그 해의 1월 1일부터의 날수를 계산한다.

이 코드의 결점은 days가 366을 가질 때 반복문이 절대 종료되지 않는다는 것이다. 이 버그는 이 코드가 활성화되었던 첫 번째 윤년인 2008년의 366번째 날에 드러났다.

적절한 솔루션(Zune 30)

이 재작성된 코드는 Bryant Zadegan이 "무한 반복문의 교훈"[Zadegan 2009]에서 제

---

35 역자 주: MC13783(Power Management and Audio Circuit), PMIC(Power Management Integrated Circuit), RTC(Real Time Clock).

안한 것이다. 반복이 종료되도록 하는 while 조건이 실패하지 않는 한, 매 반복마다 days가 감소되기 때문에 반복문의 종료는 보장된다.

```
final static int ORIGIN_YEAR = 1980;
/* Number of days since January 1, 1980 */
public void convertDays(long days){
  int year = ORIGIN_YEAR;
  /* ... */
  int daysThisYear = (IsLeapYear(year) ? 366 : 365);
  while (days > daysThisYear) {
    days -= daysThisYear;
    year += 1;
    daysThisYear = (IsLeapYear(year) ? 366 : 365);
  }
}
```

이 솔루션은 예시를 위한 것이며 마이크로소프트에서 구현한 솔루션과는 다를 수 있다.

당위성

논리 문장 안에서 모든 가능성을 고려하지 못하면, 잘못된 수행 상태가 유도될 수 있으며 의도하지 않은 정보의 노출이나 비정상적인 프로그램 종료로 이어질 수 있다.

참고 자료

[Hatton 1995]   §2.7.2, "Errors of Omission and Addition"
[Viega 2005]   §5.2.17, "Failure to Account for Default Case in Switch"
[Zadegan 2009]   A Lesson on Infinite Loops

65.   모호하거나 혼동되는 오버로딩의 사용을 피하라

메서드와 생성자의 오버로드는 이름만 같고 매개변수 리스트가 다른 메서드들과 생성자들을 선언할 수 있도록 허용한다. 컴파일러는 오버로드된 메서드와 생성자에 대한 각 호출을 조사하고, 어떤 메서드가 호출되어야 하는지 결정하기 위해 선언된 메서드의 매개변수 타입을 사용한다. 하지만 몇몇의 경우에, 자동박싱과 제네릭스와 같은 비교적 새로운 언어의 특징 때문에 혼동이 일어난다.

더구나 선언된 순서만 다르고 동일한 매개변수 타입을 가진 메서드와 생성자에 대해서는 보통 자바 컴파일러가 알려주지 않는다. 개발자가 각 메서드나 생성자의 사용에 대해 문서에서 도움 받지 못할 경우 오류가 발생할 수 있다. 이와 관련된 위험은 각 오버로드된 메서드들과 생성자들에게 서로 다른 의미를 부여하는 것이다. 서로 다른 의미를 부여하기 위해 동일한 메서드 매개변수를 돌려가면서 서로 다른 순서로 만들기도 한다. 예를 들어서 오버로드된 한 메서드는 출발지로부터 여행한 거리를 반환하고, 다른 메서드는 (순서가 바뀐 매개변수를 가지고) 목적지까지의 남은 거리를 반환하는 getDistance()를 생각해 보자. 구현자는 각 사용에 대해 문서에서 설명을 얻지 못할 경우 그 차이를 인식하지 못할 것이다.

부적절한 코드 예(생성자)

생성자는 오버라이드될 수 없으며 오버로드만 될 수 있다. 이 예는 세 개의 오버로드된 생성자를 가진 Con 클래스를 보여준다.

```
class Con {
  public Con(int i, String s) {
    // Initialization Sequence #1
  }
  public Con(String s, int i) {
    // Initialization Sequence #2
  }
  public Con(Integer i, String s) {
    // Initialization Sequence #3
  }
}
```

이 생성자들로 매개변수를 전달하는 동안 주의를 기울이지 않으면 혼동이 야기된다. 왜냐하면 이들 생성자 호출은 개수가 같고 타입이 유사한 실 매개변수를 가지고 있기 때문이다. 동일한 매개변수 타입을 가지고 오직 순서만 달리하면서 다른 의미를 부여하는 생성자와 메서드의 오버로드는 사용하지 말아야 한다.

적절한 솔루션(생성자)

이 솔루션은 public 클래스 생성자 대신에 서로 다른 이름을 가지는 public static 팩토리 메서드를 선언함으로써 오버로드를 사용을 피한다.

```
public static Con createCon1(int i, String s) {
  /* Initialization Sequence #1 */
}
public static Con createCon2(String s, int i) {
  /* Initialization Sequence #2 */
}
public static Con createCon3(Integer i, String s) {
  /* Initialization Sequence #3 */
}
```

부적절한 코드 예(메서드)

이 예에서, OverLoader 클래스는 HashMap 인스턴스와 오버로드된 getData() 메서드들을 가지고 있다. 하나의 getData() 메서드는 맵에 있는 레코드의 키 값에 기반하여 레코드를 찾아 반환하고, 다른 하나는 실제 매핑된 값에 기반하여 찾는다.

```
class OverLoader extends HashMap<Integer,Integer> {
  HashMap<Integer,Integer> hm;
  public OverLoader() {
    hm = new HashMap<Integer, Integer>();
    // SSN records
    hm.put(1, 111990000);
    hm.put(2, 222990000);
    hm.put(3, 333990000);
  }

  public String getData(Integer i) { // Overloading sequence #1
    String s = get(i).toString(); // Get a particular record
    return (s.substring(0, 3) + "-" + s.substring(3, 5) + "-" +
            s.substring(5, 9));
  }

  public Integer getData(int i) { // Overloading sequence #2
    return hm.get(i); // Get record at position 'i'
  }

  // Checks whether the ssn exists
  @Override public Integer get(Object data) {
    // SecurityManagerCheck()

    for (Map.Entry<Integer, Integer> entry : hm.entrySet()) {
      if (entry.getValue().equals(data)) {
        return entry.getValue();  // Exists
      }
```

```
      }
      return null;
   }

   public static void main(String[] args) {
      OverLoader bo = new OverLoader();
      // Get record at index '3'
      System.out.println(bo.getData(3));
      // Get record containing data '111990000'
      System.out.println(bo.getData((Integer)111990000));
   }
}
```

오버로드의 목적을 위해서는 getData() 메서드의 시그너처는 형식 매개변수들의 정적 타입만 달라야 한다. OverLoader 클래스는 util.HashMap으로부터 상속받아서 기능 검사를 위해 get() 메서드를 오버라이드한다. 추출된 값이 레코드의 색인에 따라 지정되는지 혹은 값에 따라 지정되는지와 상관없이 두 getData() 메서드가 유사하게 작동될 것이라고 기대하는 클라이언트는 매우 혼동스러울 수 있다.

비록 클라이언트 프로그래머가 결국 그러한 동작을 추론해 낸다고 해도, Joshua Bloch 가 설명한 바와 같이 List 인터페이스와 같은 다른 경우에는 인지되지 못하고 그대로 진행될 것이다[Bloch 2008].

> List<E> 인터페이스는 두 개의 오버로드된 삭제 메서드를 가진다. remove(E)와 remove(int). 릴리즈 1.5 이전에는 "제네릭화"되어 있었으며 List 인퍼페이스는 remove(E) 대신에 remove(Object)를 가지고 있었고, 대응되는 매개변수 타입인 Object와 int는 완전히 달랐다. 그러나 제네릭과 자동박싱으로 인하여 두 매개변수 타입 은 더 이상 완전히 다른 것이 아니다.

결과적으로, 프로그래머는 리스트에서 잘못된 원소가 삭제된 것을 깨닫지 못할 것이다.

더 큰 문제는 자동박싱이 가능할 때, 새로운 오버로드 메서드 정의를 추가하는 것이 이전에 작동되던 클라이언트 코드를 망가뜨릴 수 있다는 것이다. 이것은 덜 구체적인 타입의 메서드를 가진 이전 버전의 API에 더 구체적인 타입의 새로운 오버로드 메서드가 추가될 때 발생할 수 있다. 예를 들어서, 만약 OverLoader 클래스의 이전 버전이 오직 getData(Integer)만을 지원했을 때, 클라이언트는 int 타입의 매개변수를 전달하면서 이 메서드를 올바르게 호출할 수 있었다. int 매개변수는 Integer로 자동박싱될 것이기 때문에 결과는 값에 기반하여 선택될 것이다. 따라서 getData(int) 메서드가 추가되면, 컴파일러는 매개변수 타입이 int인 모든 호출에 대해 새로운 get-Data(int) 메서드를 호출하도록 할 것이다. 결국 그들의 의미가 달라지게 되고 잠재적으로 이전의 올바른 코드를 망가뜨리게 된다. 이 경우 컴파일러는 완벽하게 올바르게 작동했다. 실제적 문제는 호환성 없는 API의 변경인 것이다.

적절한 솔루션(메서드)

두 개의 연관된 메서드를 서로 다르게 이름 지으면 오버로드와 혼동이 모두 제거된다.

```java
public Integer getDataByIndex(int i) {
  // No longer overloaded
}

public String getDataByValue(Integer i) {
  // No longer overloaded
}
```

당위성

모호하고 혼동을 일으키는 오버로드의 사용은 예기치 못한 결과를 초래할 수 있다.

참고 자료

[API 2013]   Interface Collection<E>
[Bloch 2008]   Item 41, "Use Overloading Judiciously"

Java™ Coding Guidelines

05

프로그래머의 오해
Programmer Misconceptions

이 장의 가이드라인은 개발자들이 자바 언어와 라이브러리 동작에 대해 종종 보장되지 않는 가정을 하는 경우나 모호함이 쉽게 도입되는 경우에 대해 설명한다. 이 가이드라인을 따르지 못하면, 프로그램은 직관에 반하는 결과를 만들 것이다.

이 장은 다음에 대한 가이드라인을 포함한다.

1. 자바 API와 언어의 특징에 대한 오해
2. 가정과 모호함이 섞인 프로그램
3. 프로그래머가 하고자 하는 것과 다른 일을 하게 되는 상황

66. 레퍼런스를 휘발성[36]으로 선언하면 참조되는 객체 멤버의 안전한 공개가 보장된다고 가정하지 말라

자바 언어 명세(JLS: Java Language Specification)의 §8.3.1.4, "volatile 필드"[JLS 2013]에 따르면, 필드는 volatile(휘발성)로 선언될 수 있으며, 자바 메모리 모델은 모든 쓰레드가 그 변수에 대해 일관된 값을 볼 수 있도록 보장한다(§17.4).

여기서 안전하게 공개된다고 보장하는 것은 기본형 필드와 객체 레퍼런스에만 적용된

---

36 역자 주: volatile. 다중 프로세서 시스템에서 변수에 쓰거나 읽을 때는 메모리로부터 캐시로 복사해서 작업한다. 그러므로 변경된 변수를 다시 메모리에 저장하는 시기가 확정적이지 않다. volatile로 선언된 변수는 캐시에서 쓰거나 읽지 않고 직접 메모리에서 읽고 씀으로써, 여러 쓰레드가 일관된 값을 볼 수 있도록 한다. 즉, 가시성을 제공하기 위한 것이다.

다. 프로그래머는 부정확한 용어로 "멤버 객체"에 대해 이야기한다. 이 가시성(visibility) 보장이라는 목적에서 볼 때, 실제 멤버는 객체 레퍼런스이다. 휘발성 객체 레퍼런스에 의해 참조되는 객체(*레퍼런트(referent)*라고 알려진)들은 이 안전한 공개가 보장되는 대상이 아니다. 따라서, 객체 레퍼런스를 휘발성으로 선언하는 것은 레퍼런트에 포함된 멤버들의 변화가 다른 쓰레드에게 공개된다는 것을 항상 보장하지는 못한다. 쓰레드는 그러한 객체 레퍼런트의 멤버 필드에 다른 쓰레드가 쓴 최근값을 볼 수 없을지도 모른다.

더군다나 레퍼런트가 가변적이고 쓰레드-안전하지(thread-safety) 않을 때, 다른 쓰레드는 부분적으로 구축된 객체나 (잠시) 일관성 없는 상태에 있는 객체를 볼 수 있을 것이다[Goetz 2007]. 그러나 레퍼런트가 불변적일 때, 레퍼런스를 휘발성으로 선언하면 레퍼런트 멤버가 안전하게 공개된다고 충분히 보장한다. 프로그래머는 가변적 객체의 안전한 공개를 보장하기 위한 목적으로 volatile이라는 키워드를 사용할 수 없다. volatile 키워드는 기본형 필드, 객체 레퍼런스 혹은 불변적 객체 레퍼런트의 필드에 대한 안전한 공개를 보장하기 위해서만 사용할 수 있다.

휘발성 객체와 멤버 객체의 휘발성을 혼동하는 것은 가이드라인 73, "레퍼런스의 불변성과 참조되는 객체의 불변성을 절대 혼동하지 말라"에서 설명한 오류와 유사하다.

부적절한 코드 예(배열)

이 예는 휘발성 레퍼런스인 배열 객체를 선언한다.

```java
final class Foo {
  private volatile int[] arr = new int[20];

  public int getFirst() {
    return arr[0];
  }

  public void setFirst(int n) {
    arr[0] = n;
  }

  // ...
}
```

한 쓰레드가 배열 원소에 할당한 값 – 예로, setFirst() 호출에 의해 – 은 get-First()를 호출하는 다른 쓰레드에게는 가시적이지 않을 것이다. 왜냐하면 volatile 키워드는 배열 레퍼런스에 대해서만 안전한 공개를 보장하기 때문이다. 배열 안에 있는 실제 데이터에 대해서는 어떠한 보장도 하지 않는다.

이 문제는 setFirst()를 호출하는 쓰레드와 getFirst()를 호출하는 쓰레드들이 *사전-발생 관계(happens-before relationship)*[37]를 가지고 있지 않을 때 발생한다. 사전-발생 관계는 휘발성 변수에 쓰는 쓰레드와 *이어서 그것을 읽는* 쓰레드간에 존재한다. 그러나 setFirst()와 getFirst() 각각은 휘발성 변수(배열을 참조하는 휘발성 레퍼런스)로부터 읽는다. 어떤 메서드도 휘발성 변수 자체에 쓰지 않는다.

적절한 솔루션(AtomicIntegerArray)

배열 원소로의 쓰기 동작이 단일연산(atomic)[38]이고 결과값이 다른 쓰레드에게 가시적이라는 것을 보장하기 위해서, 이 솔루션은 java.util.concurrent.atomic에 정의된 AtomicIntegerArray 클래스를 사용한다.

```java
final class Foo {
  private final AtomicIntegerArray atomicArray =
    new AtomicIntegerArray(20);

  public int getFirst() {
    return atomicArray.get(0);
  }

  public void setFirst(int n) {
    atomicArray.set(0, 10);
  }

  // ...
}
```

---

37 역자 주: 메모리 일관성과 관련 있는 개념으로서, 공유 변수의 읽기와 쓰기와 같은 메모리 동작에 대한 관계이다. 이 관계는 특정 명령문에 의해 쓰인 메모리가 다른 특정 명령문에게 가시적임을 보장한다. 예로, Thread.start()와 Thread.join() 메서드들은 사전-발생 관계를 형성한다.

38 역자 주: 한 동작이 완료될 때까지 다른 동작에 의해 중단되지 않고 완료되는 성질로서, 원자성으로 번역하기도 한다. 만약 2개 이상의 쓰레드에 의해 공유되는 변수에 대한 동작이 단일연산이 아닐 경우, 쓰레드들은 일관성 있는 데이터를 보지 못하게 된다.

AtomicIntegerArray는 `atomicArray.set()`을 호출하는 쓰레드와 `atomicArray.get()`을 호출하는 쓰레드 사이에 사전-발생 관계를 보장한다.

적절한 솔루션(동기화)

배열이 휘발성 레퍼런스에 의해 참조되는지 비휘발성 레퍼런스에 의해 참조되는지와 상관없이, 가시성을 보장하기 위해서는 접근자 메서드가 배열의 비휘발성 원소에 동작하는 동안 엑세스를 동기화해야 한다. 비록 배열 레퍼런스가 휘발성은 아니더라도 코드는 쓰레드-안전(thread-safe)하다.

```
final class Foo {
  private int[] arr = new int[20];

  public synchronized int getFirst() {
    return arr[0];
  }
  public synchronized void setFirst(int n) {
    arr[0] = n;
  }
}
```

동일한 잠금장치를 가지고 동기화하는 쓰레드들에 대하여, 동기화는 사전-발생 관계를 설정한다. 이 경우에 `setFirst()`를 호출하는 쓰레드와 이어서 동일한 객체 인스턴스의 `getFirst()`를 호출하는 쓰레드 모두 해당 인스턴스에 대해 동기화되며, 따라서 안전한 공개가 보장된다.

부적절한 코드 예(가변적 객체)

이 예는 Map 인스턴스 필드를 휘발성으로 선언한다. Map 객체의 인스턴스는 그 인스턴스에 포함된 put() 메서드 때문에 가변적이다.

```
final class Foo {
  private volatile Map<String, String> map;

  public Foo() {
    map = new HashMap<String, String>();
    // Load some useful values into map
  }
```

```
  public String get(String s) {
    return map.get(s);
  }

  public void put(String key, String value) {
    // Validate the values before inserting
    if (!value.matches("[\\w]*")) {
      throw new IllegalArgumentException();
    }
    map.put(key, value);
  }
}
```

put()이 Map 객체의 상태를 수정하기 때문에, get()와 set()의 교차 호출은 Map 객체의 일관성 없는 값을 사용하게 될 것이다. 객체 레퍼런스를 휘발성으로 선언하는 것은 이러한 데이터 경쟁을 제거하기에 충분하지 않다.

부적절한 코드 예(휘발성-읽기, 동기화된-쓰기)

이 예는 자바 이론과 실제[Goetz 2007]에서 설명하고 있는 휘발성-읽기와 동기화된-쓰기 기술을 시도한다. map 필드는 그것에 대한 읽기와 쓰기를 동기화하기 위해 휘발성으로 선언된다. put() 메서드도 그것이 단일연산으로 수행된다는 것을 보장하기 위해 동기화된다.

```
final class Foo {
  private volatile Map<String, String> map;

  public Foo() {
    map = new HashMap<String, String>();
    // Load some useful values into map
  }
  public String get(String s) {
    return map.get(s);
  }
  public synchronized void put(String key, String value) {
    // Validate the values before inserting
    if (!value.matches("[\\w]*")) {
      throw new IllegalArgumentException();
    }
    map.put(key, value);
  }
}
```

휘발성-읽기와 동기화된-쓰기 기술은 증감연산과 같은 복합 연산의 단일연산성을 유지하기 위해 사용되며 단일연산 읽기의 빠른 엑세스를 제공한다. 그러나 `volatile`에 의한 안전한 공개 보장은 필드 자체(기본형 값이나 객체 레퍼런스)에만 적용된다. 레퍼런트의 멤버들과 마찬가지로 레퍼런트도 보장에서 제외된다. 사실상 `map`에 대한 쓰기와 그 다음 읽기는 사전-발생 관계가 없다.

이 기술은 *자바용 CERT 오라클 보안 코딩 표준*[Long 2012], "VNA02-J. 공유 변수들에 대한 복합 연산이 단일연산이 되도록 보장하라"에도 기술되어 있다.

적절한 솔루션(synchronized)

이 솔루션은 가시성을 보장하기 위해 메서드 동기화를 사용한다.

```
final class Foo {
  private final Map<String, String> map;
  public Foo() {
    map = new HashMap<String, String>();
    // Load some useful values into map
  }
  public synchronized String get(String s) {
    return map.get(s);
  }
  public synchronized void put(String key, String value) {
    // Validate the values before inserting
    if (!value.matches("[\\w]*")) {
      throw new IllegalArgumentException();
    }
    map.put(key, value);
  }
}
```

접근자 메서드가 동기화되었기 때문에 `map` 필드를 휘발성으로 선언할 필요가 없다. 레퍼런트가 부분적으로 초기화된 상태일 때 레퍼런스가 공개되지 않도록 이 필드를 `final`로 선언한다(상세한 정보를 위해서는 "TSM03-J 부분적으로 초기화된 객체들을 공개하지 말라"[Long 2012]를 참고하기 바란다).

부적절한 코드 예(가변적 부객체)

이 예에서, 휘발성인 `format` 필드는 가변적 객체인 `java.text.DateFormat`에 대한 레퍼런스를 저장한다.

```
final class DateHandler {
  private static volatile DateFormat format =
    DateFormat.getDateInstance(DateFormat.MEDIUM);

  public static java.util.Date parse(String str)
      throws ParseException {
    return format.parse(str);
  }
}
```

DateFormat은 쓰레드-안전하지 않기 때문에[API 2013], parse() 메서드가 반환한 Date 값은 매개변수 str에 대응되는 것이 아닐 수도 있다.

적절한 솔루션(호출별 인스턴스/방어적 복사)

이 솔루션은 각 parse() 메서드 호출마다 새로운 DateFormat 인스턴스를 생성하여 반환한다[API 2013].

```
final class DateHandler {
  public static java.util.Date parse(String str)
      throws ParseException {
    return DateFormat.getDateInstance(
        DateFormat.MEDIUM).parse(str);
  }
}
```

적절한 솔루션(동기화)

이 솔루션은 parse() 메서드 내에서 동기화 문장을 사용하여 DateHandler를 쓰레드-안전하게 만든다[API 2013].

```
final class DateHandler {
  private static DateFormat format =
    DateFormat.getDateInstance(DateFormat.MEDIUM);

  public static java.util.Date parse(String str)
      throws ParseException {
    synchronized (format) {
      return format.parse(str);
    }
```

```
    }
  }
```

적절한 솔루션(ThreadLocal 저장소)

이 솔루션은 쓰레드마다 별도의 `DateFormat` 인스턴스를 생성하기 위해 `ThreadLocal` 객체를 사용한다.

```
final class DateHandler {
  private static final ThreadLocal<DateFormat> format =
    new ThreadLocal<DateFormat>() {
    @Override protected DateFormat initialValue() {
      return DateFormat.getDateInstance(DateFormat.MEDIUM);
    }
  };
  // ...
}
```

당위성

필드를 휘발성으로 선언하면 참조된 객체의 멤버들에 대해 안전한 공개를 보장한다고 잘못 가정할 경우, 쓰레드들이 이전 값을 갖게 하거나 일관성 있는 값을 유지하지 못하도록 만든다.

기술적으로, 레퍼런트의 엄격한 불변성은 안전한 공개에 필요한 기본 조건보다 더 강력한 조건이다. 레퍼런트가 쓰레드-안전하게 설계된 것이 확실할 때는 그것을 참조하는 필드가 휘발성으로 선언될지도 모른다. 하지만, `volatile`을 사용하는 이 방법은 유지보수성을 저하시키므로 피해야 한다.

참고 자료

[API 2013]	Class `DateFormat`
[Goetz 2007]	Pattern 2, "One-Time Safe Publication"
[JLS 2013]	§8.3.1.4, "`volatile` Fields"
[Long 2012]	OBJ05-J. Defensively copy private mutable class members before returning their references
	TSM03-J. Do not publish partially initialized objects

VNA02-J. Ensure that compound operations on shared variables are atomic

[Miller 2009] "Mutable Statics"

67. sleep(), yield(), getState() 메서드가 동기화를 제공한다고 가정하지 말라

JLS, §17.3, "Sleep과 Yield" [JLS 2013]에 따르면,

Thread.sleep이나 Thread.yield 중 어느 것도 동기화의 의미를 갖지 않는다는 것을 명심하라. 특히, 컴파일러는 Thread.sleep이나 Thread.yield 호출 전에 레지스터 안에 캐시된 쓰기를 공유 메모리로 몰아쓰기를 해야만 하는 것은 아니며, 뿐만 아니라 컴파일러는 Thread.sleep이나 Thread.yield 호출 후에 레지스터에 캐시된 값을 다시 로드해야만 하지도 않는다.

다음과 같은 처리를 위해서 쓰레드 유보(suspension)나 양보(yield)에 기반하여 동시(concurrency) 안전성을 제공하는 코드는 올바르지 않으며, 따라서 허용되지 않는다.

- 캐시된 레지스터의 몰아쓰기
- 임의의 값의 리로드
- 수행이 재개될 때 사전-발생 관계를 제공

프로그램은 적절한 동기화, 사전-발생 그리고 안전한 공개를 하는 쓰레드 간의 통신을 보장해야만 한다.

부적절한 코드 예(sleep())

이 코드는 쓰레드 종료를 표시하기 위한 플래그로서 비휘발성 불리언 멤버인 done를 사용한다. 다른 쓰레드가 shutdown() 메서드를 호출하여 done을 true로 설정한다.

```
final class ControlledStop implements Runnable {
  private boolean done = false;

  @Override public void run() {
    while (!done) {
      try {
```

```
        Thread.sleep(1000);
      } catch (InterruptedException e) {
        // Reset interrupted status
        Thread.currentThread().interrupt();        }
    }
  }

  public void shutdown() {
    this.done = true;
  }
}
```

이 경우에 컴파일러는 this.done 필드를 한번 읽고 반복문을 수행할 때마다 그 캐시
된 값을 재사용할 수 있다. 따라서, while 반복문은 다른 쓰레드가 this.done의 값을
변경시키기 위해 shutdown() 메서드를 호출해도 절대 종료되지 않는다[JLS 2013]. 이
오류는 프로그래머가 Thread.sleep()이 캐시된 값을 리로드할 것이라고 잘못된 가정
을 하기 때문에 생길 수 있다.

적절한 솔루션(휘발성 플래그)

이 솔루션은 플래그 필드의 갱신을 여러 쓰레드들이 볼 수 있도록 보장하도록 vola-
tile로 선언한다.

```
final class ControlledStop implements Runnable {
  private volatile boolean done = false;

  @Override public void run() {
    //...
  }

  // ...
}
```

volatile 키워드는 이 쓰레드와 done을 설정하는 다른 쓰레드간의 사전-발생 관계를
설정한다.

적절한 솔루션(Thread.interrup())

sleep()를 호출하는 메서드에게 좀 더 나은 솔루션은 쓰레드 인터럽션을 사용하는 것
이며, 이것은 잠자고 있는 메서드를 즉시 깨워서 인터럽션을 처리하도록 한다.

```
final class ControlledStop implements Runnable {

  @Override public void run() {
    // Record current thread so others can interrupt it
    myThread = currentThread();
    while (!Thread.interrupted()) {
      try {
        Thread.sleep(1000);
      } catch (InterruptedException e) {
        Thread.currentThread().interrupt();
      }
    }
  }

  public void shutdown(Thread th) {
    th.interrupt();
  }
}
```

쓰레드를 인터럽트하기 위해서는 어떤 쓰레드를 인터럽트 할지 알아야 한다. 이 솔루션에서는 이 관계를 추적하는 논리흐름은 생략하였다.

부적절한 코드 예(Thread.getState())

이 예는 쓰레드를 시작하는 doSomething() 메서드를 포함한다. 이 쓰레드는 플래그를 검사하고 통지받을 때까지 대기함으로써 인터럽션을 지원한다. stop() 메서드는 쓰레드가 대기하기 위해 블록 되었는지를 검사한다. 만약 대기 중이라면 플래그를 참으로 설정하고 쓰레드에게 통지한다. 그러면 쓰레드는 종료될 수 있다.

```
public class Waiter {
  private Thread thread;
  private boolean flag;
  private final Object lock = new Object();
  public void doSomething() {
    thread = new Thread(new Runnable() {
      @Override public void run() {
        synchronized (lock) {
          while (!flag) {
            try {
              lock.wait();
              // ...
            } catch (InterruptedException e) {
              // Forward to handler
```

```
        }
      }
    }
  }
});
thread.start();
}

public boolean stop() {
  if (thread != null) {
    if (thread.getState() == Thread.State.WAITING) {
      synchronized (lock) {
        flag = true;
        lock.notifyAll();
      }
      return true;
    }
  }
  return false;
}
}
```

stop() 메서드는 쓰레드가 블록되었으며 통지하기 전에 종료되지 않았음을 검사하기 위해 Thread.getState()를 사용하였는데, 불행하게도 이는 적절하지 못하다. 쓰레드가 대기하기 위해 블록되었는지를 검사하는 것과 같은 동기화 제어를 위해서 Thread.getState() 메서드를 사용하는 것은 적절하지 않다. 자바 가상 머신은 스핀 대기(spin-waiting)[39]를 이용하여 블록킹을 구현할 수 있다. 따라서 쓰레드가 WAITING 이나 TIMED_WAITING 상태로 들어가지 않고도 블록될 수 있기 때문에, stop() 메서드는 쓰레드 종료에 실패할 것이다.

만약 doSomething()과 stop()이 서로 다른 쓰레드로부터 호출된다면, stop() 메서드 호출과 doSomething() 메서드 호출간에 사전-발생 관계가 있지 않는 한, 비록 do-Something() 메서드가 먼저 호출되더라도 stop() 메서드는 초기화된 thread를 보지 못할 것이다. 만약 두 메서드가 동일한 쓰레드로부터 호출된다면 그들은 자동적으로 사전-발생 관계를 가질 것이며, 따라서 이 문제에 부딪히지 않는다.

---

39 역자 주: 동기화 작업에서 잠금장치(lock)를 확보하지 못한 쓰레드는 대기상태가 된다. 이 대기상태는 잠금장치를 확보할 때까지 계속 시도하는 방법이나 운영체제의 기능을 이용하여 실제 대기하는 방법 중 하나로 구현될 수 있다. 전자의 구현 방법을 스핀대기 방법이라고 한다.

적절한 솔루션

이 솔루션은 쓰레드가 WAITING 상태에 있는지를 결정하는 검사를 사용하지 않는다. 이 notifyAll()은 wait() 호출을 통해 정지된 쓰레드에게만 영향을 미치기 때문에 검사가 불필요하다.

```java
public class Waiter {
  // . . .
  private Thread thread;
  private volatile boolean flag;
  private final Object lock = new Object();

  public boolean stop() {
    if (thread != null) {
      synchronized (lock) {
        flag = true;
        lock.notifyAll();
      }
      return true;
    }
    return false;
  }
}
```

당위성

동기화 제어를 위해 Thread 클래스의 sleep(), yield()와 getState() 메서드를 사용하는 것은 예기치 못한 동작을 야기시킬 수 있다.

참고 자료

[Goetz 2006]
[JLS 2013]   §17.3, "Sleep and Yield"

68. 정수형 피연산자에 대한 나머지 연산 결과는 항상 음수가 아니라고 가정하지 말라

JLS의 §15.17.3 "나머지 연산자 %"[JLS 2013]에 따르면,

(a/b)*b+(a%b)가 a인 것처럼, 나머지 연산은 피연산자를 이항 형변환(binary numeric

promotion)하여[40] 정수로 변환한 다음 결과값을 생성한다. 피젯수가 그 타입에서 가장 큰 크기를 가지는 음수이고 제수가 -1인 특별한 경우에도 마찬가지이다(나머지는 0). 이것은 나머지 연산 결과는 피젯수가 음수일 경우에만 음수일 수 있으며 피젯수가 양수일 때만 양수일 수 있다는 규칙에 의한 것이다. 더군다나, 결과의 크기(magnitude)는[41] 제수의 크기보다 항상 작다.

나머지 연산의 결과는 피젯수의 부호와 같다(연산식의 첫 번째 피연산자).

```
5 % 3 produces 2
5 % (-3) produces 2
(-5) % 3 produces -2
(-5) % (-3) produces -2
```

따라서, 나머지 연산이 항상 양수를 반환한다는 전제 하에 작성된 코드는 잘못된 것이다.

부적절한 코드 예

이 예는 hash 배열에 대한 색인으로서 정수 hashKey를 사용한다.

```
private int SIZE = 16;
public int[] hash = new int[SIZE];

public int lookup(int hashKey) {
  return hash[hashKey % SIZE];
}
```

ashKey가 음수이면, 나머지 연산 값이 음수가 되어 lookup() 메서드가 java.lang. ArrayIndexOutOfBoundsException을 발생시킨다.

적절한 솔루션

이 솔루션은 항상 양수 나머지를 반환하는 imod()를 호출한다.

---

40 역자 주: 자바에서는 C와 달리 실수에 대해서도 나머지 연산을 허용한다. 사칙연산과 나머지 연산이나 비트 연산과 같은 이항 연산자의 경우에, 연산을 수행하기 전에 먼저 피연산자를 정의된 규칙에 따라 형변환하여 두 피연산자를 동일한 숫자형으로 만든다. 이를 이항 형변환이라고 한다.

41 역자 주: 부호를 제외한 크기를 말한다. 즉, 절대값이라고 생각하면 된다.

```
// Method imod() gives nonnegative result
private int SIZE = 16;
public int[] hash = new int[SIZE];

private int imod(int i, int j) {
  int temp = i % j;
  // Unary minus will succeed without overflow
  // because temp cannot be Integer.MIN_VALUE
  return (temp < 0) ? -temp : temp;
}

public int lookup(int hashKey) {
  return hash[imod(hashKey, SIZE)];
}
```

당위성

나머지 연산이 양수를 만든다고 가정하는 것은 부적절하며 잘못된 코드로 이어질 수 있다.

참고 자료

[JLS 2013]   §15.17.3, "Remainder Operator %"

69.   추상 객체의 동등성과 레퍼런스의 동등성을 혼동하지 말라

자바는 레퍼런스가 같은지 검사하기 위해서 동등 연산자인 ==와 !=를 정의하지만, 추상 객체가 같은지를 검사하기 위해서는 Object와 그 하위클래스 안에 정의된 equals()를 사용한다. 숙련되지 못한 프로그래머들은 종종 == 연산의 기능과 Object.equals() 메서드의 기능을 혼동한다. 이 혼동의 증거는 문자열 객체를 처리할 때 종종 나타난다.

일반적인 규칙으로서, 두 객체가 동일한 내용을 가지고 있는지를 검사하기 위해서는 Object.equals() 메서드를 사용하고, 두 레퍼런스가 동일한 객체를 참조하고 있는지를 검사할 때는 동등 연산자 ==와 !=를 사용한다. 후자의 검사는 *레퍼런스 동등성(referential equality)*이라고 불린다. 디폴트 equals() 구현을 오버라이드해야 하는 클래스들은 hashCode() 메서드도 오버라이드 하도록 주의해야 한다(*자바용 CERT 오라*

클 보안 코딩 표준[Long 2012], "MET09-J. equals()를 정의하는 클래스들은 hash-Code()도 정의해야만 한다"를 참고하라)

박싱된 숫자 타입들(예로, Byte, Character, Short, Integer, Long, Float, Double)은 == 연산자 보다는 Object.Equals()를 가지고 비교되어야 한다. -128과 127 사이의 Integer 값에 대해서는 레퍼런스 동등성이 잘 작동하는 것처럼 보일 수 있으나[42], 두 피연산자 중 하나라도 이 범위를 벗어나게 되면 실패할 것이다. 동등 연산자 외의 숫자 관계 연산자들(⟨, ⟨=, ⟩, ⟩= 등)은 박싱된 기본 타입을 비교할 때 안전하게 사용될 수 있다(더 자세한 정보를 위해서는 "EXP03-J. 박싱된 기본값을 비교할 때 동등 연산자를 사용하지 말라"[Long 2012]를 참고하라).

부적절한 코드 예

이 예는 동일한 값을 갖는 서로 다른 두 String 객체를 선언한다.

```java
public class StringComparison {
  public static void main(String[] args) {
    String str1 = new String("one");
    String str2 = new String("one");
    System.out.println(str1 == str2); // Prints "false"
  }
}
```

레퍼런스 동등 연산자 ==는 비교하고 있는 값이 동일한 객체를 참조하고 있을 때만 true로 평가한다. 이 예에서의 레퍼런스들은 다른 객체들을 참조하기 때문에 같지 않다.

적절한 솔루션(Object.equals())

이 솔루션은 문자열 값들을 비교할 때 Object.equals() 메서드를 사용한다.

```java
public class StringComparison {
  public static void main(String[] args) {
    String str1 = new String("one");
    String str2 = new String("one");
    System.out.println(str1.equals(str2)); // Prints "true"
```

---

42 역자 주: 박싱된 정수가 -128~127인 경우에는 캐싱된 객체를 사용한다. 따라서 이 범위에서 동일한 값을 가지는 박싱된 정수 변수는 동일한 객체를 참조한다.

```
    }
  }
```

적절한 솔루션(Object.intern())

String.intern()[43] 메서드로 만들어진 두 문자열을 비교할 때 레퍼런스 동등성을 사용하면 추상 객체의 동등성처럼 작동된다. 이 솔루션은 String.intern()을 사용하고 있으며, 문자열 one의 한 복사본만이 메모리에 있을 필요가 있을 때 빠르게 비교할 수 있다.

```
public class StringComparison {
  public static void main(String[] args) {
    String str1 = new String("one");
    String str2 = new String("one");

    str1 = str1.intern();
    str2 = str2.intern();

    System.out.println(str1 == str2); // Prints "true"
  }
}
```

String.intern()은 문자열의 토큰화가 성능을 매우 높여주거나 엄청나게 코드를 간소화 해줄 경우에만 사용되어야 한다. 예로서, 프로그램 입력을 토큰화하는 자연어 처리와 컴파일러와 같은 툴들을 들 수 있다. 대부분의 다른 프로그램들의 경우에, 레퍼런스 동등성에 의존하지 않고 Object.equals()를 사용하면 성능과 가독성이 종종 개선된다.

JLS는 String.intern()의 구현에 대해 거의 보장하지 않는다.

예를 들어서,

■ String.intern()의 비용은 인턴 문자열의 개수에 비례하여 증가한다. 성능은 $O(n \log n)$ 보다 나쁘지 않으나 JLS는 구체적인 성능 보장을 하지 않는다.

---

43 역자 주: String.intern() 메서드는 힙에 새로운 문자열을 만들지 않고, 풀에 있는 동일한 문자열을 참조하도록 하여(없을 경우에는 풀에 생성) 공간을 절약한다.

- 초기 자바 가상 머신 구현에서 인턴 문자열은 영구적이었다. 그들은 가비지 수집 대상에서 제외되었다. 많은 문자열들이 인턴화 되었을 때 이것은 문제가 될 수 있다. 좀 더 최근의 구현에서는, 더 이상 참조되지 않는 인턴 문자열들의 공간이 가비지 수집될 수 있다. 하지만 JLS는 이 동작에 대해 어떠한 구체적 기술도 하지 않는다.
- 자바 1.7 이전의 JVM 구현에서는 인턴 문자열들이 `permgen` 영역에 할당되는데, 이 영역은 힙 공간보다 매우 작다. 따라서 많은 문자열들을 인턴화하는 것은 메모리 고갈 상태를 초래할 수 있다. 많은 자바 1.7 구현들은 인턴 문자열들을 힙에 할당하면서 이 제약사항을 완화시킨다. 다시 말하지만, JLS는 할당에 대한 상세한 내용을 기술하지 않는다. 따라서 매우 다양한 구현이 존재한다.

문자열 인턴화는 문자열이 반복적으로 나타나는 프로그램에서 사용될 수 있으며, 그러한 경우에는 비교 성능을 향상시키고 메모리 소비를 최소화한다.

객체의 정형화(canonicalization)가 필요할 때는, `ConcurrentHashMap`의 최상위에 있는 맞춤형 canonicalizer를 사용하는 것이 현명할지도 모른다. 더 상세한 것에 대해서는 Joshua Bloch의 *효과적인 자바 2차 개정판*, 항목 69를[Bloch 2008] 참고하기 바란다.

당위성

레퍼런스 동등성과 객체 동등성을 혼동하는 것은 예기치 못한 결과를 낳을 수 있다.

정의하는 클래스들이 객체가 가질 수 있는 각각의 값에 대해 *최대 하나의* 객체 인스턴스만 존재한다고 보장할 때만 객체 동등성 대신에 레퍼런스 동등성을 사용하는 것이 허용된다. public 생성자 대신 static 팩토리 메서드를 사용하면 인스턴스 제어가 손쉬워진다. 이것이 핵심 기술이다. enum 타입을 사용하는 것도 다른 또 하나의 기술이다.

두 개의 레퍼런스들이 동일한 객체를 가리키는지를 결정하고자 할 때 레퍼런스 동등성을 사용하라.

참고 자료

[Bloch 2008]   Item 69, "Prefer Concurrency Utilities to wait and notify"
[FindBugs 2008]   ES, "Comparison of String Objects Using == or !="

[JLS 2013]   §3.10.5, "String Literals"

                  §5.6.2, "Binary Numeric Promotion"

[Long 2012]   EXP03-J. Do not use the equality operators when comparing values
                  of boxed primitives

                  MET09-J. Classes that define an `equals()` method must also de-
                  fine a `hashCode()` method

70.   비트 연산자와 논리 연산자의 차이를 이해하라

조건부 AND(논리곱)와 OR(논리합) 연산자(각각 &&와 ||)는 단락(short-circuit) 동작을 나타낸다. 즉, 조건부 연산자의 첫 번째 피연산자만 평가해서는 결과를 도출할 수 없을 때만 두 번째 피연산자가 평가된다. 따라서, 조건부 연산자가 첫 번째 피연산자 결과만으로 결과를 만들어낼 수 있을 때는, 두 번째 피연산자가 평가되지 않는다. 두 번째 피연산자에 부가적인 동작이[44] 포함되어 있다고 하더라도 절대 수행되지 않는다.

비트 AND와 OR 연산자(&와 |)는 단락 동작을 하지 않는다. 대부분의 자바 연산자들처럼 두 피연산자가 계산된다. 두 연산자는 각각 &&와 || 연산자와 같이 불리언 결과를 반환하지만, 두 번째 피연산자에 부가적 작용이 있느냐에 따라 다른 효과를 가질 수 있다.

따라서, &나 && 연산자 모두 불리언 논리 수행에 사용될 수 있다. 그러나 단락 동작이 선호되는 경우가 있는 반면 단락 동작이 미묘한 버그를 일으키는 경우가 있다.

부적절한 코드 예(부적절한 &)

Flanagan[Flanagan 2005]의 참고문헌에서 유도된 이 예는 값을 알 수 없는 두 개의 변수를 가진다. 이 코드는 데이터도 확인해야 하고 `array[i]`의 색인 값이 유효한지도 검사해야 한다.

```
int array[]; // May be null
int i;       // May be an invalid index for array
if (array != null & i >= 0 &
```

---

44 역자 주: 조건부 연산자의 피연산자로서의 역할뿐만이 아니라 다른 계산 효과를 내는 경우를 말한다.

```
    i < array.length & array[i] >= 0) {
  // Use array
} else {
  // Handle error
}
```

이 코드는 방지하고자 하는 바로 그 오류로 인하여 실패할 수 있다. array가 NULL이 거나 i가 유효하지 않을 때, array[i]에 대한 참조는 NullPointerException 혹은 ArrayIndexOutOfBoundsException을 발생시킬 것이다. 왼쪽 피연산자의 계산 결과, 오른쪽 피연산자가 불필요하다고 판명되는 경우에도 & 연산자는 오른쪽 피연산자의 계산을 막지 못하기 때문에 예외가 발생한다.

적절한 솔루션(&& 사용)

이 솔루션은 &&을 사용함으로써 문제를 해결한다. &&는 어떤 조건이라도 실패하면 즉시 조건부 연산식 평가를 중단시키기 때문에 런타임 예외를 방지한다.

```
int array[]; // May be null
int i;         // May be an invalid index for array
if (array != null && i >= 0 &&
    i < array.length && array[i] >= 0) {
  // Handle array
} else {
  // Handle error
}
```

적절한 솔루션(중첩된 if 문장)

이 솔루션은 적절한 효과를 내도록 다중 if 문장을 사용한다.

```
int array[]; // May be null
int i;         // May be a valid index for array
if (array != null) {
  if (i >= 0 && i < array.length) {
    if (array[i] >= 0) {
      // Use array
    } else {
      // Handle error
    }
```

```
  } else {
    // Handle error
  }
} else {
  // Handle error
}
```

이 솔루션은 비록 올바르기는 하지만 다소 산만하며 유지보수가 더 어렵다. 그럼에도 불구하고, 이 솔루션은 잠재적인 실패 조건들 각각에 대하여 오류-처리 코드를 만들기 어려울 때 선호된다.

부적절한 코드 예(부적절한 &&)

이 예는 서로 멤버들이 일치하는 구간을 찾기 위해 두 배열을 비교하는 코드를 보여준다. i1과 i2는 각각 array1과 array2의 유효한 배열 색인이다. end1과 end2 변수는 두 배열에서 일치하는 구간의 마지막 색인이다.

```
if (end1 >= 0 & i2 >= 0)⁴⁵ {
  int begin1 = i1;
  int begin2 = i2;
  while (++i1 < array1.length &&
         ++i2 < array2.length &&
         array1[i1] == array2[i2]) {
    // Arrays match so far
  }
  int end1 = i1;
  int end2 = i2;
  assert end1 - begin1 == end2 - begin2;
}
```

이 코드가 가진 문제는, while 루프의 첫 번째 조건이 실패할 때 두 번째 조건이 수행되지 않는다는 것에 있다. 즉, 일단 i1이 array1.length에 도달하면, i1은 증가된 상태에서 루프가 종료된다. 따라서, array1의 범위는 array2의 범위보다 크며 최종 가정검증(assertion)이 실패하게 된다.

---

45 역자 주: 원서에서는 조건문의 조건식을 '(end1 >= 0 & i2 >= 0)'라고 하였으나, '(i1 >= 0 & i2 >= 0)'의 오기로 추정된다.

적절한 솔루션(& 사용)

이 솔루션은 첫 번째 조건의 결과와 상관없이 i1과 i2 모두의 증가를 보장하는 &를 적절하게 사용함으로써 이 문제를 해결한다.

```
public void exampleFuntion() {
  while (++i1 < array1.length &      // Not &&
         ++i2 < array2.length &&
         array1[i1] == array2[i2]){
    //  Do something
  }
}
```

당위성

비트 연산자와 조건부 연산자의 동작을 이해하지 못하면 의도하지 않은 프로그램 동작을 초래한다.

참고 자료

[Flanagan 2005]   §2.5.6, "Boolean Operators"
[JLS 2013]   §15.23, "Conditional-And Operator &&"
                   §15.24, "Conditional-Or Operator ||"

71. 문자열이 로드될 때 이스케이프 문자들이 어떻게 해석되는지 이해하라

많은 클래스들은 문자와 문자열 리터럴에 이스케이프 문자가 포함될 수 있도록 허용한다. 주어지는 예제들은 메서드에 문자열 매개변수를 전달하여 XML과 SQL 동작을 수행하도록 지원하는 클래스들뿐만 아니라 java.util.regex.Pattern을 포함한다. JLS §3.10.6, "문자와 문자열 리터럴을 위한 이스케이프 시퀀스"[JLS 2013]에 의하면,

문자와 문자열 이스케이프 시퀀스는 문자 리터럴(§3.10.4)과 문자열 리터럴(§3.10.5)에 작은 따옴표, 큰 따옴표와 역슬래시 문자들뿐만 아니라 일부 비그래픽 문자를 표현할 수 있도록 허용한다.

문자열 리터럴에 이스케이프 시퀀스를 올바르게 사용하려면, 그것들이 SQL 엔진과 같

은 다음 프로세서에 의해 어떻게 해석되는지 뿐만 아니라 자바 컴파일러에 의해 어떻게 해석되는지 이해해야 한다. 데이터베이스에 원시 텍스트를 저장하는 경우 등 특정 경우에는 SQL 문장들이 이스케이프 시퀀스(예로, \t, \n, \r을 포함하는 시퀀스)를 필요로 할지 모른다. 자바 문자열 리터럴에서 SQL 문장을 표현하고자 할 때, 올바르게 해석되기 위해서는 각 이스케이프 시퀀스 앞에 별도의 역슬래시가 나와야 한다.

다른 예로서, 정규 연산식에 관련된 작업을 수행하는데 사용된 Pattern 클래스를 고려해 보자. 패턴 매칭에 사용되는 문자열 리터럴은 Pattern 타입의 인스턴스로 컴파일된다. 매치되는 패턴들이 자바 이스케이프 시퀀스 중의 하나 – 예를 들어 "\"와 "n" – 를 포함할 때, 자바 컴파일러는 자바 문자열의 일부를 자바 이스케이프 시퀀스로 간주하여 그것을 실제 개행 문자(newline)로 만든다. 리터럴 개행 문자가 아닌 개행 이스케이프 시퀀스를 삽입하기 위해서는, 자바 컴파일러가 개행 문자로 대체하지 않도록 "\n" 앞에 부가적인 역슬래시를 붙여야 한다. 그 결과로 만들어진 문자열인

```
\\n
```

은 올바른 2-문자 시퀀스 \n을 가지며 패턴 안에 개행을 위한 이스케이프 시퀀스를 올바르게 나타낸다.

일반적으로, \X 형태의 특정 이스케이프 문자에 대한 자바 표현은 다음과 같다.

```
\\X
```

부적절한 코드 예(문자열 리터럴)

이 예는 문자열 리터럴(WORDS)과 입력 시퀀스와의 매치를 찾는 splitWords() 메서드를 정의한다. 단어 경계를 매칭시키기 위해 WORDS가 이스케이프 시퀀스를 가지고 있도록 한다. 하지만 자바 컴파일러는 "\b" 리터럴을 자바 이스케이프 시퀀스로 간주하며, 문자열 WORDS를 1개의 백스페이스 문자를 검사하기 위한 정규 표현식으로 번역한다.

```java
public class Splitter {
  // Interpreted as backspace
  // Fails to split on word boundaries
  private final String WORDS = "\b";

  public String[] splitWords(String input){
```

```
            Pattern pattern = Pattern.compile(WORDS);
            String[] input_array = pattern.split(input);
            return input_array;
        }
    }
```

적절한 솔루션(문자열 리터럴)

이 솔루션은 문자열 리터럴 WORDS이 단어의 경계를 분리하는 정규 표현식을 나타내도
록 하는 올바른 이스케이프 값을 보여준다.

```
public class Splitter {
    // Interpreted as two chars, '\' and 'b'
    // Correctly splits on word boundaries
    private final String WORDS = "\\b";

    public String[] split(String input){
        Pattern pattern = Pattern.compile(WORDS);
        String[] input_array = pattern.split(input);
        return input_array;
    }
}
```

부적절한 코드 예(문자열 특성)

이 예는 동일한 메서드 splitWords()를 사용한다. 이 때 WORDS 문자열은 외부 프로
퍼티 파일로부터 로드된다.

```
public class Splitter {
    private final String WORDS;

    public Splitter() throws IOException {
        Properties properties = new Properties();
        properties.load(new FileInputStream("splitter.properties"));
        WORDS = properties.getProperty("WORDS");
    }

    public String[] split(String input){
        Pattern pattern = Pattern.compile(WORDS);
        String[] input_array = pattern.split(input);
        return input_array;
```

```
    }
  }
```

프로퍼티 파일에서, WORDS의 프로퍼티는 또다시 로 잘못 기술된다.

```
  WORDS=\b
```

`Properties.load()` 메서드는 이것을 하나의 문자 b로 읽으며, `split()` 메서드로 하여금 문자 b를 가지고 문자열을 분리하도록 한다. 비록 그 문자열이 문자열 리터럴일 때와는 다르게 해석되긴 했지만, 이전의 부적절한 코드에서와 마찬가지로 잘못된 해석이다.

적절한 솔루션(문자열 특성)

이 솔루션은 WORDS 프로퍼티의 올바른 이스케이프 값을 보여준다.

```
  WORDS=\\b
```

당위성

문자열 입력에서 이스케이프 문자를 올바르게 사용하지 않으면, 잘못된 해석을 하게 하거나 잠재적으로 데이터 변조를 초래할 수 있다.

참고 자료

[API 2013]	Class Pattern, "Backslashes, Escapes, and Quoting"
	Package java.sql
[JLS 2013]	§3.10.6, "Escape Sequences for Character and String Literals"

72. 런타임 시의 타입으로 구분되도록 오버로드 메서드를 사용하지 말라

자바는 메서드 오버로딩을 지원하며 서로 다른 시그너처를 가지고 메서드들을 구분할 수 있다. 따라서 몇 가지 조건 하에서, 클래스의 메서드들은 서로 다른 매개변수 리스트를 가질 경우 동일한 이름을 가질 수 있다. 오버로드된 메서드들 중에서 런타임 때 호출될 메서드는 컴파일 때 결정된다. 따라서 각 호출에 대한 런타임 타입이 다른 경우에도 객체의 정적 타입과 연계된 메서드가 호출된다.

프로그램을 잘 이해할 수 있도록 하기 위해서는 오버로드하는 동안 모호함이 있어서는 안되며(가이드라인 65, "모호하거나 혼동되는 오버로딩의 사용을 피하라" 참고하라) 오버로드 메서드를 자주 사용하지 않은 것이 좋다[Tutorials 2013].

부적절한 코드 예

이 예는 메서드가 ArrayList<Integer>를 전달 받았는지 LinkedList<String>을 전달 받았는지에 따라 서로 다른 동작을 수행하는 오버로드된 display() 메서드를 사용한다.

```
public class Overloader {
  private static String display(ArrayList<Integer> arrayList) {
    return "ArrayList";
  }

  private static String display(LinkedList<String> linkedList) {
    return "LinkedList";
  }

  private static String display(List<?> list) {
    return "List is not recognized";
  }

  public static void main(String[] args) {
    // Single ArrayList
    System.out.println(display(new ArrayList<Integer>()));
    // Array of lists
    List<?>[] invokeAll = new List<?>[] {
        new ArrayList<Integer>(),
        new LinkedList<String>(),
        new Vector<Integer>()};

    for (List<?> list : invokeAll) {
      System.out.println(display(list));
    }
  }
}
```

컴파일 시간에, 객체 배열의 타입은 List이다. 예상되는 출력은 ArrayList, Array-

List, LinkedList, List is not recognized이다(왜냐하면, java.util.Vector는 ArrayList도 아니고 LinkedList도 아니기 때문). 그러나 실제로는 ArrayList가 1번 출력되고 List is not recognized가 3번 출력된다. 이렇게 예상을 벗어난 동작을 하게 된 원인은 오버로드된 메서드 호출이 오직 컴파일 시점에서의 매개변수 타입에 의해서 결정되기 때문이다. 첫 번째 호출에 대해서는 ArrayList이고 다른 호출에 대해서는 List이다.

적절한 솔루션

이 솔루션은 하나의 display 메서드를 사용하며 서로 다른 타입을 구분하기 위해 instanceof를 사용한다. 예상대로, 출력은 ArrayList, ArrayList, LinkedList, List is not recognized이다.

```java
public class Overloader {
  private static String display(List<?> list) {
    return (
        list instanceof ArrayList ? "Arraylist" :
        (list instanceof LinkedList ? "LinkedList" :
        "List is not recognized")
    );
  }

  public static void main(String[] args) {
    // Single ArrayList
    System.out.println(display(new ArrayList<Integer>()));

    List<?>[] invokeAll = new List<?>[] {
        new ArrayList<Integer>(),
        new LinkedList<String>(),
        new Vector<Integer>()};

    for (List<?> list : invokeAll) {
      System.out.println(display(list));
    }
  }
}
```

당위성

오버로드를 모호하게 사용하면 예상하지 못한 결과를 낳을 수 있다.

참고 문헌

[API 2013]	Interface Collection\<E\>
[Bloch 2008]	Item 41, "Use Overloading Judiciously"
[Tutorials 2013]	Defining Methods

73. 레퍼런스의 불변성과 참조되는 객체의 불변성을 절대 혼동하지 말라

불변성은 보안 추론을 지원하는데 도움이 된다. 수신자가 수정하는 위험성 없이 불변적 객체를 공유하는 것은 안전하다[Mettler 2010].

프로그래머들은 필드나 변수를 final로 선언하면 참조되는 객체를 불변적으로 만든다고 종종 잘못된 가정을 한다. 기본 타입을 가지는 변수들을 final로 선언하면 (일반적인 자바 처리에 의해) 초기화된 후 그들의 값이 변경되지 않도록 방지된다. 하지만, 변수들이 레퍼런스 타입을 가질 때, 선언문에서 final이라고 하는 것은 오직 *레퍼런스 자체*를 불변적으로 만들 뿐이다. final 절은 참조되는 객체에 아무 영향을 미치지 못한다. 따라서 참조되는 객체의 필드들은 가변적일 수 있다. 예를 들어서, JLS §4.12.4 "final 변수들" [JLS 2013]에 따르면, 만약 final 변수가 객체로의 레퍼런스를 가지고 있으면, 객체에 대한 연산에 의해 객체의 상태는 변경될 수 있으나 변수는 항상 동일한 객체를 참조한다.

이것은 배열에도 적용된다. 왜냐하면 배열도 객체이기 때문이다. 만약 final 변수가 배열에 대한 레퍼런스를 가지고 있으면 배열의 구성원들은 배열에 대한 연산에 의해 여전히 변경될 수 있을 것이다.

이와 유사하게, final인 메서드 매개변수는 *객체 레퍼런스*의 불변적 복사본을 가진다. 역시나 이것도 참조되는 데이터의 가변성에 아무런 영향을 미치지 못한다.

부적절한 코드 예(가변적 클래스, final 레퍼런스)

이 예에서, 프로그래머는 변수 x와 y의 인스턴스 값이 변경되지 못할 것이라는 잘못된 가정 하에 point 인스턴스로의 레퍼런스를 final로 선언하였다. 인스턴스 변수들의 값들은 초기화 후에 변경될 수 있다. 왜냐하면 final 절은 point 인스턴스에 대한 레퍼런스에만 적용될 뿐 참조되는 객체에는 적용되지 않기 때문이다.

```java
class Point {
  private int x;
  private int y;

  Point(int x, int y) {
    this.x = x;
    this.y = y;
  }

void set_xy(int x, int y) {
    this.x = x;
    this.y = y;
  }

  void print_xy() {
    System.out.println("the value x is: " + this.x);
    System.out.println("the value y is: " + this.y);
  }
}

public class PointCaller {
  public static void main(String[] args) {
    final Point point = new Point(1, 2);
    point.print_xy();

    // Change the value of x, y
    point.set_xy(5, 6);
    point.print_xy();
  }
}
```

적절한 솔루션(final 필드)

인스턴스 변수 x와 y의 값이 초기화된 후에 불변으로 남아 있어야 하는 경우에는, final로 선언되어야 한다. 하지만 x와 y의 값을 더 이상 변경할 수 없기 때문에 set_xy()를 무의미하게 만든다.

```java
class Point {
  private final int x;
  private final int y;

  Point(int x, int y) {
```

```
      this.x = x;
      this.y = y;
   }

   void print_xy() {
      System.out.println("the value x is: " + this.x);
      System.out.println("the value y is: " + this.y);
   }

   // set_xy(int x, int y) no longer possible
```

이렇게 수정함으로써 인스턴스 변수의 값은 불변적이 되며, 따라서 프로그래머의 의도
와 일치한다.

적절한 솔루션(복사 기능 제공)

만약 클래스가 가변적으로 남아 있어야 한다면, 다른 한 가지 솔루션은 복사 기능을 제
공하는 것이다. 이 솔루션은 설정자(setter) 메서드를 없애지 않고 Point 클래스 안에
clone() 메서드를 제공한다.

```
final public class Point implements Cloneable {
   private int x;
   private int y;

   Point(int x, int y) {
      this.x = x;
      this.y = y;
   }

   void set_xy(int x, int y) {
      this.x = x;
      this.y = y;
   }

   void print_xy() {
      System.out.println("the value x is: "+ this.x);
      System.out.println("the value y is: "+ this.y);
   }

   public Point clone() throws CloneNotSupportedException {
      Point cloned = (Point) super.clone();
      // No need to clone x and y as they are primitives
      return cloned;
```

```
      }
   }

public class PointCaller {
   public static void main(String[] args)
         throws CloneNotSupportedException {
      Point point = new Point(1, 2); // Is not changed in main()
      point.print_xy();

      // Get the copy of original object
      Point pointCopy = point.clone();
      // pointCopy now holds a unique reference to the
      // newly cloned Point instance

      // Change the value of x,y of the copy
      pointCopy.set_xy(5, 6);

      // Original value remains unchanged
      point.print_xy();
   }
}
```

clone() 메서드는 복사 당시의 원본 객체의 상태를 가지는 복사본을 반환한다. 새로운 객체는 원본 객체를 노출시키지 않으면서 사용될 수 있다. 호출자는 새로 복사된 인스턴스에 대한 레퍼런스만을 가지고 있기 때문에, 인스턴스 변수들은 호출자의 협동 없이는 변경될 수 없다. 이 clone() 메서드를 사용하면 클래스가 안전하게 가변적으로 남아 있을 수 있도록 해준다(*자바용 CERT 오라클 보안 코딩 표준*[Long 2012], "OBJ04-J. 비신뢰-코드로 안전하게 인스턴스를 전달하기 위해서는 복사 기능을 가진 가변적 클래스를 제공하라"를 참고하라).

Point 클래스는 하위클래스가 clone() 메서드를 오버라이드하지 못하도록 final로 선언한다. 이렇게 함으로써 원본 객체에 대한 부주의한 수정없이 클래스가 안전하게 사용될 수 있도록 한다.

부적절한 코드 예(배열)

이 예는 public static final 배열인 items를 사용한다.

```
public static final String[] items = {/* . . . */};
```

비록 배열 레퍼런스를 final로 선언하는 것이 레퍼런스 자체의 수정을 방지한다고 해도 클라이언트는 배열의 내용을 쉽게 변경할 수 있다.

적절한 솔루션(색인 접근자(getter))

이 솔루션은 배열을 private으로 만들고 각 원소값과 배열 크기를 알아내기 위한 public 메서드를 제공한다.

```java
private static final String[] items = {/* . . . */};

public static final String getItem(int index) {
  return items[index];
}

public static final int getItemCount() {
  return items.length;
}
```

String이 불변적이기 때문에 배열 객체 자체로의 직접적 엑세스를 제공해도 안전하다.

적절한 솔루션(배열의 복제)

이 솔루션은 private 배열과 배열의 복사본을 반환하는 public 메서드를 정의한다.

```java
private static final String[] items = {/* . . . */};

public static final String[] getItems() {
  return items.clone();
}
```

배열의 복사본이 반환되기 때문에 원본 배열의 값은 클라이언트에 의해 변경될 수 없다. 객체 배열을 다루는 경우에는 수동으로 심층 복사(deep copy)를[46] 해야 한다. 이것은 일반적으로 객체가 clone() 메서드를 제공하지 않을 경우에 필요하다. 좀 더 자세한 정보를 위해서는 "OBJ06-J. 가변적인 입력과 가변적인 내부 요소들을 복사하여 방어하라"[Long 2012]를 참고하기 바란다.

---

46 역자 주: 복사되는 객체의 요소가 다른 객체에 대한 레퍼런스일 때, 레퍼런스만 복사(피상 복사(shallow copy))하는 것이 아니라 그 레퍼런스가 가리키고 있는 객체까지 복사하는 방법을 말한다.

앞에서와 같이, 이 메서드는 배열 객체 자체에 대한 직접적 엑세스를 제공하지만 String이 불변적이기 때문에 안전하다. 만약 배열이 가변적 객체를 포함한다면 ge-tItems() 메서드는 복제된 객체 배열을 반환할 수 있다[47].

적절한 솔루션(수정 불가능한 래퍼들)

이 솔루션은 private 배열을 선언하고 그것으로부터 public인 불변적 리스트를 구성한다.

```
private static final String[] items = {/* . . . */};

public static final List<String> itemsList =
  Collections.unmodifiableList(Arrays.asList(items));
```

원본의 배열 값과 public 리스트의 어떤 것도 클라이언트에 의해 변경될 수 없다. 수정될 수 없는 래퍼들에 대한 상세한 내용은 가이드라인 3, "민감한 가변적 클래스에 수정이 불가능한 래퍼를 제공하라"를 참고하라. 이 솔루션은 배열이 가변적 객체를 포함할 때 사용될 수 있다.

당위성

final 레퍼런스에 대해 (참조되는 객체도 불변적이 된다고) 잘못된 가정을 하면, 참조되는 객체의 내용이 가변적으로 남아 있게 되어 공격자가 불변적이라고 믿고 있는 객체를 수정할 수 있도록 만든다.

참고 자료

[Bloch 2008]   Item 13, "Minimize the Accessibility of Classes and Members"
[Core Java 2003] Chapter 6, "Interfaces and Inner Classes"
[JLS 2013]   §4.12.4, "final Variables"
                  §6.6, "Access Control"
[Long 2012]   OBJ04-J. Provide mutable classes with copy functionality to safely allow passing instances to untrusted code

---

47 **역자 주**: 배열의 원소 객체가 가지고 있는 clone() 메서드를 사용하여 심층복사 되기 때문이다.

OBJ06-J. Defensively copy mutable inputs and mutable internal components

[Mettler 2010]   "Class Properties for Security Review in an Object-Capability Subset of Java"

74.   직렬화 메서드인 writeUnshared()와 readUnshared()의 사용을 주의하라

객체들이 `writeObject()` 메서드에 의해 직렬화될 때, 각 객체는 오직 한번만 출력 스트림에 쓰여진다. 동일한 객체에 대해 두 번째로 `writeObject()` 메서드 호출을 하면, 스트림으로 직렬화된 이전 인스턴스로의 역-레퍼런스(back-reference)를 넣는다. 이에 대응하여, `readObject()` 메서드는 `writeObject()`로 쓴 입력 스트림의 각 객체에 대해 최대한 한 개의 인스턴스를 생성한다.

자바 API[API 2013]에 따르면, `writeUnshared()` 메서드는

> `ObjectOutputStream`에 "공유되지 않는" 객체를 쓴다. 이 메서드는 주어진 객체에 대하여 항상 새롭고 유일한 객체를 스트림에 쓴다는 사실을 제외하면 `writeObject`와 동일하다(이전에 직렬화된 인스턴스를 가리키는 역-레퍼런스와는 달리).

이와 유사하게 `readUnshared()` 메서드는

> `ObjectOUtputStream`으로부터 "공유되지 않는" 객체를 읽어 들인다. 이 메서드는 이후의 `readObject`와 `readUnshared` 호출이 자신(`readUnshared()` 호출)을 통해 얻은 비직렬화된 인스턴스로의 레퍼런스를 반환하지 않도록 한다는 것을 제외하고는 `readObject`와 동일하다.

따라서, `writeUnshared()`와 `readUnshared()` 메서드들은 레퍼런스 사이클을 포함하는 자료구조를 순환적으로 직렬화하기에는 적합하지 않다.

다음과 같은 코드 예를 고려해 보자.

```
public class Person {
  private String name;

  Person() {
    // Do nothing — needed for serialization
```

```
  }

  Person(String theName) {
    name = theName;
  }

  // Other details not relevant to this example
}

public class Student extends Person implements Serializable {
  private Professor tutor;

  Student() {
    // Do nothing — needed for serialization
  }

  Student(String theName, Professor theTutor) {
    super(theName);
    tutor = theTutor;
  }

  public Professor getTutor() {
    return tutor;
  }
}

public class Professor extends Person implements Serializable {
  private List<Student> tutees = new ArrayList<Student>();

  Professor() {
    // Do nothing — needed for serialization
  }

  Professor(String theName) {
    super(theName);
  }
  public List<Student> getTutees () {
    return tutees;
  }

  /**
   * checkTutees checks that all the tutees
   * have this Professor as their tutor
   */
  public boolean checkTutees () {
    boolean result = true;
    for (Student stu: tutees) {
      if (stu.getTutor() != this) {
        result = false;
```

```
        break;
      }
    }
    return result;
  }
}

// ...

Professor jane = new Professor("Jane");
Student able = new Student("Able", jane);
Student baker = new Student("Baker", jane);
Student charlie = new Student("Charlie", jane);
jane.getTutees().add(able);
jane.getTutees().add(baker);
jane.getTutees().add(charlie);
System.out.println("checkTutees returns: " + jane.checkTutees());
// Prints "checkTutees returns: true"
```

Professor와 Student는 Person이라는 기본 타입을 확장한 타입들이다. student(즉, Student 타입의 객체)는 Professor 타입의 tutor를 가진다. professor(즉, Professor 타입의 객체)는 tutees(Student 타입)의 리스트(사실상 ArrayList)를 가진다. check-Tutees() 메서드는 이 professor의 모든 tutees가 이 professor를 그들의 professor로 가지는지를 검사하고, 그렇다면 true를 반환하고 그렇지 않으면 false를 반환한다.

교수 Jane이 세 명의 학생 Able, Baker, Charlie를 가지며, 그들은 모두 교수 Jane을 tutor로 가진다고 가정하자. 문제는 다음 부적절한 코드 예에서 보는 바와 같이 이러한 클래스들에 writeUnshared()와 readUnshared() 메서드들이 사용될 때 발생한다.

부적절한 코드 예

이 예는 writeUnshared()를 사용하여 데이터를 직렬화한다.

```
String filename = "serial";
try (ObjectOutputStream oos = new ObjectOutputStream(new
      FileOutputStream(filename))) {
  // Serializing using writeUnshared
  oos.writeUnshared(jane);
} catch (Throwable e) {
  // Handle error
}
```

```
// Deserializing using readUnshared
try (ObjectInputStream ois = new ObjectInputStream(new
        FileInputStream(filename))){
  Professor jane2 = (Professor)ois.readUnshared();
  System.out.println("checkTutees returns: " +
                          jane2.checkTutees());
} catch (Throwable e) {
  // Handle error
}
```

하지만 데이터가 readUnshared()를 사용하여 비직렬화될 때는, checkTutees() 메서드는 더 이상 true를 반환하지 않는다. 왜냐하면 세 학생의 tutor 객체들은 원래의 Professor 객체와 다르기 때문이다.

적절한 솔루션

이 솔루션은 세 학생에 의해 참조되는 tutor 객체가 원래의 Professor 객체와 1:1 대응되도록 보장하기 위해 writeObject()와 readObject() 메서드를 사용한다. checkTutees() 메서드는 제대로 true를 반환한다.

```
String filename = "serial";
try (ObjectOutputStream oos = new ObjectOutputStream(new
        FileOutputStream(filename))) {
  // Serializing using writeUnshared
  oos.writeObject(jane);
} catch (Throwable e) {
  // Handle error
}

// Deserializing using readUnshared
try (ObjectInputStream ois = new ObjectInputStream(new
        FileInputStream(filename))) {
Professor jane2 = (Professor)ois.readObject();
System.out.println("checkTutees returns: " +
                        jane2.checkTutees());
} catch (Throwable e) {
  // Handle error
}
```

당위성

writeUnshared()와 readUnshared() 메서드를 사용하여 레퍼런스 사이클을 포함하는 자료 구조를 순환적으로 직렬화할 경우, 예기치 못한 결과를 만들 수도 있다.

참고 자료

[API 2013]   Class `ObjectOutputStream`
                          Class `ObjectInputStream`

75.   가비지 수집기를 위해 지역 레퍼런스 변수에 널을 설정하려고 하지 말라

"가비지 수집기를 위해" 지역 레퍼런스 변수에 널을 설정하는 것은 불필요하다. 그것은 코드에 혼란을 가중시키며 유지보수를 어렵게 만들 수 있다. 자바의 JIT(just-in-time) 컴파일러들은 변수들의 활성화 여부를 분석할 수 있으며, 대부분의 구현들이 그렇게 한다.

이와 관련된 나쁜 실례로는 레퍼런스를 `null`로 만들기 위해 파이널라이저(finalizer)를 사용하는 것이다. 부가적인 상세한 사항을 위해서는 *자바용 CERT 오라클 보안 코딩 표준*[Long 2012], "MET12-J. 파이널라이저를 사용하지 말라"를 참고하기 바란다.

이 가이드라인은 특별히 지역 변수들에게 적용한다. 명시적으로 객체를 지우는 것이 유용한 경우에 대해서는, 가이드라인 49, "장기 컨테이너 객체로부터 단기 객체를 삭제하라"를 참고하기 바란다.

부적절한 코드 예

이 예에서, `buffer`는 임시 배열에 대한 레퍼런스를 가지는 지역 변수이다. 프로그래머는 `buffer`가 더 이상 필요하지 않을 때 `null`을 할당함으로써 가비지 수집기를 지원하려고 한다.

```
{ // Local scope
  int[] buffer = new int[100];
  doSomething(buffer);
  buffer = null;
}
```

적절한 솔루션

프로그램 논리상, 때때로 지역 변수가 참조하는 객체의 수명을 엄격하게 제어할 필요가 있다. 통상적이지는 않지만 그러한 제어가 필요한 경우에, 변수의 범위를 한정하기 위해서는 블록 구문을 사용한다. 왜냐하면 변수가 해당 범위를 벗어날 경우 가비지 수집기가 즉시 객체를 수집할 수 있기 때문이다[Bloch 2008].

```
{ // Limit the scope of buffer
  int[] buffer = new int[100];
  doSomething(buffer);
}
```

당위성

지역 변수가 더 이상 필요하지 않을 때, 가비지 수집기가 해당 메모리를 재사용할 수 있도록 하기 위해서 null로 설정하는 것은 불필요하다.

참고 자료

[Bloch 2008]   Item 6, "Eliminate Obsolete Object References"
[Long 2012]   MET12-J. Do not use finalizers

Java™ Coding Guidelines

안드로이드

이 부록은 이 책의 가이드라인이 안드로이드 플랫폼의 자바 앱 개발에 적용할 수 있는지를 기술한다.

가이드라인	적용 가능 여부
1. 민감-데이터의 수명을 제한하라	적용 가능[1]
2. 클라이언트에 암호화되지 않은 민감-데이터를 저장하지 말라	적용 가능
3. 민감한 가변적 클래스에 수정이 불가능한 래퍼를 제공하라	알 수 없음
4. 보안에 민감한 메서드들이 검증된 매개변수를 가지고 호출되도록 보장하라	원칙적으로 가능[2]
5. 마구잡이 파일 업로드를 방지하라	원칙적으로 가능
6. 출력을 적절하게 인코딩하거나 이스케이핑하라	원칙적으로 가능
7. 코드 인젝션을 방지하라	원칙적으로 가능[3]
8. XPath 인젝션을 방지하라	적용 가능
9. LDAP 인젝션을 방지하라	원칙적으로 가능[4]
10. 비신뢰-메서드의 매개변수를 clone() 메서드로 복제하지 말라	적용 가능
11. 암호키를 Object.equals()로 비교하지 말라	적용 가능
12. 안전하지 않거나 약한 암호 알고리즘을 사용하지 말라	적용 가능
13. 해시 함수를 이용하여 패스워드를 저장하라	적용 가능
14. SecureRandom에 적절한 시드를 제공하도록 보장하라	적용 가능
15. 비신뢰 코드가 오버라이드할 수 있는 메서드에 의존하지 말라	적용 가능

1 부적절한 코드 예는 Dalvik 상에서 침해하기 더 어렵다. 왜냐하면 각 앱이 자신의 Dalvik VM에서 수행되어 문자열 객체에 다른 앱이 엑세스하기 더 어렵기 때문이다.

2 안드로이드에서 AccessControlContext()는 사용할 수 없다.

3 ScriptEngineManager는 안드로이드 SDK에 포함되어 있지 않다.

4 자신의 LDAP을 구현하려는 안드로이드 앱에 대해서는 원칙적으로 적용가능하다.

가이드라인	적용 가능 여부
16. 과도한 권한 승인을 삼가하라	적용 불가능[5]
17. 특권-코드를 최소화하라	적용 불가능[6]
18. 비신뢰 코드에게 간소화된 보안 검사를 하는 메서드를 노출시키지 말라	적용 불가능
19. 섬세한 보안을 위해 맞춤형 보안 퍼미션을 정의하라	적용 불가능
20. 보안 관리자를 이용하여 안전한 샌드박스를 생성하라	적용 불가능
21. 비신뢰-코드가 콜백 메서드의 권한을 오용하지 못하도록 방지하라	알 수 없음
22. 변수들의 영역범위를 최소화하라	적용 가능
23. @SuppressWarnings 주석의 범위를 최소화하라	적용 가능
24. 클래스와 멤버들에 대한 접근성을 최소화하라	적용 가능
25. 쓰레드-안전성을 문서화하고 적절한 곳에 주석을 사용하라	적용 가능
26. 메서드의 결과값에 대해 항상 피드백을 제공하라	적용 가능
27. 여러 가지 파일 속성을 이용하여 파일을 식별하라	적용 불가능[7]
28. enum에서 부여한 순서번호에 의미를 두지 말라	적용 가능
29. 숫자의 확대변환 동작을 주의하라	적용 가능
30. 가변형 매개변수의 타입에 대해 컴파일 검사를 시행하라	적용 가능
31. 이후의 릴리즈에서 변경될 수 있는 상수에 public final을 사용하지 말라	적용 가능
32. 패키지간의 순환적 종속성을 피하라	적용 가능
33. 일반적인 예외 타입 보다는 사용자-정의 예외를 사용하라	적용 가능
34. 시스템 오류로부터 정상적으로 복구하도록 노력하라	적용 가능
35. 릴리즈하기 전에 인터페이스를 신중하게 설계하라	적용 가능
36. 가비지 수집-친화적 코드를 작성하라	적용 가능
37. 부분영역의 식별자들을 섀도잉하거나 차폐하지 말라	적용 가능
38. 하나의 선언문에 두개 이상의 변수를 선언하지 말라	적용 가능
39. 프로그램에서 리터럴을 표현할 때 의미있는 심볼릭 상수를 사용하라	적용 가능
40. 상수 정의에서 관계를 적절히 인코딩하라	적용 가능
41. 배열이나 컬렉션을 반환하는 메서드에서 널 값 대신 빈 배열이나 컬렉션을 반환하라	적용 가능
42. 예외적 상황에 대해서만 예외를 사용하라	적용 가능

---

[5] 안드로이드는 AccessController를 사용하지 않는다.

[6] 안드로이드는 AccessController를 사용하지 않는다.

[7] 안드로이드에서는 파일 입출력에 openFileOutput()과 openFileInput()를 선호한다.

가이드라인	적용 가능 여부
43. 닫을 수 있는 자원을 안전하게 처리하기 위해서는 자원동반-try 문장을 사용하라	적용 불가능[8]
44. 런타임 오류가 없음을 검증하는 용도로 가정검증을 사용하지 말라	원칙적으로 적용 가능[9]
45. 조건식에서 두 번째와 세 번째 피연산자의 타입을 동일하게 사용하라	적용 가능
46. 다이렉트 핸들을 시스템 자원으로 직렬화하지 말라	적용 가능
47. 열거형보다는 반복자를 사용하라	적용 가능
48. 수명이 짧고 사용빈도가 낮은 객체용으로 다이렉트-버퍼를 사용하지 말라	적용 가능
49. 장기 컨테이너 객체로부터 단기 객체를 삭제하라	적용 가능
50. 시각적으로 오해의 소지가 있는 식별자와 리터럴 사용에 주의하라	적용 가능
51. 가변형 메서드의 모호한 오버로딩을 삼가하라	적용 가능
52. 인밴드 오류 지표를 삼가하라	적용 가능
53. 조건식에서 대입문을 실행하지 말라	적용 가능
54. if, for, while 문의 몸체에 중괄호를 사용하라	적용 가능
55. if, for, while 조건식 직후에 세미콜론을 입력하지 말라	적용 가능
56. case 레이블에 연계된 모든 문장은 break 문으로 마무리하라	적용 가능
57. 반복문 카운터의 부주의한 순환을 피하라	적용 가능
58. 연산의 우선순위를 위해 괄호를 사용하라	적용 가능
59. 파일 생성에 관하여 가정하지 말라	원칙적으로 적용 가능[10]
60. 실수 연산을 위해서는 정수를 실수로 변환하라	적용 가능
61. clone() 메서드가 super.clone()을 호출하도록 보장하라	적용 가능
62. 가독성 있고 일관된 주석을 사용하라	적용 가능
63. 과도한 코드와 값을 찾아 제거하라	적용 가능
64. 논리적 완벽을 추구하라	적용 가능
65. 모호하거나 혼동되는 오버로딩의 사용을 피하라	적용 가능
66. 레퍼런스를 휘발성으로 선언하면 참조되는 객체 멤버의 안전한 공개가 보장된다고 가정하지 말라	적용 가능
67. sleep(), yield(), getState() 메서드가 동기화를 제공한다고 가정하지 말라	적용 가능
68. 정수형 피연산자에 대한 나머지 연산 결과는 항상 음수가 아니라고 가정하지 말라	적용 가능

---

8 안드로이드 SDK는 현재 자바 7을 지원하지 않기 때문에 자원동반-try는 안드로이드에서 사용할 수 없다.

9 안드로이드에서는 디폴트로 assert()가 무시된다.

10 안드로이드에서는 java.nio.file을 사용할 수 없다.

가이드라인	적용 가능 여부
69. 추상 객체의 동등성과 레퍼런스의 동등성을 혼동하지 말라	적용 가능
70. 비트 연산자와 논리 연산자의 차이를 이해하라	적용 가능
71. 문자열이 로드될 때 이스케이프 문자들이 어떻게 해석되는지 이해하라	적용 가능
72. 런타임 시의 타입으로 구분되도록 오버로드 메서드를 사용하지 말라	적용 가능
73. 레퍼런스의 불변성과 참조되는 객체의 불변성을 절대 혼동하지 말라	적용 가능
74. 직렬화 메서드인 writeUnshared()와 readUnshared()의 사용을 주의하라	적용 가능
75. 가비지 수집기를 위해 지역 레퍼런스 변수에 null을 설정하려고 하지 말라	적용 가능

단일연산성(atomicity) 기본형 데이터에 대한 동작에서, 데이터에 엑세스할 다른 쓰레드들은 데이터에 대한 동작이 발생하기 전이나 그 동작이 완료된 후에만 볼 수 있으며 절데 데이터의 중간 값을 볼 수 없다.

정형화(canonicalization) 가장 간단한 형태의 동등한 값으로 입력을 변환하는 것이다.

클래스 변수(class variable) "클래스 변수는 클래스 선언 시 static이라는 키워드를 이용하여 선언된 필드나 인터페이스 선언에서 static이라는 키워드를 이용하거나 혹은 없이 선언된 필드이다. 클래스 변수는 해당 클래스나 인터페이스가 준비되어 디폴트 값으로 초기화될 때 생성된다. 클래스 변수는 해당 클래스나 인터페이스가 언로드될 때 없어진다."[JLS 2013 §4.12.3, "변수의 종류"]

상태 서술자(condition predicate) 쓰레드가 실행을 지속하기 위해서 참이 되어야 하는 클래스의 상태 변수로부터 만들어지는 연산식이다. 쓰레드는 Object.wait(), Thread.sleep() 혹은 다른 어떤 메커니즘을 통해 실행을 중지하고 추후에 요구조건이 참이 되어 통지받으면 재개한다.

제어 연산식(controlling expression) if, while, do...while 혹은 switch 문장의 조건식에서 최상위 레벨의 연산식이다.

데이터 경쟁(data race) "프로그램이 사전-발생 관계에 의해 순서화되는 두 개의 충돌하는 엑세스를 포함하고 있을 때 *데이터 경쟁*을 가진다고 한다."[JLS 2013, §17.4.5 "사전-발생 순서"]

사전-발생 순서(happens-before order) "두 동작은 사전-발생 관계에 의해 순서화될 수 있다. 만약 하나의 동작이 다른 동작 이전에 발생된다면, 첫 번째 동작은 두 번째 동작에 가시적이며 두 번째 동작 이전으로 순서화된다. 두 동작 사이에 사전-발생 관계가 있다고 해서 구현 상에서 그 순서를 유지할 필요는 없다. 순서가 바뀌었을 때도 원래의 순서로 수행했을 때와 결과가 동일하다면 문제가 되지 않는다. 좀 더 구체적으로 설명하자면, 사전-발생 관계를 가지는 두 동작이 사전-발생 관계를 가지지 않는 다른 코드에게까지 발생 순서를 지키는 것으로 보일 필요는 없다. 예를 들어서, 어떤 쓰레드의 쓰기 동작들은 경쟁 상태에 있는 다른 쓰레드의 읽기 동작들에게는 순서가 뒤섞여 실행되는 것처럼 보일 수 있다."[JLS 2013, §17.4.5, "사전-발생 순서"]

힙 메모리(heap memory) "쓰레드들 사이에 공유될 수 있는 메모리는 공유 메모리 혹은 힙 메모리라고 불린다. 모든 인스턴스 필드들, static 필드들과 배열 원소들은 힙 메모리에 저장된다. 지역 변수들, 메서드의 형식 매개변수들, 혹은 예외 처리기의 매개변수들은 절대 쓰레드 간에 공유되지 않으며 메모리 모델과 무관하다."[JLS 2013, §17.4.1, "공유 변수들"]

은폐(hide) 상위클래스와 하위클래스가 동일한 식별자를 가질 때, 하위클래스 필드는 상위클래스의 필드를 은폐한다. 감춰진 필드는 하위클래스가 엑세스할 수 없다. 마찬가지로, 상위클래스와 하위클래스가 동일한 식별자를 가지지만 공존할 수 없는 시그너쳐를 가지는 메서드를 가질 때, 하위클래스의 메서드는 상위클래스의 메서드를 은폐한다. 은폐된 메서드는 하위클래스가 엑세스할 수 없다. 형식적인 정의는 JLS, §8.4.8.2, "은폐(클래스 메서드에 의한)"[JLS 2013]를 참조하라. 오버라이드와는 다르다.

불변적(immutable) 객체가 불변적이라는 것은 초기화 후에는 객체의 상태가 변할 수 없다는 것을 의미한다. 객체는 다음과 같을 때 불변적이다.

- 구성된 후에는 상태가 수정될 수 없다.
- 객체의 모든 필드가 final이다.
- 객체가 적절히 구축된다(객체 구축 동안 this 레퍼런스가 노출되지 않는다) [Goez 2006].

기술적으로 모든 필드가 final이 아니더라도 불변적인 객체를 가질 수 있다. String이 그러한 클래스이지만, 자바 메모리 모델에 대한 깊은 이해를 필요로 하는 데이터 경쟁에 대한 분석이 필요하다.

생존성(liveness) 모든 동작과 메서드 호출이 안전성에 반하게 되더라도 인터럽션 없이 수행되어 완료된다.

메모리 모델(memory model) "어떻게 메모리 엑세스가 순서화 되는지, 그리고 언제 보여지는지를 결정하는 규칙은 자바 프로그래밍 언어의 메모리 모델로 알려져 있다"

[Arnold 2006]. "메모리 모델은 프로그램과 그 프로그램의 실행 흔적(trace)이 주어졌을 때, 그 실행 흔적이 프로그램의 적법한 실행인지를 기술한다."[JLS 2013, §17.4, "메모리 모델")]

정규화(normalization) 데이터를 가장 단순하고 (예측되는) 기지의 형태로 손실변환하는 것이다. "구현이 문자열을 정규형으로 표현하면, 그것이 그 문자열에 대응되는 유일한 이진 표현임이 보장된다."[Davis 2008]

차폐(obscure) 만약 두 식별자가 동일하지만 가리는 식별자가 가려지는 식별자를 쉐도잉하지 않는다면, 영역이 한정된 식별자는 해당 영역에서 다른 식별자를 가린다. 예를 들어서 가리는 식별자가 변수이고 가려지는 식별자가 타입일 때 발생한다. 더 많은 정보를 위해서는 JLS, §6.4.2, "차폐"를[JLS 2013] 참조하라.

오버라이드(override) 만약 상위클래스와 하위클래스의 메서드가 동일한 시그너쳐를 가질 때, 하위클래스가 상위클래스의 메서드를 오버라이드한다. 하위 클래스는 super라는 키워드를 통해서 여전히 오버라이드된 메서드에 엑세스할 수 있다. 형식적인 정의를 위해서는 JLS, §8.4.8.1, "오버라이딩(인스턴스 메서드에 의한)"[JLS 2013]을 참조하라. 은폐와는 다르다.

객체의 공개(publishing object) "객체를 공개한다는 것은 현재 영역의 밖에 속한 코드에서 객체를 사용할 수 있도록 만드는 것을 의미한다. 이것은 다른 코드가 찾을 수 있는 곳에 객체의 레퍼런스를 저장한다든지, private 메서드가 아닌 메서드에서 객체를 반환한다든지 혹은 다른 클래스의 메서드로 객체를 전달한다든지 하는 방법으로 이루어진다."[Goetz 2006]

경쟁 상태(race condition) "일반적인 경쟁은 결정적이지 않은(nondeterministic) 실행을 유발하며, 결정적으로 수행하려고 의도한 프로그램에서는 결함이다."[Netzer 1992]. "상대적 타이밍이나 런타임 시 다중 쓰레드의 인터리빙에 따라 올바르게 계산될 수 있는지가 달라질 때 경쟁 상태가 발생한다."[Goetz 2006]

안전한 공개(safe publication) "객체를 안전하게 공개하기 위해서는, 객체로의 레퍼런스와 [객체의 상태]가 다른 쓰레드들에게 동시에 가시적이어야 한다. 적절하게 구축된 객체는 다음 방법 의해 안전하게 공개될 수 있다.

- static 초기화 메서드가 객체 레퍼런스를 초기화
- 휘발성 필드나 AtomicReference에 레퍼런스를 저장

- 적절히 구축된 객체의 final 필드에 레퍼런스를 저장
- 잠금장치에 의해 적절히 보호되는 필드에 레퍼런스를 저장"[Goez 2006, §3.5 "안전한 공개"]

안전성(safety)   모든 객체들이 다중 쓰레드 환경에서 일관된 상태를 유지한다고 보장하는 것이 주요 목표이다[Lea 2000].

정제(Sanitization)   입력을 검증하고 그것을 복잡한 서브시스템의 입력 요구사항에 맞는 표현으로 변형하는 것이다. 예를 들면, 데이터베이스는 모든 불가능한 문자들이 이스케이프되거나 저장되기 전에 삭제되도록 요구할 지도 모른다. 입력 정제는 문자들의 삭제, 대체, 인코딩 혹은 이스케이핑을 통해 원하지 않는 입력 문자들을 제거한다.

보안 결함(security flaw)   잠재적으로 보안 위험을 발생시킬 수 있는 소프트웨어 결점이다.

민감-코드(sensitive code)   비신뢰-코드에게는 금지된 동작을 수행하는 코드나 민감-데이터에 엑세스하는 코드를 말한다. 예를 들어서, 올바른 동작을 위해서 강화된 권한이 필요한 코드는 전형적인 민감-코드이다.

민감-데이터(sensitive data)   안전하게 유지해야 하는 모든 데이터이다. 이 보안 요구사항의 결과는 다음을 포함한다.

- 비신뢰-코드는 민감-데이터에 엑세스할 수 없다.
- 신뢰-코드는 민감-데이터를 비신뢰-코드에게 누출시키지 못한다.

민감-데이터의 예로서는 패스워드와 개인을 식별할 수 있는 정보 등을 들 수 있다.

섀도우(shadow)   한정된 영역의 식별자와 그 영역에 있는 다른 식별자가 같은 이름의 레퍼런스 변수일 때, 한 식별자가 다른 식별자를 섀도잉한다. 그들 모두 메서드나 타입을 참조할지도 모른다. 섀도잉하는 식별자의 영역 내에서는 섀도잉된 식별자에 엑세스할 수 없다. 좀 더 많은 정보를 위해서는 JLS, §6.4.1 "섀도잉"을 참조하라. 섀도우는 차폐와는 다르다.

동기화(synchronization)   "자바 프로그래밍 언어는 쓰레드간의 통신을 위해 여러 가지 메커니즘을 제공한다. 가장 기본적인 방법은 동기화인데 모니터를 통해 구현된다. 자바의 각 객체는 모니터와 연계되는데, 이 모니터는 쓰레드가 잠그거나 잠금해제할

수 있다. 한 번에 오직 한 쓰레드만이 모니터에 대한 잠금장치를 보유할 수 있다. 그 모니터를 잠그려고 시도하는 다른 쓰레드들은 해당 모니터에 대한 잠금장치를 획득할 때까지 블록된다."[JLS 2013, §17.1 "동기화"]

쓰레드-안전(thread-safe) 객체가 데이터 경쟁 없이 여러 쓰레드들에게 공유될 있다면 쓰레드-안전하다. "쓰레드-안전한 객체는 내부적으로 동기화를 수행한다. 그리하여 여러 쓰레드들이 더 이상의 동기화 없이 공개 인터페이스를 통해 자유롭게 그 객체에 엑세스할 수 있다."[Goetz 2006]. 불변적 클래스들은 정의상 쓰레드-안전하다. 가변적 클래스들도 적절히 동기화되면 쓰레드-안전할 수도 있다.

신뢰-코드(trusted code) 자바 API를 구성하는지와 상관없이 고유의 클래스 로더에 의해 로드된 코드이다. 이 책에서, 이것의 의미는 기지의 엔티티로부터 얻어졌고 비신뢰-코드는 가지지 못한 퍼미션을 가진 코드를 포함하도록 확장된다. 정의에 의해 비신뢰-코드와 신뢰-코드는 하나의 (고유의 클래스 로더일 필요는 없는) 클래스 로더의 이름 공간 안에 공존할 수 있다. 이 경우에, 보안 정책은 신뢰-코드에는 적절한 권한을 주고 비신뢰-코드에게는 주지 않음으로써 이 차이를 명백하게 해야 한다.

비신뢰-코드(untrusted code) 수행되었을 때 잠재적으로 해를 끼칠 수 있는 근원지를 알 수 없는 코드이다. 비신뢰-코드가 항상 악성은 아닐지도 모르지만 보통 자동적으로 결정하기가 어렵다. 따라서 비신뢰-코드는 샌드박스 환경에서 실행되어야 한다.

휘발성(volatile) "휘발성 필드에 대한 쓰기 동작은 그 필드에 대한 이후의 모든 읽기 동작 이전에 발생한다."[JLS 2013 17.4.5, "사전-발생 순서(Happens-before Order)"]. "휘발성 변수의 마스터 복사본들에 대한 쓰레드의 동작은 쓰레드가 요청한 바로 그 순서대로 수행되어야 한다."[JVMSpec 1999]. volatile 변수에 대한 엑세스는 순차적으로 일관성이 있어야 한다. 이것은 그 동작이 컴파일러 최적화에서 제외된다는 것을 의미한다. 변수를 volatile로 선언하면, 어떤 쓰레드라도 그 변수를 수정할 경우에는 모든 쓰레드들이 그 최근값을 본다고 보장한다. 휘발성은 기본형 값들에 대한 단일연산성 읽기와 쓰기를 보장한다. 하지만 변수의 증감 연산(읽기-수정-쓰기 순서)과 같은 복합 연산에 대해서는 단일연산성을 보장하지 않는다.

취약점(vulerability) "공격자가 명시적인 보안 정책이나 암묵적인 보안 정책을 위반할 수 있도록 하는 조건들의 집합이다."[Seacord 2013]

참고 자료

[**Allen 2000**] Vermeulen, Allan, Scott W. Ambler, Greg Bumgardner, Eldon Metz, Trevor Misfeldt, Jim Shur, and Patrick Thompson. *The Elements of Java™ Style.* New York, NY: Cambridge University Press (2000).

[**Apache 2013**] Apache Tika: A Content Analysis Toolkit. The Apache Software Foundation (2013). http://tika.apache.org/index.html

[**API 2006**] Java™ Platform, Standard Edition 6 API Specification. Oracle (2006/2011). http://docs.oracle.com/javase/6/docs/api/

[**API 2013**] Java™ Platform, Standard Edition 7 API Specification. Oracle (2013). http://docs.oracle.com/javase/7/docs/api/index.html

[**Arnold 2006**] Arnold, Ken, James Gosling, and David Holmes. *The Java™ Programming Language, Fourth Edition.* Boston, MA: Addison-Wesley (2006).

[**Bloch 2001**] Bloch, Joshua. *Effective Java™: Programming Language Guide.* Boston, MA: Addison-Wesley (2001).

[**Bloch 2005**] Bloch, Joshua, and Neal Gafter. *Java™ Puzzlers: Traps, Pitfalls, and Corner Cases.* Boston, MA: Addison-Wesley (2005).

[**Bloch 2008**] Bloch, Joshua. *Effective Java™: Programming Language Guide, Second Edition.* Boston, MA: Addison-Wesley (2008).

[**Campione 1996**] Campione, Mary, and Kathy Walrath. *The Java™ Tutorial: Object-Oriented Programming for the Internet.* Reading, MA: Addison-Wesley (1996).

[**Chan 1998**] Chan, Patrick, Rosanna Lee, and Douglas Kramer. *The Java™ Class Libraries: Supplement for the Java™ 2 Platform, Volume 1, Second Edition.* Upper Saddle River, NJ: Prentice Hall (1998).

[**Conventions 2009**] Code Conventions for the Java Programming Language. Oracle (2009). www.oracle.com/technetwork/java/codeconv-138413.html

[**Coomes 2007**] Coomes, John, Peter Kessler, and Tony Printezis. "Garbage Collection–Friendly Programming." JavaOne Conference (2007). http://docs.huihoo.com/javaone/2007/java-se/TS-2906.pdf

[**Core Java 2003**] Horstmann, Cay S., and Gary Cornell. *Core Java™ 2, Volume I: Fundamentals, Seventh Edition.* Upper Saddle River, NJ: Prentice Hall (2003).

[**Coverity 2007**] Coverity Prevent™ User's Manual (3.3.0). Coverity (2007).

[**Daconta 2003**] Daconta, Michael C., Kevin T. Smith, Donald Avondolio, and W. Clay Richardson. *More Java Pitfalls: 50 New Time-Saving Solutions and Workarounds.* Indianapolis, IN: Wiley (2003).

[**Davis 2008**] Unicode Standard Annex #15: Unicode Normalization Forms, ed. Mark Davis and Ken Whistler. Unicode (2008). http://unicode.org/reports/tr15/

[**ESA 2005**] *Java Coding Standards.* ESA Board for Software Standardisation and Control (BSSC) (2005). http://software.ucv.ro/~eganea/SoftE/JavaCodingStandards.pdf

[**FindBugs 2008**] FindBugs Bug Descriptions (2008/2011). http://findbugs .sourceforge.net/bugDescriptions.html

[**Flanagan 2005**] Flanagan, David. *Java™ in a Nutshell, Fifth Edition.* Sebastopol, CA: O'Reilly (2005).

[**Fortify 2013**] A Taxonomy of Coding Errors That Affect Security, "Java/JSP." Fortify Software (2013). www.hpenterprisesecurity.com/vulncat/en/vulncat/index.html

[**GNU 2013**] GNU Coding Standards, §5.3, "Clean Use of C Constructs." Richard Stallman and other GNU Project volunteers (2013). www.gnu.org/prep/standards/ standards.html#Syntactic-Conventions

[**Goetz 2004**] Goetz, Brian. Java Theory and Practice: Garbage Collection and Performance: Hints, Tips, and Myths about Writing Garbage Collection-Friendly Classes. IBM developerWorks (2004). www.ibm.com/developerworks/java/library/ j-jtp01274/index.html

[**Goetz 2006**] Goetz, Brian, Tim Peierls, Joshua Bloch, Joseph Bowbeer, David Holmes, and Doug Lea. *Java Concurrency in Practice.* Boston, MA: Addison-Wesley (2006).

[**Goetz 2007**] Goetz, Brian. Java Theory and Practice: Managing Volatility: Guidelines for Using Volatile Variables. IBM developerWorks (2007). www.ibm .com/developerworks/java/library/j-jtp06197/index.html

[**Gong 2003**] Gong, Li, Gary Ellison, and Mary Dageforde. *Inside Java™ 2 Platform Security: Architecture, API Design, and Implementation, Second Edition.* Boston, MA: Addison-Wesley (2003).

[**Goodliffe 2007**] Goodliffe, Pete. *Code Craft: The Practice of Writing Excellent Code.* San Francisco, CA: No Starch Press, (2007).

[**Grand 2002**] Grand, Mark. *Patterns in Java™, Volume 1: A Catalog of Reusable Design Patterns Illustrated with UML, Second Edition.* Indianapolis, IN: Wiley (2002).

[**Grubb 2003**] Grubb, Penny, and Armstrong A. Takang. *Software Maintenance: Concepts and Practice, Second Edition.* River Edge, NJ: World Scientific (2003).

[Guillardoy 2012] Guillardoy, Esteban. Java 0Day Analysis (CVE-2012-4681). (2012). http://immunityproducts.blogspot.com.ar/2012/08/java-0day-analysis-cve-2012-4681.html

[Hatton 1995] Hatton, Les. *Safer C: Developing Software for High-integrity and Safety-critical Systems.* New York, NY: McGraw-Hill, (1995).

[Hawtin 2006] Hawtin, Thomas. [drlvm][kernel_classes] ThreadLocal Vulnerability. MarkMail (2006). http://markmail.org/message/4scermxmn5oqhyi

[Havelund 2009] Havelund, Klaus, and Al Niessner. JPL Coding Standard, Version 1.1. California Institute of Technology (2009). http://lars-lab.jpl.nasa.gov/JPL_Coding_Standard_Java.pdf

[Hirondelle 2013] Passwords Never Clear in Text. Hirondelle Systems (2013). www.javapractices.com/topic/TopicAction.do?Id=216

[ISO/IEC 9126-1:2001] *Software Engineering—Product Quality, Part 1, Quality Model* (ISO/IEC 9126-1:2001). Geneva, Switzerland: International Organization for Standardization (2001).

[ISO/IEC/IEEE 24765:2010] *Software Engineering—Product Quality, Part 1, Quality Model* (ISO/IEC/IEEE 24765:2010). Geneva, Switzerland: International Organization for Standardization (2010).

[JLS 2013] Gosling, James, Bill Joy, Guy Steele, Gilad Bracha, and Alex Buckley. The Java Language Specification: Java SE 7 Edition. Oracle America, Inc. (2013). http://docs.oracle.com/javase/specs/jls/se7/html/index.html

[JVMSpec 1999] The Java™ Virtual Machine Specification, Second Edition. Sun Microsystems, Inc. (1999). http://docs.oracle.com/javase/specs/

[Kalinovsky 2004] Kalinovsky, Alex. *Covert Java™: Techniques for Decompiling, Patching, and Reverse Engineering.* Indianapolis, IN: SAMS (2004).

[Knoernschild 2002] Knoernschild, Kirk. *Java™ Design: Objects, UML, and Process.* Boston, MA: Addison-Wesley (2002).

[Lea 2000] Lea, Doug. *Concurrent Programming in Java™: Design Principles and Patterns, Second Edition.* Boston, MA: Addison-Wesley (2000).

[Lo 2005] Lo, Chia-Tien Dan, Witawas Srisa-an, and J. Morris Chang. "Security Issues in Garbage Collection." *STSC Crosstalk* (2005). www.eng.auburn.edu/users/hamilton/security/papers/STSC%20CrossTalk%20-%20Security%20Issues%20in%20Garbage%20Collection%20-%20Oct%a02005.pdf

[Long 2012] Long, Fred, Dhruv Mohindra, Robert C. Seacord, Dean F. Sutherland, and David Svoboda. *The CERT° Oracle° Secure Coding Standard for Java™*. Boston, MA: Addison-Wesley (2012).

[Manion 2013] Manion, Art. "Anatomy of Java Exploits," CERT/CC Blog (2013). www.cert.org/blogs/certcc/2013/01/anatomy_of_java_exploits.html

[McGraw 1999] McGraw, Gary, and Ed Felten. *Securing Java: Getting Down to Business with Mobile Code, Second Edition*. New York, NY: Wiley (1999).

[Mettler 2010] Mettler, Adrian, and David Wagner. "Class Properties for Security Review in an Object-Capability Subset of Java." *Proceedings of the 5th ACM SIGPLAN Workshop on Programming Languages and Analysis for Security (PLAS '10)*. New York, NY: ACM (2010). DOI: 10.1145/1814217.1814224. http://dl.acm.org/citation.cfm?-doid=1814217.1814224

[Miller 2009] Miller, Alex. Java™ Platform Concurrency Gotchas. JavaOne Conference (2009).

[Netzer 1992] Netzer, Robert H. B., and Barton P. Miller. "What Are Race Conditions? Some Issues and Formalization." *ACM Letters on Programming Languages and Systems* 1(1):74–88 (1992). http://dl.acm.org/citation.cfm?id=130616.130623

[Oaks 2001] Oaks, Scott. *Java™ Security*. Sebastopol, CA: O'Reilly (2001).

[Oracle 2010a] Java SE 6 HotSpot™ Virtual Machine Garbage Collection Tuning. Oracle (2010). www.oracle.com/technetwork/java/javase/gc-tuning-6-140523.html

[Oracle 2010b] New I/O APIs. Oracle (2010). http://docs.oracle.com/javase/1.5.0/docs/guide/nio/

[Oracle 2011a] Java™ PKI Programmer's Guide. Oracle (2011). http://docs.oracle.com/javase/6/docs/technotes/guides/security/certpath/CertPathProgGuide.html

[Oracle 2011b] Java SE 6 Documentation. Oracle (2011). http://docs.oracle.com/javase/6/docs/index.html

[Oracle 2011c] Package javax.servlet.http. Oracle (2011). http://docs.oracle.com/javaee/6/api/javax/servlet/http/package-summary.html

[Oracle 2011d] Permissions in the Java™ SE 6 Development Kit (JDK). Oracle (2011). http://docs.oracle.com/javase/6/docs/technotes/guides/security/permissions.html

[Oracle 2013a] API for Privileged Blocks. Oracle (2013). http://download.java.net/jdk8/docs/technotes/guides/security/doprivileged.html

[**Oracle 2013b**] "Reading ASCII Passwords from an InputStream Example," Java™ Cryptography Architecture (JCA) Reference Guide. Oracle (2013). http://docs .oracle.com/javase/7/docs/technotes/guides/security/crypto/CryptoSpec.html-l#ReadPassword

[**Oracle 2013c**] Java Platform Standard Edition 7 Documentation. Oracle (2013). http://docs.oracle.com/javase/7/docs/

[**Oracle 2013d**] Oracle Security Alert for CVE-2013-0422. Oracle (2013). www .oracle.com/technetwork/topics/security/alert-cve-2013-0422-1896849.html

[**OWASP 2009**] Session Fixation in Java. OWASP (2009). https://www.owasp.org/ index.php/Session_Fixation_in_Java

[**OWASP 2011**] Cross-site Scripting (XSS). OWASP (2011). www.owasp.org/index .php/Cross-site_Scripting_%28XSS%29

[**OWASP 2012**] "Why Add Salt?" Hashing Java. OWASP (2012). www.owasp.org/ index.php/Hashing_Java

[**OWASP 2013**] OWASP Guide Project. The Open Web Application Security Project (OWASP) (2013). www.owasp.org/index.php/OWASP_Guide_Project

[**Paar 2010**] Paar, Christof, and Jan Pelzl. *Understanding Cryptography: A Textbook for Students and Practitioners*. Heidelberg, NY: Springer (2010).

[**Pistoia 2004**] Pistoia, Marco, Nataraj Nagaratnam, Larry Koved, and Anthony Nadalin. *Enterprise Java™ Security: Building Secure J2EE™ Applications*. Boston, MA: Addison-Wesley (2004).

[**Policy 2010**] Default Policy Implementation and Policy File Syntax, Document revision 1.6. Oracle (2010). http://docs.oracle.com/javase/1.4.2/docs/guide/security/ PolicyFiles.html

[**SCG 2010**] Secure Coding Guidelines for the Java Programming Language, Version 4.0. Oracle (2010). www.oracle.com/technetwork/java/seccodeguide-139067.html

[**Seacord 2009**] Seacord, Robert C. *The CERT° C Secure Coding Standard*. Boston, MA: Addison-Wesley (2009).

[**Seacord 2012**] Seacord, Robert C., Will Dormann, James McCurley, Philip Miller, Robert Stoddard, David Svoboda, and Jefferson Welch. *Source Code Analysis Laboratory (SCALe)* (CMU/SEI-2012-TN-013). Pittsburgh, PA: Carnegie Mellon University (2012). www.sei.cmu.edu/library/abstracts/reports/12tn013.cfm

[**Seacord 2013**] Seacord, Robert C. *Secure Coding in C and C++, Second Edition*. Boston, MA: Addison-Wesley (2013). See www.cert.org/books/secure-coding for news and errata.

[SecuritySpec 2010] Java Security Architecture. Oracle (2010). http://docs
.oracle.com/javase/1.5.0/docs/guide/security/spec/security-specTOC.fm.html

[Sen 2007] Sen, Robi. Avoid the Dangers of XPath Injection. IBM developerWorks
(2007). www.ibm.com/developerworks/xml/library/x-xpathinjection/index.html

[Sethi 2009] Sethi, Amit. Proper Use of Java's SecureRandom. Cigital Justice
League Blog (2009). www.cigital.com/justice-league-blog/2009/08/14/prop-
er-use-of-javas-securerandom/

[Steinberg 2008] Steinberg, Daniel H. Using the Varargs Language Feature. Java
Developer Connection Tech Tips (2008). www.java-tips.org/java-se-tips/java.lang/
using-the-varargs-language-feature.html

[Sterbenz 2006] Sterbenz, Andreas, and Charlie Lai. Secure Coding Antipatterns:
Avoiding Vulnerabilities. JavaOne Conference (2006). https://confluence.ucdavis
.edu/confluence/download/attachments/16218/ts-1238.pdf?version=1&modifica-
tiondate=1180213302000

[Sutherland 2010] Sutherland, Dean F., and William L. Scherlis. "Composable
Thread Coloring." In *Proceedings of the 15th ACM SIGPLAN Symposium on Principles
and Practice of Parallel Programming (PPoPP '10)*. New York, NY: ACM (2010). http://
dl.acm.org/citation.cfm?doid=1693453.1693485

[Tutorials 2013] The Java™ Tutorials. Oracle (2013). http://docs.oracle.com/javase/
tutorial/index.html

[Unicode 2013] Unicode 6.2.0. Mountain View, CA: The Unicode Consortium
(2013). www.unicode.org/versions/Unicode6.2.0/

[Viega 2005] Viega, John. *CLASP Reference Guide, Volume 1.1*. Secure Software, 2005.

[W3C 2003] The World Wide Web Security FAQ. World Wide Web Consortium
(W3C) (2003). www.w3.org/Security/Faq/wwwsf2.html

[Ware 2008] Ware, Michael S. *Writing Secure Java Code: A Taxonomy of Heuristics
and an Evaluation of Static Analysis Tools*. James Madison University (2008). http://
mikeware.us/thesis/

[Zadegan 2009] Zadegan, Bryant. A Lesson on Infinite Loops. winJade.net (2009).
http://winjade.net/2009/01/lesson-on-infinite-loops/[Cohen 1981] Cohen, D. "On
Holy Wars and a Plea for Peace," *IEEE Computer*, 14(10):48–54 (1981). http://ieeex-
plore.ieee.org/xpl/articleDetails.jsp?reload=true&arnumber=1667115.

찾아보기

자바 시큐어 코딩 가이드라인

신뢰성 있고 안전한 프로그램을 위한 75가지 권고사항

JAVA™ Coding Guidelines
75 Recommendations for Reliable and Secure Programs

인 쇄	2017년 6월 1일 초판 1쇄
발 행	2017년 6월 8일 초판 1쇄
저 자	Fred Long, Dhruv Mohindra, Robert C. Seacord Dean F. Sutherland, David Svoboda
역 자	조태남
발 행 인	채희만
출판기획	안성일
영 업	한석범, 윤혜주
관 리	이승희
북디자인	가인커뮤니케이션(031-943-0525)
발 행 처	INFINITYBOOKS
주 소	경기도 고양시 일산동구 하늘마을로 158 대방트리플라온 C동 209호
대표전화	02)302-8441
팩 스	02)6085-0777

도서 문의 및 A/S 지원

홈페이지	www.infinitybooks.co.kr
이 메 일	helloworld@infinitybooks.co.kr
I S B N	979-11-85578-15-6
등록번호	제 25100-2013-152 호
판매정가	**30,000원**